湖南省自然科学基金资助项目（2020JJ7051）
湖南省哲学社会科学基金资助项目（18YBG021）
2021年度湖南省普通高校青年骨干教师培养项目
2018年和2023年度湖南省教育厅科学研究一般项目（18C1522，23C0815）
湖南铁道职业技术学院科研创新团队项目（KYTD201901）

城市常规公交车辆运行间隔实时控制方法研究

Research on Methods of Real-Time Control of Bus Fleet Headway

陈春晓　著

中南大学出版社
www.csupress.com.cn

·长　沙·

图书在版编目（CIP）数据

城市常规公交车辆运行间隔实时控制方法研究／
陈春晓著. —长沙：中南大学出版社，2024.5
　　ISBN 978-7-5487-5844-0

　　Ⅰ. ①城… Ⅱ. ①陈… Ⅲ. ①城市交通系统—公共
交通系统—交通运输管理—研究 Ⅳ. ①U495

中国国家版本馆 CIP 数据核字（2024）第 100783 号

城市常规公交车辆运行间隔实时控制方法研究
CHENGSHI CHANGGUI GONGJIAO CHELIANG
YUNXING JIANGE SHISHI KONGZHI FANGFA YANJIU

陈春晓　著

□出 版 人	林绵优	
□责任编辑	胡小锋	
□责任印制	唐　曦	
□出版发行	中南大学出版社	
	社址：长沙市麓山南路	邮编：410083
	发行科电话：0731-88876770	传真：0731-88710482
□印　　装	湖南蓝盾彩色印务有限公司	

□开　　本	710 mm×1000 mm 1/16	□印张 13.5	□字数 241 千字
□版　　次	2024 年 5 月第 1 版	□印次 2024 年 5 月第 1 次印刷	
□书　　号	ISBN 978-7-5487-5844-0		
□定　　价	68.00 元		

内容提要 ◀◀ **Introduction**

　　本书全面系统地阐述了消除城市常规公交串车和大间隔现象，改善、优化运行间隔的控制理论与方法，重点介绍了城市常规公交车辆运行间隔实时控制框架、公交实时驻站方法、驻站和变速组合控制方法。全书共分为8章，主要包括绪论、城市常规公交车辆运行间隔实时控制理论基础、基于自组织多智能体的城市常规公交车辆运行间隔实时控制框架、基于多智能体增强学习的公交实时驻站控制模型与算法研究、基于POMDP的公交实时驻站控制方法研究、基于模糊逻辑的公交实时驻站和调速组合控制模型研究、考虑乘客感知的公交实时驻站和调速组合控制方法研究、结论与展望。本书可作为交通工程、交通运输、城市规划等专业高年级本科生、研究生教学科研用书，亦可供从事公交运营管理、智能交通系统开发以及交通规划与管理的技术人员和管理人员参考。

前 言 ◀◀◀ Foreword

    常规公交是城市交通运输的重要组成部分,其运行可靠性一直受到居民和公交运营企业的关注。近年来,随着我国综合国力的不断提升,城市公共交通事业得以飞速发展,但与国外先进国家和地区相比,尚存在一定差距,集中表现在信息化、智能化管理与应用水平低下,因此改善城市公共交通环境、实现城市常规公交的动态调度管理和实时控制,具有重要的理论意义和实用价值。

    本书是湖南省自然科学基金项目"多源数据驱动的常规公交运行间隔自主控制方法研究"(2020JJ7051)的研究成果,内容从城市常规公交车辆运行间隔实时控制框架、公交实时驻站、驻站和变速组合控制等几个方面展开。对于如何实时均衡全线公交车辆运行间隔的控制问题展开深入研究,基于智慧公交技术的应用现状和发展趋势,考虑公交运行系统的复杂多变、非线性、分布式等特点,运用多智能体、马尔可夫决策过程、模糊逻辑、乘客感知等方法建立了相应的模型,同时采用仿真软件对不同方法和场景进行了模拟分析。

    本书共8章:第1章绪论,介绍了的研究背景和意义,以及国内外研究现状,概述了本书的研究对象、研究目标和研究内容。第2章城市常规公交车辆运行间隔实时控制理论基础,为面向运行可靠性的常规公交运行间隔实时控制的各种研究详细地介绍了相关理论和技术基础。这些内容主要包括:(1)智能体和多智能体系统基础理论与技术;(2)多智能体增强学习模型及算法;(3)POMDP基本模型及求解算法;(4)模糊逻辑控制系统的基本结构及Matlab模糊逻辑工具箱。第3章基于自组织多智能体的城市常规公交车辆运行间隔实时控制框架,基于MAS技术建立公交实时控制框架,并给出框架中智能体、规则和交互关系等元素的定义;从三个方面围绕驻站建立公交实时控制与决策过程模型。第4章基于多智能体增强学习的公交实时驻站控制模型与算法研究，基于多智能体增强学习框架建模实时公交驻站控制问题，设计基于协同图的稀疏协同 Q-学习算法，设计仿真实验验证模型和算法的有效性。第5章基于 POMDP 的公交实时驻站控制方法研究，基于 POMDP 建模公交实时驻站控制问题，设计了基于确定性的稀疏部分可观察树的 POMDP 在线规划滚动优化算法。第6章基于模糊逻辑的公交实时驻站和调速组合控制模型研究，探讨站点驻站和区间变速的组合控制方法。第7章考虑乘客感知的公交实时驻站和调速组合控制方法研究，建立考虑乘客感知的站点候车乘客总等待时间计算模型，将主观感知计算融入服务评价指标，提出一种驻站和调速组合的动态控制方法。第8章结论与展望，总结了主要研究工作，并对将来进一步的研究工作提出了建议。本书通过智能优化方法实现全线公交车辆运行间隔的自动化均衡控制，这对于提升公交运行的可靠性和稳定性、提高公交服务水平、增强公交吸引力具有非常重要的意义。

本书的研究成果可被应用于城市常规公交运行管理之中，为开发智能公交调度控制系统提供理论基础和技术支持，而在此基础上形成的智慧公交运行控制和决策理论与方法，对研究复杂交通系统问题具有广泛的借鉴作用。同时，本书也为后续研究打下较好的基础，具有较为丰富的理论意义和实践价值。

本书的顺利出版，得到了湖南省自然科学基金委员会、湖南省哲学社会科学规划基金办公室、湖南省教育厅、湖南铁道职业技术学院、中南大学交通运输工程学院的支持，湖南省交通运输集团和高等院校交通运输工程同行的指导和支持，在此深表感谢。本书在研究、编写过程中参考了国内外大量书籍、文献，在此谨向文献作者表示崇高的敬意与衷心感谢！

由于作者水平有限，书中难免存在不足，敬请广大读者批评指正。

陈春晓

2024 年仲春于湖南铁道职业技术学院

目 录 ◀◀◀ Contents

第1章 绪 论

1.1 研究背景及意义

　　随着中国城市化进程日益加快以及社会经济快速发展，城市规模及其人口不断急剧扩大，城市机动车拥有量及道路交通量呈快速增长态势。尤其在一些特大城市，城市交通问题日益突出，交通拥挤堵塞问题已成制约城市可持续发展的主要瓶颈之一。如何缓解城市日益严重的交通拥堵问题已经成为我们政府和广大城镇居民普遍关注的问题。优先发展公共交通是缓解城市交通拥堵的重要途径，是转变城市交通发展方式、提升人民群众生活品质、提高政府基本公共服务水平的必然要求，是构建资源节约型、环境友好型社会的战略选择。这一点既是国际经验，也成为我国各级政府的共识。2021年12月，国务院发布的《"十四五"现代综合交通运输体系发展规划》指出，大城市建立以地面公交为主的城市公共交通系统，重点发展快速公交。中小城市提高城区公交的运营效率，逐步提升公交站点的覆盖率和服务质量水平。2022年3月，交通运输部印发《国家公交都市建设示范工程管理办法》强调，深入实施城市道路公共交通优先发展战略，构建以公共交通为主体的城市交通出行结构，逐步提高公共交通机动化出行分担率。众所周知，城市地面公共汽（电）车交通（以下简称"常规公交"）具有集约、高效、节能环保、投资小和见效快等优点，是我国大多数城市中公共交通的主要构成部分。如何合理地诠释公交运行过程这一复杂现象，并科学、客观地进行致因分析，进而提出常规公交运行过程改善调控方法，对于推动我国城市公共交通发展和提升管理决策水平有着重要意义。

尽管我国提出"优先发展城市公共交通"的政策已有十多年，公交硬件投入在不断增大，公交车辆和场站都大幅增加了，但公交在城市居民出行结构中分担率并不理想。许多城市公交服务质量调查研究表明造成公交吸引力低下的主要原因是公交运行不可靠性，而运行不可靠性与公交系统的规划和运营的不合理密切关联。因此，要想提供公交吸引力和竞争力，真正实现公交优先，就城市常规公交运行系统而言，改善常规公交运行的调控方法对于科学治理"公交病"甚为关键，这也是广大交通工程研究者和工程师需要长期面对的一个科学技术问题。虽然公交供给方在硬件上投入不断加大，公交供给和需求总量之间矛盾能得到缓解，但在时空上仍有大量的不匹配，公交运行系统的复杂性和随机性致使公交车辆在线路途中的实际运行与计划时刻表产生偏差，或出现行车间隔过大或过小的现象，如何控制纠正这种偏差或均衡全线公交车辆运行间隔是公交企业在运营过程的实时调度控制时需要考虑的重要内容。考虑到城市交通需求的持续增长以及城市空间和道路资源的有限性和稀缺性，如何在不增加额外基础设施投资的同时，对公交车辆运行系统进行实时调度控制，提高公交运行可靠性，是城市交通系统可持续发展的重要手段。

为了保障常规公交运行的可靠性和提高常规公交服务的吸引力，许多国家正大力发展智慧公交系统。以计算机、移动互联网、物联网、云计算、大数据和人工智能等为代表的新一代高科技的快速发展，以及公交车辆定位（automatic vehicle location，AVL）/GPS 或北斗定位系统、手机信令、IC 卡和视频监控等数据的进一步完善，均为丰富复杂公交运行过程实时调度和控制乃至全息感知提供了条件，也使得公交运行系统的监测和实时控制成为可能[1]。同时，大数据概念和技术[2]的兴起和应用，人工智能[3]的发展可以支撑公交车辆运行过程实时调度控制，为解决公交运行失稳问题提供系统性、精准化依据。

在智慧公交系统中，最核心的部分就是公交车辆的智慧调度控制，同时也是目前国内各城市的公交企业重点建设内容[4, 5]。尤其是近年来国家公交都市建设示范城市，第一批的创建城市北京、南京、武汉、长沙、深圳、西安等对建设智能公交系统给予了高度重视，在硬件建设上也取得了初步成果，先后在部分公交线路上建立了公交智能化调度系统。然而，这些公交调度控制系统基本上都只实现了对公交车辆的监视功能，调度控制功能仍然未能摆脱依赖于人员经验的传统手工作业调度方式，有的虽然能够由系统给出全线实时公交车辆运行状态，但仍然是以调度人员与驾驶员采用电话联系方法来给出实时控制策略，智能化程度和运营控制效率都较低。近几年，欧美、日本等发达国家和地区将大量人力物力投入以车载自组网(vehicle ad hoc networks, VANET)为代表的下一代智能车路协同技术 ITS 相关研发中。由此可见，智能公交系统核心层次上的实时智能化调度控制技术严重滞后于智能公交硬件技术上的快速发展。大数据和人工智能将有助于经典公交系统分析理论与研究方法的革新，基于多源异构数据的公交运行不可靠问题致因分析以及实时调度控制方法已成为国际上的研究热点和学术前沿课题。

在常规公交运行失稳问题的改善调控方法建模时，面临着公交系统内容潜在本质决定的不确定性，数据采集和处理过程中的噪声干扰、不确定的影响因素，以及实时调控时不断地进行各种修正等造成的数据的不确定性。这些不确定性和影响因素可能会对优化模型的结构和参数产生影响，从而使得优化模型的解不再满足约束条件，相应地，当时优化模型的最优目标值也就不成立了。由于经典优化理论无法解决这些含有不确定信息的决策问题，因此，研究不确定条件下公交运行过程不可靠问题的优化控制方法，从而有效预防和消除"病症"是交通管理领域亟待解决的关键理论问题。同时，不确定条件下公交运行过程不可靠问题的改善策略和优化方法是优化理论研究的难点，迫切需要决策优化理论与研究方法的革新。

本书面向提高城市常规公交运行的可靠性，考虑公交运行系统的复杂多变、非线性和分布式特点，着眼于人工智能和大数据技术支撑的智慧公交信息环境，以均衡全线公交车辆运行间隔为目标，构建基于自组织多智能体系统的常规公交车辆运行间隔实时控制与决策框架，构建基于多智能增强学习、部分可观察马尔可夫决策过程理论、模糊逻辑的常规公交运行间隔控制方法。从理论研究角度，本书研究成果丰富和完善了智慧公交环境下不确定动态决策问题的建模研究，对于完善城市公交运营系统理论、推动公交智能控制理论研究具有重要的理论意义。从实际应用价值上来看，本书的研究成果能够有效降低公交乘客出行时间成本，提高公交乘客出行的舒适度，同时，为管理者实施精细化公交系统运营管理与控制提供理论依据，减少常规公交运行失稳现象，提高公交运行与控制方案的科学性。这对于提高公交服务效率、吸引客运量、提高公交分担率、减少城市交通拥堵、推动我国城市公共交通发展和提升管理决策水平有着实际的应用意义。

1.2 研究对象、目标和主要内容及创新点

1.2.1 研究对象

本书主要研究对象为城市常规公交线路服务系统，常规具体的含义是指地面公交，不涉及轨道交通、出租车等其他公共交通方式。常规公交线路服务系统由地面道路(包括公交专用道、非公交专用道)、公交站台、公交车辆构成。

公交的优化问题可划分为规划和运营两个层次。规划层进一步可细分为战略规划与战术规划两个方面。运营层可细分为运营操作和实时控制两个方面。上述四个具体层面的问题相互关联，内部依赖关系详见图1-1。研究者在公共交通的规划和运营主要的工作是寻求用户感知到的公交服务水平和公交服务企业的运营成本两者之间的平衡。用户期望到达目的地尽可能地安全快速，与此同时要求公共交通服务具有较高可靠性和舒适性。而对于公交服务运营者则关注的是降低车辆营运成本和工作人员的人力资源成本从而获取较高的利润。

规划显然先于公交系统的运营，主要由如下几个阶段性决策过程组成：

- Transit Network Design(TND)公交线路网络设计
- Frequency Setting (FS)发车频率的确定
- Transit Network Timetabling (TNT)公交网络时刻表编制
- Vehicle Schedule Problem 行车计划编制
- Driver Scheduling Problem 司机工作时刻表编制
- Driver Rostering Problem 司机人员排班问题

即使在公共交通系统的规划过程中问题求解给定后，公共交通系统的运营会受到随机的站间运行时间、需求方式和环境扰动等方面的因素带来的影响，环境扰动包括民众的公开游行和抗议活动，车辆的突发故障；气候状态，节假日活动。

鉴于此，为了解决和处理这些情况，在公交系统运行过程实施实时控制策略可保障公交运行的高可靠性。该方法以效益控制为主，降低公交运行不可靠情况下的负面情况。这些控制策略大多是实时的、短期和离散的。控制策略按

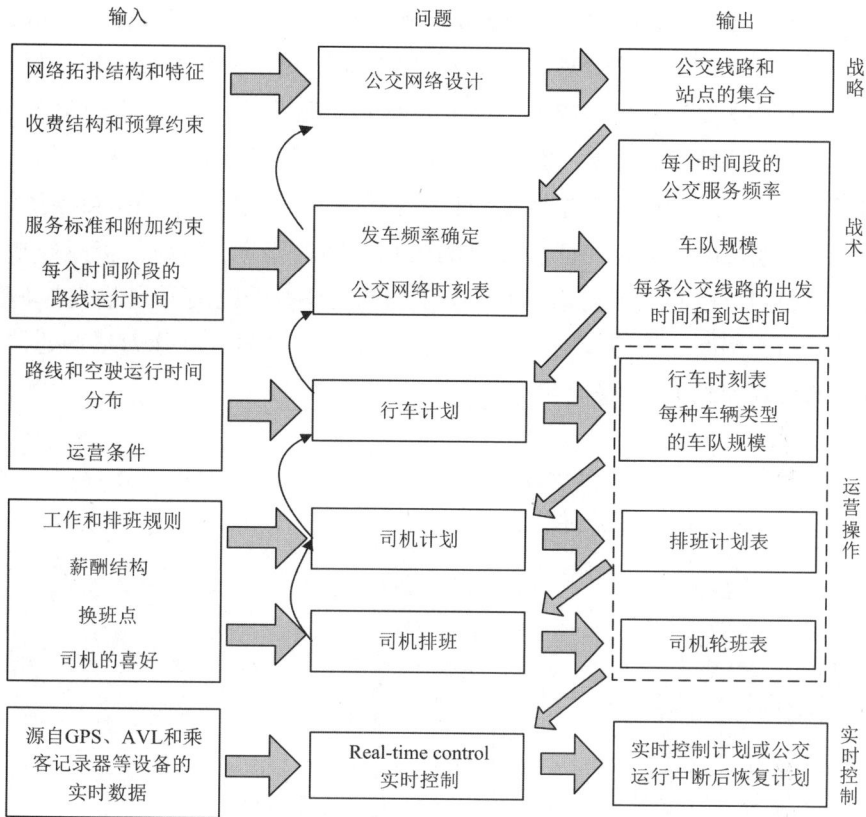

图 1-1 公交优化问题中规划层与运营层的子问题的交互关系

照系统组织模式划分为：①线路调度控制，即公交企业以各条线路为单位，以线路公交车队为运营组织调度实体，对公交车辆进行运营调度。由于历史和管理体制等方面原因，目前我国城市公交调度控制普遍采用线路调度的方式。②区域调度控制，指在一定地域范围内，原来各自独立运营线路上车辆、人员，通过一定技术手段和管理方法组织协调起来，以事先划分的区域为单位，对公交车辆进行运营调度控制，使得资源得到最合理配置和充分利用的一种组织模式。区域调度控制可进一步分为单车场和多车场两种情况。控制策略按照系统获取数据属性划分为：①静态调度控制，即根据调度历史调查统计的乘客需求量、车辆行程时间等静态数据，编制公交车辆的行车时刻表，车辆按照编制好的时刻表进行运营。静态调度并未充分考虑公交车辆在运行过程中受到随机和不确定因素影响，只是假设所有数据都是确定或不变的，是对实际复杂的公交调度控制问题进行了简化处理。②动态调度控制，指在公交系统数据采集技术可行和相关系统比较完善基础上，全面地采集车辆运行环境、车辆、客流等相关实时数据，根据信息反馈，及时发现车辆运行过程与计划时刻表的偏差，采取重新调度和在线调整等动态调度控制方法及时纠正该偏差，消除或缓解运行环境的扰动的影响，从而保证公交车辆运营秩序的稳定，提高公交服务水平。运行过程的实时控制属于动态调度。按动态调度调整的范围可分为线路动态调度和局域动态调度。按照线路动态调度控制发生的位置，可分为站点处控制、站点间的控制和其他，如图 1-2 所示。

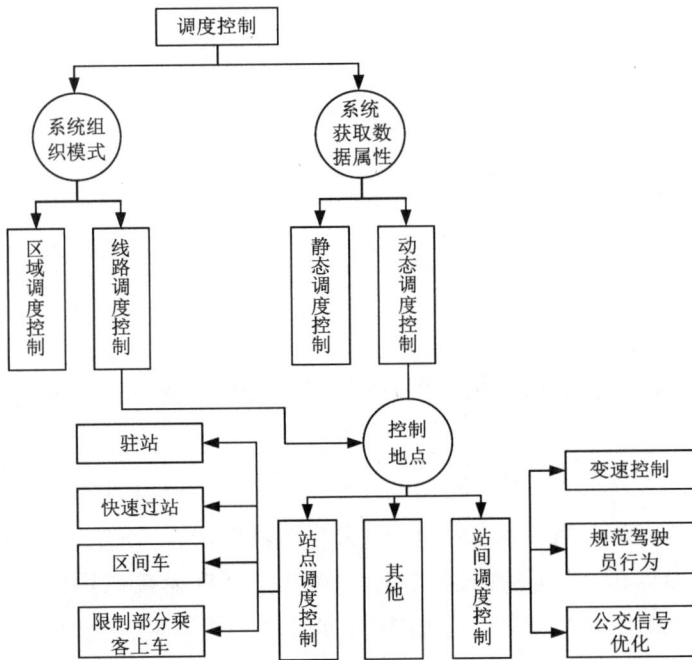

图 1-2　常规公交调度控制分类

本书研究的公交调度控制内容是属于城市智能公交系统理论与方法范畴。第一阶段和第二阶段(2001 年之前)国外文献对于公交调度控制的英文表达主要是 dispatching[6-10]，从研究内容上该阶段的成果强调运营层的调度，原因主要是该阶段支持实时采集数据的技术未广泛运用，尽管近期也有出现 real-time dispatching 的英文表达[11]，其实质与后面的 real-time control 说法是一致的。第三阶段开始，国外绝大多数权威文献将本书研究的主题——驻站策略认为是实时控制策略，其英文表示为 real-time control strategy [12-18]。在综述国内的文献时发现与国外文献中关于 dispatching, real-time dispatching 和 real-time control 对应的相关词语主要有调度控制、实时控制、运营控制、实时调度和动态调度。为了明确研究内容，本书将上述词语进行对比分析。

调度在《现代汉语字典（第 7 版）》的解释是"管理并安排（工作、人力、车辆等）"。控制的解释是"掌握住不使任意活动或越出范围；操纵"。根据字典里对两个词语基本意义的解释可以看出调度要比控制的外延大，调度更宏观，控制更倾向于微观。黄溅华等[19, 20]较早关注调度控制，描述为根据公交车辆在途中运行过程实时信息而实施临时调度措施。过秀成和严亚丹[21, 22]两位学者在采用"调度控制"组合词语的用法时，系统地阐述了公交调度控制机理和内涵。改善公交运行不可靠的方法可视为控制器。战略层、策略层为前馈控制层，主要用以减少公交运行系统内部因素的弱点；运行层则是反馈控制层，则以抵抗外部环境干扰为重点。改善公交运行可靠性须从战略、策略、运行三方面多管齐下形成多个反馈环。因此，两位学者研究的公交调度控制既包含规划层的调度控制，也涵盖了运营层的调度控制，还扩大了传统调度控制涵盖内容的范围，他们强调调度与控制的相互融合和协调，这与马万经[23]研究观点是一致的。关于动态调度和实时调度[24-28]的研究从内容上都属于运营层控制范畴，在调度前面使用修饰词的目的就是区别于规划层的调度。关伟等[29]在翻译 real-time control 时使用了运营控制的表述，一方面是强调与调度的区别，另一方面为了明确研究侧重于运营过程控制。我们认同过秀成和严亚丹关于调度控制严谨和明确的阐述，本书研究的控制策略侧重于其界定的运行层的调度控制，为了避免引起混淆，本书主要结合国外相关文献的表述界定为"实时控制"。

本书研究的实时控制内涵界定为：假设排除了交通事故、极端天气或自然灾害、交通管制等情况造成的公交线路运行的不可靠性，从公交服务的供给方角度出发，重点研究日常发生的系统内部因素和外部环境的扰动下公交运行间隔过程实时控制策略。上述界定在实时控制内容上强调线路层的过程控制。

间隔是公交运营系统的重要概念,是指在固定公交线路某一方向上相邻两个运行的公交单元(本书限指公交车辆)通过某一固定点的时间间隔。因此,本书关注的控制方法主要针对线路上所有公交车辆在站点的间隔,是一种异步、动态、协同控制方法。间隔示意图如图1-3所示。

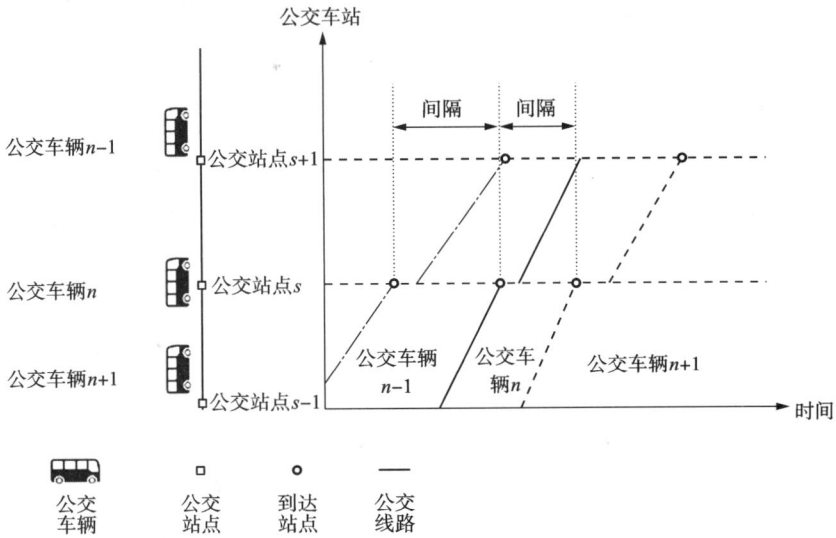

图1-3 间隔示意图

本书研究的实时控制需依靠先进智慧公交系统在数据采集和信息处理模型方面的技术条件和优化的公交系统规划层设计,其具体描述如下。

1. 可靠性的数据

有效的调度控制策略首先就依靠可利用的和有质量的数据,这就要求公交线路服务系统是基于先进的智慧公交系统技术环境的。例如,配备了包括具有实时定位数据采集功能的AVL,将车载信息采集终端设备采集的实时数据传输至其他车辆或调度中心的网络设备。

2. 信息模型

不同国家不同城市所应用的智能公交技术各有不同,所提供的信息存在差异。基于课题研究的科学性、严谨性和实用性,需建立通用的信息模型以实现有用数据的融合和处理。例如,位置信息流通过去除孤立点获得站间运行时间，APC 设备可通过统计得到装载乘客数量。显然，有效的实时调度控制模型需要大量的各种类型的数据提供支持，尤其是在当前大数据、云计算的技术背景下。我们假设信息模型在当前技术条件下是可以实现的，由于信息模型并非本书研究的重点，故不提供数据到信息具体实现的技术途径，这对于后面谈及的基于多智能体建模的公交系统至关重要。

3.经过优化的公交系统规划层

保障常规公交服务的可靠性必须采取综合对策。从总体上讲，应从"四个层次、两个方面"着手，同时采取措施。所谓四个层次分别指战略规划、战术规划、运营操作和运营实时控制。所谓两个方面，即交通需求和交通供给。因此本书研究的公交实时控制问题是假设公交服务系统的规划等其他层面是经过优化的。具体来说，高频公交服务系统的发车间隔是运用了可行的技术方法经优化得到的，这就意味着高频公交服务系统的供给能力和需求在宏观的总量上是基本匹配的。

1.2.2　研究目标

城市常规公交车辆运行间隔实时控制方法研究是公交运营调度研究的基础性课题。如何结合当前研究现状，面向未来，总结、归纳以及丰富和补充公交调度控制理论与方法，为公交车辆智能化和自动化的日常运营管理提供理论依据和技术支持，正是本书的研究目的所在。

本书针对多源数据及人工智能支撑的智慧公交运营系统，力图实现以下 4 点：①针对智慧公交运营系统需求设计基于自组织多智能体系统的公交车辆运行间隔实时控制与决策框架；②根据道路交通特征、线路客流特征、车辆运行特征等实时信息，建立基于智能体获取完备的状态信息和获取局部非完备信息条件下的公交车辆运行间隔实时控制与决策框架，为模型的构建和算法的设计打下基础；③设计单线路公交车辆运行间隔实时控制模型、算法并进行仿真验证；④构建单线路公交车辆运行间隔实时控制实验系统，为公交管理决策提供理论依据，为开发智慧公交的核心——调度控制系统提供理论与方法指导及实验基础。

1.2.3　主要内容

本书基于智慧公交技术的应用现状和发展趋势，考虑公交运行系统的复杂多变、非线性和分布式特点，运用多智能体、马尔可夫决策过程、模糊逻辑等理论与方法，围绕如何动态均衡全线公交车辆运行间隔科学问题开展研究，力争使得整个研究工作形成一个完整的理论和方法体系结构。本书的主要内容可以归纳为如下五个方面：

（1）结合当前和未来智能公交技术环境，构建基于自组织多智能体系统的公交车辆运行间隔实时控制与决策框架。该框架将智能公交复杂系统中的组成实体按照 Agent 方式来建模，通过定义反映多智能体系统的语义和应用逻辑的智能体、规则和交互关系等框架元素，构建微观到宏观的联系进而得到整个智能公交系统的行为表现。这种研究思路较好地克服了智慧公交复杂系统难于自顶向下建立传统数学规划模型的困难。根据自组织多智能体系统中智能体数量、智能体获取信息的完备情况以及通信场景三个方面交叉形成的情形，本书考虑其中三种情形分别建立面向公交实时控制与决策过程的多智能体增强学习（MARL）概念模型、基于智能体部分可观察的马尔可夫决策过程（POMDP）模型和模糊逻辑控制概念模型，重点分析上述模型中公交车辆智能体的结构，与其他智能体交互关系以及系统运行模型。后续章节主要内容是以该框架的概念模型为基础的常规公交车辆运行间隔实时控制的数学模型及算法。

（2）基于单线全程多车协同运营的控制理念和实时运营数据的可获得性，从智能体系统分布式控制的视角，构建基于多智能体增强学习的公交驻站控制数学模型。在该模型中，结合公交驻站问题的数学规划模型定义公交智能体增强学习框架的状态、行动集（驻站控制集）、立即收益函数和学习目标等元素，每个智能体的状态和行动集组合形成联合状态和联合行动导致多智能体增强学习问题是一个 NP-难问题。本书结合具体的公交实时控制问题，以及公交车辆之间依赖关系的稀疏性且固定性，构建环形拓扑结构协同图并基于此设计稀疏性 Q-学习算法对模型进行求解。将全局状态和联合行动对的 Q-值函数线性分解成有限个两个前后关联的公交车辆智能体对的 Q-值函数，从而有效地降低了全局状态和联合行动空间的数量，其时间计算复杂度为 $O(n^2|S|^2 \cdot n^2|A|^2 + n \cdot |S||A|)$（多项式时间），有效地减少了其时间计算复杂度。采用仿真手段

对比分析本书提出的实时控制策略对服务可靠性的改善。

(3)考虑自组织多智能体公交系统中公交车辆智能体的相互独立性和不能感知到完全状态的情形,建立基于 POMDP 的公交车辆运行间隔实时控制数学模型。定义模型中的状态、行动、观察集合、立即收益函数、状态转移概率和观察分布函数、初始信念状态等决策要素。根据实时控制要求和采集数据的动态性,设计基于确定性的稀疏部分可观察树的 POMDP 在线规划滚动优化算法。采用仿真方法验证本书提出的实时控制模型的有效性。

(4)以均衡控制车辆与其前后相邻公交车辆的运行间隔为目标,建立基于模糊逻辑的驻站和调速的组合控制模型。根据专家经验和知识描述模糊规则,基于 Matlab 模糊逻辑工具箱建立其模糊控制系统,并设计遗传算法协调优化模糊控制器中隶属度函数的参数。以实际公交服务线路为背景的算例验证该模型的有效性。

(5)考虑乘客感知的公交驻站–调速组合策略。首先基于乘客对自身等待时间的容忍度,推导考虑乘客感知的站点候车乘客总等待时间计算模型。将乘客到达站点处理为时间上的连续性行为,越早到达的乘客等待时间越长;乘客等待公交的时间过长以至于超出容忍度时,将对服务产生不满情绪,导致其感受到的等待时间大于客观上的流逝时间。然后将主观感知计算融入服务评价指标,提出一种驻站和调速组合的动态控制策略,设计马尔可夫决策模型决策出调速动作,采用基于阈值驻站模型决策出驻站时长。最后结合乘客主观感知分析验证组合策略的有效性和适应性。

1.3　国内外研究现状

本书主要针对城市常规公交系统中普遍存在的公交运行间隔失稳(代表性现象,如串车、大间隔)问题,以均衡公交车辆运行间隔为主要思想,根据不同的控制手段以及控制手段组合,分情况对公交车辆运行间隔实时控制方法展开研究,旨在提升公交系统应对外部扰动的能力,使单线路上运营的公交车辆能够在受到扰动之后快速恢复到稳定状态。下面对本书主要研究内容的相关研究现状进行梳理并归纳总结。

1.3.1 公交运行可靠性的理论与方法研究现状

1. 国外研究进展

国外将 Transit Service Reliability（公交服务可靠性）主要用于公交线路级服务可靠性的描述，少数情况用于系统级服务可靠性的描述。需要指出的是，通常讲的 Transit Service Reliability 指的是狭义的公共汽车服务可靠性。公交服务可靠性的相关研究集中于从乘客或公交企业的角度出发的公交服务可靠性。关于公交服务可靠性的内涵，研究者尚未达成共识，不同研究者通常把它同公交系统的不同方面联系起来，并采用不同的评价指标进行分析。按照研究出发点的不同，国外关于公交服务可靠性的研究可以分为公交运行和网络拓扑两种类型，笔者主要综述前者相关文献。

较早关于公交服务可靠性的研究文献是 Welding 在 1957 年发表的论文。Welding[30]运用分析型模型研究了随机条件下的公交路线服务过程中在站乘客等待时间与车头时距规则性的关系，其建立的以车头时距计算在站乘客平均等待时间的公式，成为后来研究高频公交服务可靠性控制策略的指导性准则。20世纪 70 年代开始，相关研究逐渐增多，由于当时人工采集数据的方式成本较高，研究者缺乏广泛、充足的数据进行分析，多是采用基本的样本统计值作为可靠性的量化指标进行评价。随着智能公交系统（AVL、APC 等技术）的发展和应用实践，这为公交服务可靠性的研究提供了大量数据支撑，而相关研究又促使了各项技术的改善和广泛应用。

Sterman 和 Schofer[31]提出了以点到点的途中时间的标准差的倒数作为公交服务可靠性指标，并利用墨西哥区域的数据进行了测试。Turnquist 和 Blume[32]假设站点处公交车辆到达服从 Lognormal 分布，研究了发车频率和可靠性对在乘客随机到达和非随机到达两种情况下的期望等待时间的影响。Polus[33]研究认为可靠性可描述为每天公交实际运营性能指标的一致程度，分析得到可靠性和运行时间的标准差成反比关系。Silcock[34]提出了用迟到的公交车辆数、准点发车的公交车辆百分比、平均等待时间、额外等待时间、实际和计划等待时间之差作为公交服务可靠性指标。自 1978 年来 Abkowitz 等[35-44]先后撰写的系列研究报告和论文，对公交服务可靠性的定义和评价、不可靠服务对公交需求者和公交提供者的影响、引起服务不可靠的可能原因以及相应的应对策略做了比较全面的总结，并建议采用智能公交技术改善公交服务可靠性。Turner 和 White[45] 提出了将含有发车间隔方差变量的公式计算的额外等待时间作为可靠性服务评价指标。Levinson[46] 研究认为服务的可靠性主要包括维持平稳的车头时距、最小化最大载客量、保持公交车辆准点的方差三个方面的目标内容。Henderson 等[47] 为了反映乘客对准点率的高度敏感性采用特殊准点率作为可靠性评价指标，其计算公式为按时到达车辆数与不按时到达车辆数之比。Strathman 和 Hopper[48] 提出采用车头时距比率（HR = 实际间隔/计划间隔）、运行时间比率（RTR = 实际运行时间/计划运行时间）、车头时距变异系数和乘客平均候车时间四个指标评价公交服务可靠性，并在 TriMet 公司的 8 条公交线路上进行了应用，分析了四个指标之间的相互关系，并基于实测数据定量分析了美国俄勒冈州波特兰城市 TriMet 公司公交车辆的准点率情况。Nakanishi[49] 以基于各站点处的时刻表计算的准点率和服务一致性为可靠性评价指标，详细介绍了纽约公交数据抽样原则以及调研方案，同时研究了在实际运营中发生不同状况的数据处理方法。该方法与传统的基于始发和终点站的可靠性评价相比较具有一定的优越性，但并不适用于高频公交线路。Yin 等[50] 提出了利用蒙特卡罗随机仿真方法评估公交可靠性的一种方法，考虑乘客路径选择行为和网络性能之间交互关系，建立由出行时间可靠性（TTR）、时刻表可靠性（SR）、等待时间（WTR）三种指标组成的评价指标。仿真结果表明评价可靠的各指标之间并不存在显著的相关性，即某一项可靠性指标提高不一定同时改善其他可靠性指标，上述指标对评估提高可靠性的备选措施具有很好的作用。美国《公交运力和服务质量手册》第二版（2003）（Transit Capacity and Quality of Service Manual, 2nd edition, TCQSM）[51] 从乘客角度，将公交服务可靠性定义为影响乘客日常到站、在站等待和全程旅行时间以及车上舒适度水平的公交线路服务准点率或车头时距的规则性（headway regularity），并对各类指标计算方法做了详细说明。Camus 等[52] 讨论了 TCQSM 给出的评价方法的优点与局限性。优点是定义明确简单，易于使用和操作。局限性有两个：①公交车辆延误的具体程度无法反映；②公交车辆提前离站对乘客的影响反映不充分。为了克服上述两方面的不足，提出了新的服务可靠性指标（加权延误指标）及指标临界值来综合评价车辆晚到、早离开对乘客的影响。Junsik 和 Seung-Yonung[53] 利用 TCQSM 给出的方法分析了首尔的公交服务的水平，认为采用概率值和仅从乘客角度描述服务水平存在缺陷。为克服这个缺点，提出采用车头时距的变化率的分布（近似为正态分布），通过计算变化率的平均值和标准差修正 TCQSM 给出的方法。Furth 和 Muller[54]研究认为高频公交服务可靠性评价指标乘客等待时间不仅包括普遍认为的平均等待时间还包括预算等待时间。Liu 和 Sinha[55]运用动态微观仿真模型从三个方面评价公交服务可靠性,即:①乘客出行时间可靠性(RT = 出行时间的期望/出行时间标准差);②站点处车头时距可靠性(RH = 站点处车头时距期望/站点处车头时距标准差);③乘客等待时间可靠性(RW = 设计平均等待时间(SWT) − 实际设计平均等待时间(AWT))。Sorratini 等[56]利用动态微观仿真模型研究了各种用于评价可靠性的指标,包括城市公交网络的车头时距、额外候车时间、服务的一致性和恢复时间等。Tahmasseby[57]研究发现评价可靠性存在一个难题,即乘客和运营商感知的可靠性不一致,出行者重点关心车头时距平稳性、准点到达目的地、等待时间,而公交运营商则关注时刻表兑现率。van Nes R 等[58]在研究基于时刻表和车头时距的驻站策略认为等待时间可靠性描述服务可靠性更能直接反映乘客对于公交服务质量感知的影响,该结论与 Furth 和 Muller[54]研究具有相似性。Hassan 等[59]从多层次评价公交服务质量,既有主观方面又有客观方面的评价指标,公交服务的利益相关者(用户、运营者、服务提供商)都参与评价过程,评价框架包含线路级和系统级内容,并应用该框架理论评估 Abu Dhabi(阿拉伯联合酋长国首都)城市 12 条线路公交的服务质量。Saberi 等[60]在 TCQSM 提出的方法基础上从延误的分布和车头时距的偏差两个方面补充站点级服务可靠性指标,建立的新指标有早点指标(earliness index)、车头时距偏差幅度指标(width index)。Gittens 和 Shalaby[61]较为系统综述了公交服务可靠性并提出了一个新指标,即公交出行时间缓冲指标。Diab 等[62]较为系统地综述了乘客和公交运营商两种视角的公交服务可靠性评价体系,并提出结合实际融合两种视角的指标以弥补相互的公交服务可靠性评价的不足。

2. 国内研究进展

国内关于公交服务可靠性的研究尚处于起步阶段,公交服务可靠性研究主要集中在规划层的公交网络可靠性和运营层线路级公交运行可靠性两个方面,公交网络可靠性包括路网连通可靠性、运行时间可靠性和路网容量可靠性三个方面[63-70]。本书主要综述运行可靠性相关研究。

随着智能公交系统的数据采集、传输和处理方面的技术发展,公交服务可靠性的研究越来越受到国内学者关注和重视,也开始注重微观与多层次分析。魏华[71]在公交服务质量评价时提出了公交服务可靠性的概念,并将其定义为:

在公交系统动态的道路交通条件下，能够完成载客任务的能力。赵航、宋瑞[65]提出了公交系统营运服务可靠性的概念，并将其定义为：在一定的营运条件下，在规定的时间内完成规定任务的能力。范海雁等[67]基于蒙特卡罗随机模拟方法建立公交线路运行时间可靠性的数学模型，并运用可靠性评价结果优化了公交线路时刻表。陆奇志、艾力·斯木吐拉[66]将公交运行时间可靠性定义为公交单元能够在规定时间内抵达目的地的概率，把乘客的出行过程视为串联系统，建立出行时间分布模型，并提出了基于 Matlab-simulink 仿真工具的公交运行时间可靠性分析评价方法。高桂凤等[69]从公交服务质量出发采用概率值描述首站的发车间隔、站间运行时间、中途站点的准点、公交车的载客数量等四个方面可靠度，并以此建立公交服务可靠性评价体系和公交服务质量可靠度评价 ADC 模型。戴帅等[70]将公交系统可靠度定义为在一定的营运条件和时间内，完成规定任务的能力。同时认为公交系统的时间可靠度包括站间的车辆运行时间和站点处乘客的等待时间两个方面的可靠度，并提出相应的模型加权计算总的时间可靠度。在此基础上，张宇石[72]首次提出了公交运行可靠性的概念，并将其定义为在一定的沿线环境和道路条件下，常规公交车辆能够在规定的时间内到达各个站点的概率。这一定义不仅强调了公交运行可靠性反映的是公交运行与计划时刻表的一致程度，而且说明了公交运行可靠性包括起、终点和中间站点的准点情况，也突出了公交沿线道路对公交运行可靠性的影响。但该定义给出的公交运行可靠性仍然依赖于公交时刻表，并不适合我国公交没有中间站点或者不公开时刻表的情况。随后，国内有些学者进一步明确了公交运行可靠性的定义。宋晓梅和于雷[73]在文献中对公交运行可靠性给出了更加明确的定义，即：在一定的服务水平下，公共交通在规定时间内将乘客安全、舒适运送到目的地的概率。这一定义不依赖于公交时刻表，而且也表明了公交运行可靠性需要一定的公交服务水平为前提（公交准点率很高但是服务水平很低，也不能说公交运行情况很好），但是对"一定的服务水平"是指一定的道路交通服务水平还是公交服务水平也没有界定清楚。陈旭梅等认为可以采用可靠性度表示常规公交服务可靠性，并将其定义为在一定的沿线环境和道路条件下，常规公交车辆能够在一定时间范围内到达各个站点的概率。该文献根据 TCQSM（2003）中以准点性和稳定性两方面建立的可靠性的评价标准，同时考虑线路与站点两层次，形成由路线级准点率、站点级偏差和站点级均匀性三个指标组成的多层级衡量公交服务可靠性的评价方法，具体评价指标包括线路准点率指标(punctuality index based on routes, PIR)、站点偏差指标(deviation index based on stops, DIS)和站点均匀性指标(evenness index based on stops, EIS)[74]。陈维亚和陈治亚[75, 76]将公交服务可靠性描述为在车辆运行和乘客需求两者处于随机条件下,公交路线服务过程中对公交需求者和公交提供者的决策产生影响的公交服务属性的变动性。Lin 和 Ruan[77]提出一种车头时距一致性概率描述法的服务可靠性指标,该指标被表示为车辆停站时间、线路上的公交站点数以及乘客行为(到站、上下车等)和车头时距的期望的函数,该指标可以通过车载 AVL 实时数据统计获得,用来衡量站点级的公交服务可靠性。宋晓梅[78]运用可靠性理论定义了常规公交运行可靠性,认为运行可靠性反映了公交车辆在沿途站点上的运行时间特征,微观层面有站点处停留时间和区间运行时间,中观层面有区段运行时间和站点处到达间隔,宏观层面则有各区段运行可靠性的加权和,建立了不依靠时刻表的站点、线路和网络的多层次公交运行可靠性评价模型。司徒炳强[79]剖析了公交车运行时间的马太效应,研究了基于 Hub 点的公交网络协同发车的行车时刻表编制的理论模型。安健等[80]根据乘客对于服务系统的感知及其行为演化,认为乘客对公交服务可靠性的感知来源于两个方面的综合评估:①站点处候车时间可靠性;②公交服务过程的车上时间可靠性。严亚丹等[21, 22, 81]对公交运行可靠性相关研究进行了系统的综述,从运行时间、准时和车头时距三个方面进行统计分析,从时间和空间两个基本维度出发,构建了公交线路的运行可靠性评价体系,认为公交运行可靠性决定了公交服务可靠性,在此基础上从公交线网和线路系统两个层次界定了公交线路运行可靠性和公交服务可靠性概念,并系统地分析了基于运行可靠性的公交调度控制机理。陈敏[82]提出了基于 GPS 数据挖掘技术获取公交线路运行数据的方法,并建立了不依赖时刻表的站点、路段的微观层次公交运行可靠性评价模型与相应算法,同时在实际道路进行验证。冯树明、张衡鹏等[83-85]从候车、换乘、行驶这三个方面进行了基于乘客感受感知的可靠性研究。综上所述,本书从车头时距的一致性、等待时间、换乘时间和行程时间四个主要公交运行系统的参数出发,对公交运行可靠性评价指标进行综合分析后再分类,具体结果可见图1-4。对于低频发车间隔的公交线路来说,时刻表的兑现水平被认为是量化服务可靠性最有意义的标尺。而对于高频发车间隔公交线路,车头时距被认为是量化服务水平最有意义的标尺。

为了着重表征公交服务可靠性研究成果是面向车辆、面向供给方，强调的是车辆运行过程中的可靠性，将公交服务可靠性和运行可靠性进行了区分。本书的研究也是强调面向提高车辆在运行过程的可靠性的调度控制的理论与方法，公交服务系统主要包括乘客和运行两个子系统。公交服务可靠性是公交运行可靠性的感知，因此，公交服务可靠性针对的是乘客，如乘客等车时间长短、乘客行程时间长短、乘客乘车满意程度、乘客出行成本等；公交运行可靠性针对的是公交车辆的运行，如站点区间行程时间、全线行程时间、站点到站或发车准点率、车头时距等。所以公交运行可靠性在本质上和公交服务可靠性是不一样的。而国外学者关于公交系统可靠性主要集中于公交服务可靠性，专门针对公交运行可靠性的研究并不多。

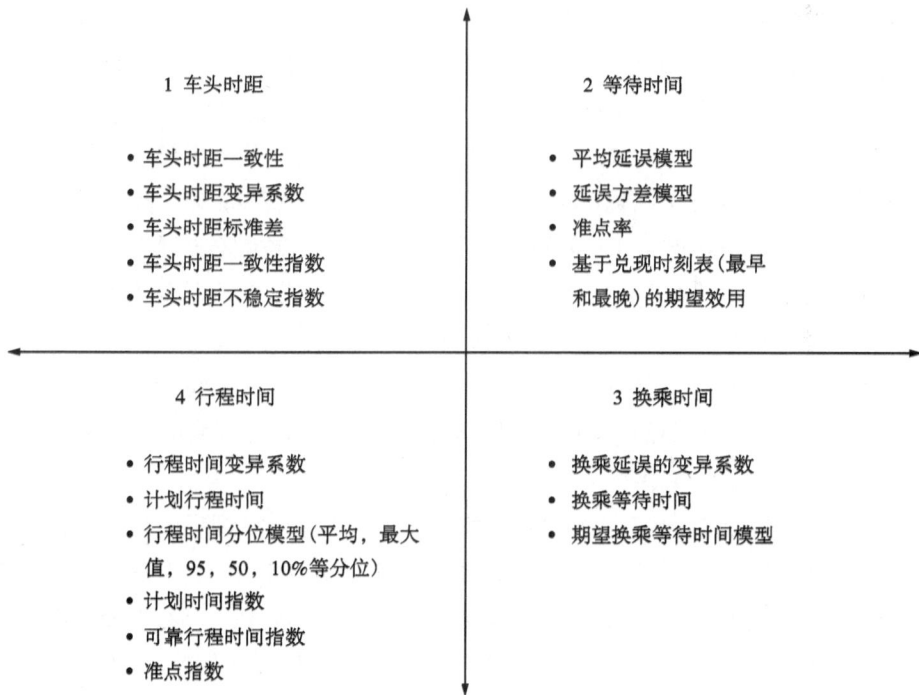

1　车头时距

- 车头时距一致性
- 车头时距变异系数
- 车头时距标准差
- 车头时距一致性指数
- 车头时距不稳定指数

2　等待时间

- 平均延误模型
- 延误方差模型
- 准点率
- 基于兑现时刻表 (最早和最晚) 的期望效用

4　行程时间

- 行程时间变异系数
- 计划行程时间
- 行程时间分位模型 (平均，最大值，95，50，10%等分位)
- 计划时间指数
- 可靠行程时间指数
- 准点指数

3　换乘时间

- 换乘延误的变异系数
- 换乘等待时间
- 期望换乘等待时间模型

图 1-4　公交运行可靠性研究评价指标

1.3.2 均衡常规公交车辆运行间隔的实时控制方法研究现状

公交车辆运行可靠性是当前城市常规公交最为薄弱的方面，合理的公交运行控制方法可有效提升公交车辆运行的可靠性和服务水平，因此该问题一直以来就是交通领域关注的热点问题之一。从控制方式上讲，公交控制策略包括驻站控制、越站控制、公交信号优先控制、公交运行速度调节控制等类别，以及多种控制方式的组合控制方法。其中，驻站控制是应用最为广泛的公交车辆运行控制方法之一，亦是本书重点研究的控制方法。

1. 国外研究进展

本书主要围绕公交车辆驻站控制策略进行文献综述。驻站控制，国内有的学者称为滞站调度，也有学者称为延时出站，但在国外统称为 Bus Holding。一般来说按照控制的目的划分为两类：一类是基于时刻表的驻站策略（schedules based holding），主要应用于低频公交服务线路（发车间隔大于 10 min），驻站的目的是匹配公交车辆实际离开站点的时刻与经预先设计并向用户发布的公交时刻表或保持均匀的发车间隔（如果没有可供参考的时刻表）；另一类为基于车头时距的驻站策略（headway based holding），主要应用于高频公交服务线路（发车间隔低于 10 min），这样的公交服务线路无须设计和公布时刻表；驻站策略指公交车辆运行过程中当车辆超前预先设计的时刻表或设定的车头时距（亦可理解为虚拟时刻表），则停留规定时间而延缓其在站点离站时间，从而保证车辆到站准点率和车头时距的平稳性，提高运行可靠性。驻站策略需要解决两个问题，哪个站点需要驻站和驻站时长。

早期的驻站控制研究主要运用解析和仿真的方法研究理想的简单公交系统中的驻站控制策略理论模型。Osuma 和 Newell 研究了旨在通过提高准点率来减少等待时间的驻站控制模型。该模型假设公交系统仅由一个站点和一或两辆公交车辆组成。该文献提出的关于车辆延时出站控制（驻站）的问题在随后相当长时间内引起该领域相关学者的重点关注[86,87]；Barnett 和 Kleitman 基于 Osuma 和 Newell 的研究分析了基于多个站点和一辆公交车组成的公交系统的驻站控制策略[88]；Barnett 试图建立以最小化站点处乘客候车时间成本和车上乘客驻站成本为目标函数的驻站控制模型，该模型考虑更一般化的由单控制站点、多个站点和单辆公交车组成的公交系统[88,89]；Koffman 以改善单向、单控制点公交线路上发车间隔的可靠性为目标建立仿真模型并对比包括驻站、甩车、引入公交车辆优先信号和减少不确定性四种实时策略，仿真实验对比基于不同的发车间隔阈值的上述控制策略，结果显示最后两个措施最有前景[90]。Turnquist 和 Blume[32] 研究了阈值驻站控制策略解析模型，研究结论认为当车头时距变异系数较大或在车上乘客与下游站点乘客比例较小时驻站控制效果最好，因此他们认为驻站控制站点不一定要在靠近首站的上游区域选取，可以结合车头时距变异系数和乘客装载量选取。该研究结论在后续的相关研究得到了进一步证明，如 Turnquist（1981）[91]，Abkowitz and Engelstein（1984）[39]，Abkowitz and Tozzi（1986）[40]，Abkowitz et. al.（1986）[41]，Vandebona and Richardson（1986）[92]，Senevirante（1990）[93]等的研究。第一阶段（1970—1990 年）公交驻站控制策略主要研究结论可归纳成如下几个方面：

（1）驻站策略增加公交车辆上乘客行程时间成本；

（2）驻站策略增加运营者车辆运行时间成本；

（3）驻站控制站点的选择对于降低乘客总的等待时间成本是至关重要的；

（4）当车辆到达控制站点时乘客装载量较少而下游站点乘客需求强度较大的情况下基于车头时距的驻站控制效果是最优的；

（5）驻站策略对于减少控制站点下游乘客的等待时间成本是最有效的方法；

（6）车头时距的不均匀性在后续控制站点仍会增加；

（7）在某些情况下驻站策略可证明为不利的控制策略。

第二阶段（1991—2000 年）的关于驻站策略的研究与第一阶段的研究比较，主要区别是第二阶段的研究运用实际公交运行数据在经验上验证前一阶段建立的理论模型和方法的有效性。Abkowitz 和 Engelstein[39] 建立基于车头时距的驻站控制模型并采集来自 Los Angeles 和 California 的公交服务线路数据进行验证，结果表明最优驻站站点选取和车上乘客与下游站点候车乘客比例有关联。随后 Abkowitz 等[41] 研究认为车头时距的方差并不沿着服务线路线性增长，会随着小的运行时间方差而迅速增加，此外还探讨了最优的控制点通常应设置在一组客流量较大的站点前方，也就是说应朝向最大客流量的线路方向设置。Turnquist 分析了提高公交车辆运行可靠性的四个策略：驻站、减少站点数、信号优先、提供专用路权。其中基于车头时距和时刻表的两种类型的驻站模型采用来自 Evanston，Illinois and Cincinnati，Ohio 城市公交数据验证模型的结论；研究表明提高服务可靠性的策略对总体的服务质量有较大影响，包括减少平均等待时间和车内时间等；在特定情况下使用的策略取决于几个因素，其中发车频率是最重要的[94]。Wilson 等[95]基于波士顿城市公交服务线路 MBTA Green Line 对比分析四种控制策略：驻站、区间车、大站快车和空驶补点。该文献得到一个比较有趣的结果即建立上述四种控制策略的相关控制站点和具体条件的规则集，以供公交服务的调度工作人员采用。

第二阶段公交驻站控制策略主要研究成果可归纳成如下几个方面：

(1)驻站控制点越靠近首站其控制效果越好；

(2)公交运行控制的实践表明人为因素对驻站控制效果起到积极的作用；

(3)公交运营调度员在公交系统实时控制过程中可根据驻站控制规则决策是否实施驻站控制；

(4)驻站控制行为需结合实际公交运营数据进行分析。

前两个阶段的大部分模型没有考虑实时信息，忽略了车辆在站点停留时间对车头时距造成的影响且未考虑首末站出发时间和终点站停车时间等约束条件；随着科学技术进步，智能公交系统建立取得很大成果，AVL、APC 等自动化数据采集设备应用于公交运行过程的实时控制决策中，驻站控制模型向实时控制方向发展。M. D. Abkowitz[44]在早期研究中就曾提出了一种理想条件下以乘客等待时间最短为目标的实时驻站控制策略。Eberlein 等[13]较早考虑实时公交运营控制信息可获得的情况下系统分析了三种实时控制策略：驻站、放车、快车。该文献考虑了一个有两个终点站和数个中间站的单向环公交网络，假设车辆以均匀的车头时距运行，研究结果认为驻站策略与其他两种实时控制策略相比是比较有效的。随后，Eberlein 等[96]考虑了理想状态下，即客流需求和车辆行驶时间都确定的情况下，采用实时信息来解决驻站问题，提出了一种用滚动时域法来最小化乘客平均等待时间的控制策略，但是没有系统探讨策略对于车辆运行速度的影响以及在客流量和行驶时间随机变动情况下，提出的驻站控制策略能否有效阻止串车现象的产生。O'Dell 和 Wilson[97]探讨了城市轨道交通中列车运行中断下的实时调度问题，建立了基于驻站和区间车组合策略的整数规划模型。Shen 和 Wilson[98]建立了铁路运输系统的扰动控制模型。该模型为确定型的混合整数规划模型，同时考虑驻站、大站快车(expressing)和区间控制策略。该模型中乘客需求和站间运行假定为常数。Ding 和 Chien[99]提出了在具备列车自动控制和列车定位技术的环境下全程车辆实时驻站控制策略；该模型需要使用实时的车头时距信息、车速信息、客流检测信息，动态预测车辆行程时间。Hickman[100]研究了考虑乘客需求和站间行驶时间两个随机因素影响下单站点驻站控制解析模型；该模型根据单站点驻站控制问题特点建立凸二次规划数学模型，仅需使用简单贪婪优化方法求解。Hall 等[101]研究了考虑随机因素旨在最小化乘客换乘时间的多线路驻站协调控制模型，并在洛杉矶公交公司的线路上验证了驻站时间策略的有效性。Chandrasekar 等[102]提出了公交信号优先和驻站组合控制模型。具体做法是当前后车间隔小于目标间隔时，一方面前车实施公交信号优先控制策略，另一方面后车执行驻站控制。当乘客需求和站间运行是动态时该模型不难输出控制策略。Fu 和 Yang[103]讨论了两种实时驻站控制仿真模型。在这两个模型中，发车站点设在每个发车间隔超过阈值的站点。其中一个模型仅检测与前车之间的车头时距，另一个模型基于实时位置信息检测前向和后向发车间隔；研究结果表明最有效的方法是控制那些高需求地区和靠近线路中间段的地区。上述模型是假设所有的站点均可设控制点。如此可以减少等待时间，但是也导致了行车时间的显著增加；对两个站点进行控制，其中一个设在始发地，这种方式是最佳的，因为它使得乘客在减少等待时间的同时，不用再增加在途时间，而只是略微增加了公交车的运行时间。Dessouky 等[15]首先调查了公交系统性能对通信、车辆定位和乘客计数等技术的依赖程度，然后对比了公交系统在有无通信、车辆定位和乘客计数技术条件下的性能，最后仿真实验中考虑了不同控制条件下的多种驻站控制策略组合。研究结果表明当多辆公交车存在衔接时计划机动时间接近于零，发车间隔较大，这也进一步说明先进的智能公交技术是最有益的。Zhao 等[104]提出了基于车辆智能体和站点智能体协商方法的驻站分布式控制模型；该模型运用智能体范式以协调当前公交车辆上乘客等待时间和公交线路下游站点乘客候车时间为目标实现分布式驻站策略决策。Zolfaghari 等[105]研究了较为复杂实时驻站控制模型，该模型考虑了车辆载客数量有限的情形，故它的目标函数需考虑站点乘客等待多次公交车辆的时间成本问题，但未考虑因驻站带来额外站点等待时间成本。Puong 和 Wilson[106]扩展了 Zolfaghari 等的研究，建立了非线性混合整数模型，模型中将公交车辆在站点停留时间设置为常数，对目标函数考虑了驻站引起的额外站点等待时间成本且运用分支定界法求解该问题。Sun 等[107-109]利用 AVL/APC 的存档数据获取相关参数，运用蒙特卡罗法仿真研究了三个控制策略：单车多站和多车多站的滞站控制策略、中途越站策略和线路交叉调度策略；研究结果认为多站点比单站点驻站控制能显著提高公交服务的可靠性。Bellei 和 Gkoumas[110]探讨了在公交运行实时信息可获得的背景下基于阈值驻站和公交信号优先组合策略模型。

Delgado 等[111, 112]将驻站策略和其他调度控制策略（限制乘客上车）相结合，提出了一种确定性优化模型，该模型的优化目标为乘客总等待时间最短，并综合考虑了乘客在车站的候车时间、由于驻站而产生的附加等待时间，以及由于车辆容量限制或是上车人数限制而导致的额外等待时间。研究结果表明在高频公交服务线路该组合策略能降低总时间成本的 69%，而且较好地改善了公交车辆舒适性，在此基础上该团队开发出公交系统实时控制"Tempo"并在智利首都 Santiago 公交线路进行了工程应用[113]。

Daganzo[114]将公交系统看作近似连续系统，从自适应控制的角度深入研究了两种类型的公交系统实时控制策略，两种类别为基于车头时距的驻站控制和基于时刻表的驻站控制这两大类别。Daganzo 的研究成果为后续自适应驻站控制研究工作的快速发展奠定了理论基础。在其研究中，提出了一种基于前车头时距（即车辆与前车之间的车头时距）的驻站控制方法来维持公交运行过程中车头时距的稳定。上述模型提出的动态自适应驻站控制方法假设实时获取公交线路上，下游公交车辆的实际车头时距与计划车头时距的偏差 $H-h_{n,s}$，建立驻站时间与上述偏差的参数关系，仿真结果表明该模型提出的控制方法不仅较好保持均衡的行车间隔并有效预防公交线路上串车现象，而且降低驻站松弛时间，提高了公交车辆运营速度，但由于该模型是依据前向车头时距（forward headway）得出最优控制策略，后续的研究实验表明它并不适宜于扰动较大情况；为了解决 Daganzo（2009）模型的问题，Daganzo 和 Pilachowski[115]分析和提出了基于前车和后车的期望距离和需求下的车-车协同的车头时距自适应调整策略，这就能够指导驾驶员通过改变行驶车速而动态调整与前后车辆的行车间隔，防止串车和大间隔现象，该模型能很好适应较小和较大公交车辆扰动的情况。Xuan 等[116]在系统地总结前述各类自适应驻站控制方法的基础上，提出了自适应控制方法的通用模型，并证明了前述各类控制方法均是该通用模型的特例。更进一步，作者通过对通用模型的分析开发了一种只有一项控制系数的"简单控制策略"。与前述模型控制方法相比，"简单控制策略"除了可以有效维持高频与低频两种类型公交车辆车头时距的稳定性外，还可提升车辆按照时刻表运行的能力。He[117]研究了当站点停留时间与乘客数量成非线性关系时的预防策略模型，补充了 Daganzo 的研究结论。尽管 Daganzo（2009）和 Xuan（2011）等创造性地提出了公交系统自适应控制方法，但是该方法需要先验性地设定一个期望车头时距，通过不断调整公交运营方式，使得公交系统最终达到预设的状态，这就使得先验性的公交车头时距的设置显得格外重要。随后 Bartholdi III 和 Eisenstein[118] 提出了一种依赖于公交系统自身状态和条件的自协调车头时距控制方法。该方法中的车头时距不需要预先设定，而是通过对公交车进行控制的方式，使公交系统自发地从受到扰动之后恢复到可以达到的最优稳定状态。该方法仅需要通过获取当下站点停靠车辆信息便可计算得到公交车驻站时间，不需要公交运营管理者做出过多的操作，尤其减轻了公交驾驶员的工作负担，即不必刻意追求所谓的期望车头时距，并通过仿真验证和实际验证手段对控制方法进行校验，结果表明该方法可以使公交系统在经历不同程度的交通扰动时，均能够恢复到车头时距较为均衡的状态。该模型本质上是一种新的自适应控制方法，进一步丰富了 Xuan 等[116] 提出的动态驻站控制策略，包括基于前向车头时距（forward headway）、后向车头时距（backward headway）、双向车头时距（two-way headway）。经验证，该方法在乘客需求较低时有较好的应用效果，但当乘客需求较高时，由于车辆车头时距的收敛速度较慢，会在整体上降低该控制方法的实施效果。Koehler 等[119] 基于公交运行的实时信息和历史存档数据的可获得性前提建立了非凸数学优化模型，进而简化为迭代二次规划模型，从而得到近似求解。Cats 等[120] 对比分析了基于时刻表、目标车头时距和平均车头时距的三种驻站控制策略。研究结果表明基于平均车头时距的驻站控制在性能评价中是最优的。上述模型关注的目标是局部或近似的（未运用预测和优化模型）。Cortés 等[121] 提出了基于进化多目标优化方法的混合预测控制模型优化公交系统的实时控制问题。该模型考虑驻站控制和越站（stop skipping）控制两种策略，其中运行速度为常数，乘客需求服从泊松分布。之后，Sáez 等[122] 考虑了相同的不确定需求和确定的站间运行时间的两种因素下采用类似的建模方法研究了驻站和大站快车的组合控制模型。Lo 和 Chang[123] 基于模糊逻辑方法建立城市轨道交通运营中驻站控制模型，在模型中根据经验和知识建立驻站控制模糊规则优化地铁与其他公共交通方式的换乘。Milla 等[124] 设计驻站和越站模糊控制器，该模糊控制器的模糊变量设计为控制车辆与前后车两者中心位置的偏差，结合专家知识建立模糊控制规则，利用粒子群算法优化协调两个模糊控制器的隶属度函数参数。van Oort 等[125] 针对低发车频率的公交线路研究了区间运行时间、驻站控制点的位置和数量选择对于公交运行可靠性和运行效率的影响。仿真结果表明，当设置两个驻站控制点，并将公交车辆的区间运行时间设置为 30~60 分位区间运行时间时往往可以取得较好的控制效果。Chen 等[126]考虑了乘客需求和站间行驶时间的两方面随机性因素，对目标函数考虑了驻站时间内乘客的时间成本，建立了多站点驻站控制模型并设计了有利于实时决策的能快速求解的启发式算法。Ji 和 Zhang[127]根据公交车辆的实时位置信息和预测时间间隙建立了动态驻站控制模型，该模型综合使用了离散二次控制方法和二次静态优化方法一次性求解所有车辆到达下一个站点的驻站时间，有效保持了均衡的行车间隔和预防串车现象。Muñoz 等[128]对比分析了高频公交服务线路下两种实时驻站控制策略。其中一个为 Delgado 等[112]提出的在确定性的较长滚动时域下驻站控制和限制上车乘客数量的组合策略；另一个为 Sáez 等[122]提出的基于较短滚动时域的混合系统模型预测策略。仿真实验说明了两种策略在八种不同参数水平下各自性能的优劣。Berrebi 等[11]构建了一个随机模型，用于优化求解驻站时间，目标函数为最小化平均乘客等待时间，并提出了模型的近似策略。作者在仿真实验中考虑了静态的随机运行时间和乘客需求因素，与简单的基于车头时距驻站控制相比较时发现有显著的优越性能。随后还在研究中对比分析了有无实时预测两种场景下的驻站控制方法，结果表明实时预测能很好协调车头时距的均衡和驻站时长两个目标。Hernández 等[17]分析了驻站控制策略应用于公交走廊的多条公交线路的情况。仿真实验比较了集中调度控制与各条线路独立调度控制两种方案下的整体公交服务质量。结果表明集中调度控制在降低乘客成本具有优势。Argote-Cabanero 等[129]研究了站点动态驻站和运行区间引导驾驶员调速的组合自适应控制模型。将 Xuan 等（2011）所提出的"简单控制策略"应用到了多公交线路的场景中去，且该多公交线路场景中所包含的公交线路既可以是基于车头时距运行的线路，也可以是基于时刻表运行的线路，亦可以是同时包含两种类型线路的复杂场景。作者分别利用仿真和实地测试的方式验证了控制模型的有效性。Sánchez-Martínez 等[130]研究了考虑动态乘客需求和运行时间下的驻站数学模型。该模型在优化站点驻站时间时不仅考虑了系统的当前状态，而且考虑了未来乘客需求和运行时间期望的变化。Moreira-Matias 等[131]提出了在线学习的公交实时控制方法。该方法综合运用机器学习方法挖掘离线和在线 AVL 数据，建立站点和路线层车头时距预测模型，通过设置阈值实现串车事件的识别，继而生成公交实时控制集。仿真实验表明该自动控制方法能降低串车事件发生率达到 68%，乘客等待时间降低 4.5%。Nesheli 等[132]综合运用驻站控制、越站控制等公交控制方法，提出了一种被称为"基于策略的实施控制"的控制流程。对于基于车头时距运行的公交线路，该控制流程可提升其公交运行的可靠性并提升乘客实现同步换乘的概率。Andres 和 Nair[133]在 Daganzo 的研究基础上提出了融合站点车头时距预测的动态驻站控制方法，并采用 Dublin 城市 46A 公交线路上的数据验证了模型和算法的有效和优势。Asgharzadeh 和 Shafahi[134]建立了以最小化乘客等待时间为目标的实时驻站控制模型，该模型是考虑了站点和车上的乘客等待时间来确定最优驻站时间；基于实际公交运营数据的实验显示该方法可降低总等待时间的 8.65%。Berrebi 等[135]对比分析了是否采用实时预测信息两种情况的驻站控制模型效果，结果表明低精度的预测更加剧车头时距的不稳定性，高精度预测信息能有效协调车头时距的均衡性和驻站时长两个目标。Gkiotsalitis 和 Cats[136]提出了多约束的时间窗驻站控制方法。该方法的本质是一种同步控制。Li 等[137]同时应用驻站控制和运行速度调节控制研究了考虑交通拥堵延误随机性和乘客需求随机性的鲁棒自适应公交控制问题，并设计了多项式时间算法。Gkiotsalitis 和 van Berkum[138]提出了一种考虑车辆有限装载能力和乘客需求的实时驻站控制解析模型。Laskaris 等[139]提出了多线存在重叠路段的公交驻站控制方法，把单线公交运营控制研究推广到公交线路网络。Wang 和 Sun[140-143]围绕基于多智能体深度学习框架的公交车队控制做了深入研究。主要包括四个方面的内容：①基于多智能体增强学习框架的公交实时协同驻站控制；②基于异步多智能体增强学习框架的公交实时驻站控制；③基于分布式多智能体增强学习框架的公交鲁棒驻站控制；④基于多智能体增强学习框架的多目标多线路共存公交走廊的运营控制方法。

2. 国内研究进展

驻站控制在国外的研究成果较为丰硕，也是国外公共交通运营企业在公交运行控制具有代表性的常用方法。由于驻站控制在实践应用的局限性，国内在实时驻站控制方法上研究起步较晚，研究成果主要集中在公交规划层，而对于运营层的公交实时控制方面研究相对较少，起步阶段研究成果较为分散，近 10 年国内许多学者关于驻站控制的研究成果较为丰富。根据需要我们主要综述驻站策略和区间调速控制策略的研究成果。

黄溅华等[19, 20]重点研究了以均衡线路上车辆行车间隔和各车辆的载客量为目标的实时准点控制模型。张飞舟等[28, 144-146]系统分析了公交智能化指挥调度系统结构体系，并运用跟驰模型理论进行了城市路段通行能力的分析研究，提出了运用遗传算法和混合遗传算法优化公交车辆静态调度方法和动态调度策略。杨兆升[147]探讨了实时调度准点控制模型与方法，该模型通过检测计算中途站点行车时刻表与车辆实际到达本站的时间的偏差，如经计算判断公交车辆为比计划提前到达的情况则实施驻站控制使其准点离站，如果判断为晚到的情况则实施越站策略，从而均衡线路的行车间隔和各车辆载客量。吴海涛[148]研究了基于实时公交运行信息，以车头时距标准差为目标函数，运用无线设备向司机传达调度命令引导其控制均匀的行车间隔。Yu和Yang[149, 150]提出了两种滞站（驻站）调度策略：协控准点滞站调度策略和动态滞站策略，两种策略都是根据车辆在当前站点和下一站点的准点情况确定需要驻站的车辆。它们的区别在于协控准点滞站调度策略是根据公交时刻表确定车辆的驻站时间，而后者则是运用并行遗传算法优化车辆的驻站时间。研究结果表明上述两种策略都可显著地降低乘客的出行时间成本，而后者控制方法效率稍好于前者。滕靖和杨晓光[27, 151]从均衡车辆运行秩序、减少乘客平均候车时间出发，以优化全线公交车辆加权离站车头时距方差为目标函数，建立了先进公交环境下单线路公交车辆实时调度控制模型，并将该理论模型应用于快速公交线路；随后，滕靖和杨晓光[152]以最优化枢纽系统广义运输成本为目标基于智能公共交通系统环境研究了驻站协调问题。汪洋等[153]提出了道路快速公交系统以候车时间小于最大可接受时间为运营调度目标建立发车间隔较大时和较小时不同优化目标函数的实时控制模型。Yu和Yang[150]提出了两步动态驻站控制模型。第一步，判断即将到站的公交车辆是否需要驻站；第二步，对于需要驻站的公交车辆得出驻站时间。该模型考虑运行时间的动态性且通过仿真实验验证模型合理性。丁建勋和黄海军[154]基于巡航控制的思想提出可变跃迁概率元胞自动机模型，模型中假设公交车辆并非追求最大行驶速度，而是依据"信息素"引入控制策略动态调整公交车前行速度。陈维亚等[76, 155]提出了通过预测当前公交车辆到达下一个公交站点时间，引导驾驶员以建议行车速度到达下一个公交站点的实时行车诱导策略。李杰[156, 157]基于新提出的包含乘客平均等待时间、潜在等待时间、车内时间、乘客的拥挤体验四个方面内容的服务可靠性评价指标体系，将公交乘客的隐形出行成本潜在等待时间也量化成为运营调度规划的目标函数的一部分，充分考虑服务可靠性对乘客的影响，建立了适用于高频和低频服务两种驻站控制［基于时刻表（schedule based holding）和基于车头时距（headway based）］随机概率模型并开发了相应的求解算法。这两种模型包含了站间旅行时间和站点停车时间概率分布，以乘客的出行成本为目标，优化计划出站时间和车头时距限值。姚宝珍等[158, 159]提出了一个以最小化用户总费用为目标的动态滞站调度控制模型。该控制策略先通过一个基于支持向量机和 Kalman 滤波的公交车辆到站时间预测模型来判断需要滞站的车辆，然后通过遗传算法来求解车辆在站点最优的滞留时间。王宁等[160]研究并提出了一种适用于快速公交系统的驻站和信号优先的组合控制策略。李大铭和于滨[161]提出了一种新型的协控准点滞站调度策略。该策略基于支持向量机的公交旅行时间预测模型获得车辆在下一站点的发车时间信息，并结合在当前站点准点信息来综合判断是否需要对该车辆进行滞站控制。仿真实验表明由于基于支持向量机的预测模型提供了较高的预测精度，因此在与传统的滞站控制模型比较时该控制方法的误控率和乘客等待费用均处于较低水平。龙琼等[162]考虑了车辆故障、道路拥堵等突发事件导致的单线路公交车辆动态调度问题，以均衡公交车辆车头时距为目标提出了一种能适应突发事件的快速动态滞站调度方法。陈春晓等[163, 164]提出了基于多智能体系统的单线路公交控制概念模型，并研究了智能体在完全合作环境下公交车辆驻站增强学习控制问题。滕靖和金威敏[165]提出了基于动态车头时距偏差阈值的区间车速引导控制方法。杨振宇[166]从动态调度的角度出发提出了一种面向高频公交服务线路的自适应驻站控制模型，并采用蒙特卡罗法验证模型的有效性，结果表明该方法能有效降低车头时距变异系数。杨富社[25]系统地探讨了城市公交动态调度管理的结构框架，并重点探讨了支持该框架系统的相关技术方法，主要包括公交动态客流信息统计、车辆动态信息发布及到站时间预测、车辆优化调度和动态调度优化分析。安实等[167, 168]将公交滞站问题看成多阶段随机决策过程，利用随机决策理论和动态规划的最优化原理，确定出每辆车到达控制点时的最佳滞留时间，使整个线路车头时距波动方差的期望值最小化，进而得到最佳公交车辆滞站决策方案。通过实例分析，随机决策滞站策略，能够显著降低乘客的平均等待时间，提高公交服务质量，且在稳定性及抗干扰性方面具有明显优势。巫威眺等[169-171]针对预测延误时间的不确定性，考虑不完全驾驶恢复及由此引起的延误传播效应，研究了换乘枢纽的实时滞站控制模型。考虑滞站控制对下游线路的影响，以公交网络为视角建立了系统成本解析式，并证明了系统成本的结构性质。给出了无驾驶恢复和不完全驾驶恢复下滞站控制的边界条件，提出了反映滞站控制策略鲁棒性的评价指标，并发现了引入驾驶恢复有利于提高滞站控制的鲁棒性，而且当上游换乘客流需求增大时，引入驾驶恢复能带来用户和运营者成本节省的 Pareto 效应。该学者还提出了考虑允许超车和分布式乘客上车行为的驻站控制模型，仿真结果表明该模型在站间时间方差大、车头时距小的高频公交线路上具有显著的优势和较好适应性。张虎[172] 提出了公交站点限停与区间车组合运行的公交多服务模式，在此多服务模式下研究了考虑随机行程时间的动态站点驻站控制策略。黄青霞等[173, 174] 提出了一种基于车头时距阈值的驻站-限流的组合公交运行控制方法，基于实际线路数据标定了模型中的相关参数。研究结果表明不同拥堵条件下的最优控制策略的模式不同，合适的公交控制模式不仅可以减少乘客平均出行时间、降低公交车的平均运行时间，还可以改善小汽车的运行环境，并且越拥堵的环境该控制策略的改善效果越好。刘硕智等[175, 176] 针对公交运行过程的建模方法和公交自适应驻站控制方法开展了系统研究：一是基于树形图矩阵构建了用以描述公交车辆运行过程的数学方法，利用该方法可更为深入地阐释公交运行过程不可靠性的内在根源，并更为准确地刻画公交串车、车辆过载等现象；二是放松了现有大部分研究中要求在驻站控制点处插入的松弛时间足够大的约束条件，提出了可分析任意公交运行环境和驻站控制参数组合对于公交运行可靠性影响的定量分析方法，利用该方法可有效权衡实施自适应驻站控制策略后对于公交运行可靠性和运行效率的影响；三是进一步讨论了公交车容量限制对于公交运行可靠性演化过程的影响，并在此基础上提出了可从乘客平均常规候车时间、平均额外候车时间和平均车内时间三方面定量评估自适应驻站控制实施效果的方法，该方法可作为求解最优自适应驻站控制方案的有效工具。梁士栋等[177-179] 深入研究了公交运行稳定性对道路交通的影响和公交运营过程中的实时控制方法，并进一步发展了 Bartholdi III 和 Eisenstein（2012）[118] 的理论，提出了一种基于前后车头时距且无需松弛时间的自适应驻站控制方法，弥补了Bartholdi III 和 Eisenstein（2012）的控制方法中车头时距收敛速度较慢的问题。具体的研究成果可以归纳为以下两个方面：①提出了考虑前后车头时距的自均衡车头时距控制策略。在对历史研究总结和分析的基础上，将"自均衡车头时距"理念引入到"相邻车头时距协调控制"中，提出了同时考虑前后公交车车头时距的自均衡车头时距控制策略；②建立了两种基于不同控制手段的自均衡车头时距实时控制方法。在对公交驻站和公交越站手段特性分析的基础上，对公交越站进行了可操作性方面的改进,并分别以公交驻站和协调控制为控制手段,以自均衡车头时距为控制理念,着眼于模型求解的便捷性,针对公交系统对控制方法的需求不同,构建了两种以解析模型为最终形式的公交实时控制方法,并分别对两种控制方法所适应的环境及条件区间加以讨论,进而形成了较为完备的公交系统实时控制方法体系。在此基础上,Liang 等[180]提出了应对扰动较大条件下的驻站和越站组合自均衡协同控制方法。Zhang 和 Lo[181]提出了一种基于前后车头时距的自均衡车头时距驻站控制方法以及控制参数的优化方法,该方法可适用于确定的车辆运行时间和随机的车辆运行时间两种不同的情况。证明了当车辆运行时间为确定值时应用该控制方法可实现车辆车头时距的自均衡,而当车辆运行时间是随机变量时应用该方法能使车头时距的方差收敛于某一确定的值。该研究完善了前向、后向、双向车头时距的自适应控制体系。代壮等[182, 183]提出了一种基于合作博弈的公交驻站点优化模型。该模型首先预测当控制不同驻站点组合时该驻站点组合对公交串车率的改进;其次,以驻站点为博弈人,以驻站点组合及其对公交串车率的改进量为效用函数,构建合作博弈,分析驻站点的单独和联合控制效果,并用 Shapley 值刻画驻站点的相对重要性。通过在最有效的驻站点实施驻站控制,能够有效防治公交"串车"现象。最后,通过仿真实验对驻站点的数量和位置的确定进行说明,模型能有效降低公交车头时距波动,减少公交串车率,最终减少乘客平均候车时间。陈维亚等[85, 184]为了预防公交"串车"现象,提高乘客感知满意度,基于预测控制提出了一种考虑公交乘客动态感知的驻站与限流组合策略。该方法建立了以公交线路上总乘客感知等待时间最小为优化目标的预测控制决策模型,运用差分进化算法求解目标站点的最小驻站时长和限流人数以建立元胞自动机仿真模型,对比不考虑乘客感知的驻站、限流、驻站–限流策略与考虑乘客感知的驻站–限流策略的控制效果。通过 5 组情景实验,对比了考虑乘客感知和不考虑乘客感知的驻站–限流策略对线路乘客到达率和下车比例波动性的适应性。实验结果表明,考虑乘客感知的驻站–限流策略更有利于减少乘客感知等待时间,对线路乘客到达率和下车比例波动性具有较优的适应性。He 等[185]提出了一种基于动态目标车头时距的驻站控制方法来消除公交"串车"现象。该方法不需要预定的车头时距和时刻表,而是通过采集控制点的瞬时车头时距,以该数据的平均值设定动态目标车头时距,根据动态目标车头时距动态调整前向车头时距,实现动态均衡全线公交车运行间隔的目的。王文思[24]针对公交线路的运营环境特征类型提出了三种实时调度方法：①单一公交线路车辆实时混合调度方法；②共线环境下车辆实时调度方法；③面向公交枢纽的车辆实时协同调度方法。张晓峰[186]综合考虑了乘客在公交站台等待时长、公交车队规模、站点内公交客流不均衡等多种因素，以公交系统总出行成本最低为优化目标建立了基于逆差函数的公交滞站策略模型，并采用北京市公交94路部分线路数据对模型进行了实例分析，验证了模型的可靠性。欧诗琪等[187]建立了网联环境下配合干线信号协调的实时公交优先控制方法。该方法在满足公交优先申请的前提下以社会车辆延误最小为目标优化信号配时方案，实现速度引导—驻站控制—信号优先一体化控制。实验表明本方法能有效配合已有信号进行协调，同时满足公交优先需求和保障社会车辆行驶效益；案例分析表明采用路段速度引导算法和公交优先生成算法能明显提升公交不停车率；而敏感性分析表明更长交叉口控制距离有利于降低公交延误。周雪梅[188]从公交运行数据处理、公交运行健康诊断、公交运行健康致因分析、公交运行状态预测和公交运行协同优化等几方面展开，对于如何有效地诊断并科学治理"公交病"等科学问题进行了深入研究，并建立自适应驻站控制模型，同时采用仿真软件对不同场景进行了模拟分析。李利华等[189]提出了基于站点群体聚集性客流的公交调度优化方法。该模型在求解上，考虑到双目标优化视角的差异性，运用超车规则对串车场景下的出站车辆重新排序，设计基于NSGA-II的求解算法，以拥挤距离标定序度关系，以精英策略获取新种群，改进交叉算子，并基于TOPSIS（technique for order preference by similarity to an ideal solution）法对获取的Pareto解集择优。结果表明该方法可较大程度提升公交运行效率，有效解决公交串车问题，解的鲁棒性与可靠性较强，方法的实用性与可行性较好。Shi等[190]提出了车联网环境下基于分布式深度学习框架的公交运行协同控制方法。He等[191]提出了基于近似动态规划模型的自适应驻站控制方法。Liu等[192]考虑了站间运行时间和站点乘客需求两个随机因素提出了基于深度学习的驻站控制方法，该模型将驻站控制问题视为分布式局部马氏决策过程，采用仿真实验方法验证模型和算法有效性，结果表明该方法能较好地适应随机公交运行环境。杨明[193]建立了考虑驻站控制策略的定制公交路径与时刻表优化模型，以最大化公交运营商利润为目标，优化了车辆路径、时刻表和乘客分配决策。将不确定旅行时间聚类成若干情景，通过盒式不确定性集和椭球不确定性集来刻画每种情景概率的波动范围，并利用强对偶理论将鲁棒对等模型转变为一个可计算处理的形式。为应对现实大规模和超大规模问题，设计了一种遗传算法——大邻域搜索算法—分支定界算法（GALNS-BB）相结合的混合启发式算法，和一种基于订单的聚类分治（OCD&C）方法。数值实验结果显示，驻站控制策略的实施使定制公交在规划路径和分配订单时更加灵活，可大幅增加运营利润。鲁棒优化模型得到的期望利润分别高于最大概率模型和均值模型 44.3% 和 23.9%。GALNS-BB 混合算法在求解时长和求解质量两方面的表现均优于 CPLEX 及 GA、LNS 和 PSO 算法。

综合国内外研究现状，可以从以下八个方面列出近期研究驻站控制方法典型文献，如表 1-1 所示。

（1）预测的滚动时域（prediction horizon，缩略为 PH）：单阶段（One）和多阶段（Multi）。

（2）乘客需求（passenger demand，缩略为 PD）和站间运行时间（running time，缩略为 RT）。

（3）是否允许超车（overtaking）。

（4）优化的目标函数。相关的参数有等待第一趟公交车辆的候车成本 W_{first}，公交车上乘客驻站等待时间成本 W_{in-veh}，站点处被限制上第一辆公交车的乘客额外候车时间成本 W_{extra} 或最小化车头时距的方差 V_h。

（5）公交车辆装载能力约束：No 表示不限制；Yes 表示考虑车辆装载能力约束。

（6）驻站控制点数量。主要方案有：a. 预先设定的单站点（predefined single stop，缩略为 PSS）；b. 预先设定的多站点（predefined multiple stops，缩略为 PMS）；运行过程临时确定的单站点（single stop defined by the control process，缩略为 SSC）；c. 运行过程临时确定的多站点（multiple stops defined by the control process，缩略为 SSC）。

（7）优化过程考虑公交车辆的数量：单车辆和多车辆。

（8）求解方法：传统优化方法（conventional optimization，缩略为 OPT）、启发式方法（heuristic）、元启发式算法（metaheuristic）。

表 1-1　国内外驻站控制研究典型文献综述

文献	时域	PD 和 RT	超车	目标函数	装载能力约束	控制站点数量	考虑车辆数量	求解算法
Barnett（1978）	One	确定	禁止	$W_{first}+W_{in-veh}+W_{extra}$	No	PSS	One	Heuristic
Abkowitz and Lepofskv（1990）	One	确定	禁止	$W_{first}+W_{in-veh}+W_{extra}$	No	PSS	One	Heuristic
Eberlein 等（2001）	Multi	确定	禁止	$W_{first}+W_{in-veh}+W_{extra}$	No	PSS	Multi	Heuristic
Hickman（2001）	One	随机	允许	$W_{first}+W_{in-veh}+W_{extra}$	No	PSS	One	OPT
Fu and yang（2002）	One	确定	禁止	$W_{first}+W_{in-veh}+W_{extra}$	No	PMS	One	Metaheuristic
Zhao 等（2003）	One	随机	禁止	$W_{first}+W_{in-veh}+W_{extra}$	No	MSC	One	Heuristic
Zolfaghari 等（2004）	Multi	确定	禁止	$W_{first}+W_{in-veh}+W_{extra}$	No	SSC	Multi	Metaheuristic
Sun and Hickman（2005）	Multi	确定	禁止	$W_{first}+W_{in-veh}+W_{extra}$	No	PMS	Multi	Heuristic
Puong and Wilson（2008）	Multi	确定	禁止	$W_{first}+W_{in-veh}+W_{extra}$	Yes	MSC	Multi	OPT
Daganzo（2009）	One	随机	禁止	$W_{first}+W_{in-veh}+W_{extra}$	No	PMS	One	Heuristic
Xuan 等（2011）	One	随机	禁止	$W_{first}+W_{in-veh}+W_{extra}$	No	PMS	Multi	Heuristic
Bartholdi and Eisenstein（2011）	One	确定	禁止	$W_{first}+W_{in-veh}+W_{extra}$	Yes	PMS	Multi	Heuristic

续表1-1

文献	时域	PD 和 RT	超车	目标函数	装载能力约束	控制站点数量	考虑车辆数量	求解算法
Delgado 等（2012）	One	确定	禁止	$W_{\text{first}} + W_{\text{in-veh}} + W_{\text{extra}}$	Yes	PSS	One	OPT
Chen 等（2015）	Multi	确定	禁止	$W_{\text{first}} + W_{\text{extra}}$	No	SSC	Multi	OPT
Berrebi 等（2015）	One	随机	禁止	$W_{\text{first}} + W_{\text{in-veh}} + W_{\text{extra}}$	Yes	PMS	Multi	Heuristic
Hernández 等（2015）	Multi	确定	禁止	$W_{\text{first}} + W_{\text{in-veh}} + W_{\text{extra}}$	No	SSC	Multi	OPT
Argote-Cabanero 等（2015）	One	随机	禁止	$W_{\text{first}} + W_{\text{in-veh}} + W_{\text{extra}}$	Yes	PMS	Multi	Heuristic
Sánchez-Martínez 等（2016）	Multi	随机	禁止	$W_{\text{first}} + W_{\text{in-veh}} + W_{\text{extra}}$	Yes	SSC	Multi	OPT
梁士栋等（2016）	One	随机	禁止	V_{h}	No	PMS	Multi	Heuristic
Moreira-Matias 等（2016）	Multi	随机	禁止	V_{h}	No	PMS	Multi	Heuristic
Asgharzadeh and Shafahi（2017）	Multi	随机	禁止	$W_{\text{first}} + W_{\text{in-veh}} + W_{\text{extra}}$	Yes	PMS	Multi	OPT
Andres and Nair（2017）	One	随机	禁止	$W_{\text{first}} + W_{\text{in-veh}} + W_{\text{extra}}$	No	PMS	Multi	Heuristic
Wu 等（2017）	Multi	随机	允许	$W_{\text{first}} + W_{\text{in-veh}} + W_{\text{extra}}$	Yes	PMS	Multi	Heuristic
Zhang and Lo（2018）	One	随机	禁止	V_{h}	No	PMS	Multi	Heuristic
Gkiotsalitis and Cats（2019）	Multi	随机	禁止	$W_{\text{first}} + W_{\text{in-veh}} + W_{\text{extra}}$	No	PMS	Multi	OPT

续表1-1

文献	时域	PD和RT	超车	目标函数	装载能力约束	控制站点数量	考虑车辆数量	求解算法
Gkiosalitis and van Berkum(2020)	One	随机	禁止	$W_{\text{in-veh}}$	Yes	PMS	Multi	OPT
Heet 等 (2020)	One	随机	禁止	V_h	No	PMS	Multi	Heuristic
王文思 (2021)	Multi	随机	禁止	$W_{\text{first}}+W_{\text{in-veh}}+W_{\text{extra}}$	No	PMS	Multi	OPT
何胜学等 (2022)	Multi	随机	禁止	V_h	No	PMS	Multi	Heuristic
Wang Jiawei and Sun Lijun(2023)	multi	随机	禁止	$V_h+W_{\text{in-veh}}$	No	PMS	Multi	Heuristic

1.3.3　常规公交调度控制策略研究综述的总结

随着我国城市化和机动化的快速发展，公交运行条件不断恶化，串车和大间隔等公交运行间隔失稳问题愈加严重，如何采用有效的实时控制方法是一个迫切需要研究的问题。虽然国内外有关常规公交调度控制理论与方法的研究已经取得了相当多的研究成果，这些研究成果可资借鉴，但诸如以下这些重要理论课题亟待进一步完善与深化研究，而这恰恰是主动预防公交串车现象、提升公交运行可靠性、防止公交运行水平和公交分担率下降的关键所在。

(1)纵观公交调度控制技术研究趋势，其控制决策方法从人工经验、人机配合逐步向以系统自适应学习和自主式优化为代表的智能化和自动化方向发展。传统的现场调度受限于动态获取道路、车辆、客流等信息技术较为落后的现实。大数据时代的来临，为城市公交运营服务设计与管理带来了新的机遇与挑战。来自公交 IC 卡、GPS/北斗定位、智能手机 App、网页、传感器、视频检测的多源公交大数据，具备较好的连续性、完备性和时效性，为传统公交的运营服务模式带来根本性的变革。原来侧重于交通信息采集、传递及数据化、可视化展示的智能交通逐渐向着智慧交通发展，融入"人的智慧"，以及更加先进的信息技术、通信技术、传感技术、计算机技术和系统综合技术，将人、车、路、环境等有机结合起来，更加强调协同运行、个性化和智慧化运行。然而与其相适应的智慧化、自主化调度控制理论却发展得较慢。因此，常规公交运行间隔实时控制的研究内容朝着自主式、分布式、鲁棒性、智慧型、多源数据驱动型等方面不断更新发展。

（2）随着科技进步，利用先进的技术手段动态地获取全线车辆在运行过程中的信息为公交运行间隔实时控制提供了基础保障，因此第三阶段国内外针对实时控制策略，如常用的驻站策略，研究较为深入。在以往驻站控制研究模型中，其实大部分都隐式地假设公交车辆仅为被控制对象，它并不具备与其他公交车辆交互或自主计算求解等方面的智能行为，这种假设就决定了对公交车辆在运行过程中的调度控制行为只能依赖于公交调度中心计算机。即通过车载或地面数据采集设备采集到的实时数据传输到调度控制中心计算机中，经调度人员根据经验综合决策或计算机集中式求解辅助决策后，将调度控制指令通过通信网络传输至终端。上述这种典型的集中式的公交实时控制在许多应用实践情况中需进一步完善。当公交系统中公交车数量比较庞大，以及通信能力受限和在特殊复杂的地理环境下时也要求所有模型的参数和实时数据都能获取，这对智能公交系统网络的通信能力和公交调度控制中心服务器的计算能力提出了很高的要求，是难以实现的，若是区域调度，实现难度就更大。因此，基于多智能体分布式的公交实时控制建模是值得深入研究的课题。

（3）国内外研究现状中综述了一些关于 MAS、模糊逻辑、局部协同等理论和方法的建模驻站问题的文献，其存在两个问题：①部分文献主要倾向于基于多智能体系统技术对智能公交管理信息系统建模或管理软件开发，基于多智能体系统技术对公交驻站控制的相关研究文献数量比较少；②缺乏基于某种通用理论建立公交实时控制的框架。上述人工智能、智能控制等理论本身就具有前沿性，因此应用新的理论和方法研究公交实时控制模型在许多方面都可进一步完善和深化，如本书主要构建基于自组织多智能体系统的公交实时控制通用框架，具体的实时控制与决策模型可从自组织多智能体系统中智能体的数量、获取信息的完备情况以及通信场景三个方面进行深入研究。

（4）在公交动态协同控制与决策方法上，基于 MAS 对自组织的多智能体公交系统建模的核心问题是团队的协作问题，以往的文献主要运用协商模式研究驻站控制问题，这种逻辑协议合作机制的劣势在于很难定量地对智能体行为进行评估，而且合作协议通常不具备通用性。本书基于马尔可夫决策过程理论的通用数学模型围绕公交驻站控制问题建模，具有一定的通用性。

（5）乘客感知主要包括车厢内的在车感知和站台候车感知，衡量感知的标准常常是客流密度、等待时间长度、站台基础设施以及乘客自身的社会属性等。而当前对于乘客感知的研究主要用于评价当前公共交通系统的服务质量，将乘客感知作为公交运营控制优化目标的研究较少。

（6）公交运营控制策略主要包括驻站、调速、限流、越站等措施，其中驻站是最为常见的控制策略。已有的文献研究驻站策略和越站策略组合控制较多，驻站和区间调速控制（引导区间速度控制）策略的组合控制策略研究较少。

驻站和调速是对公交车辆本身的运行进行调控的策略，是从公交服务的供给方出发的。现有关于调速策略的研究大多规定公交车辆能够在调度中心的指挥下以理想速度在站间行驶，较少考虑受周边路面交通的影响；或是在已有公交专用道的线路上提出调速控制策略，而未对调速控制的理想地点给出建议。

1.4 本章小结

本章介绍了研究背景和意义，综述了现有的国内外服务可靠性和最常用公交调度控制方法——驻站控制策略的研究成果，总结得出公交调度控制问题方面研究存在的不足，概述了本书的研究对象、研究目标和研究内容。

第 2 章 城市常规公交车辆运行间隔实时控制理论基础

本章主要目的是简要介绍本书研究涉及的智能控制基本理论与方法。主要内容包括 Agent 技术基础、多智能体增强学习模型及算法、POMDP 基本模型及求解算法、模糊逻辑控制系统的基本结构及 MATLAB 模糊逻辑工具箱。这些内容为第 3 章到第 6 章的研究提供了必要的背景知识。

2.1 Agent 技术基础

20 世纪 70 年代美国麻省理工学院的学者开始开展了关于分布式人工智能的系列研究，Agent 技术的研究与应用就是起源于此[194]。分布式人工智能主要研究物理上或逻辑上分散的个体组成的智能系统怎样并行地、相互协作地实现问题求解[195]。分布式人工智能领域有两个重要的分支：其一为分布式问题求解，它出现在分布式人工智能研究的早期阶段；另一个则为多智能体系统（multi-agent system，MAS）。多智能体系统是为了完成某种任务或达到某些目标将具有不同能力的同质的或异质的智能体进行协同工作而构成的系统，它可认为是对分布式问题求解的进一步发展的技术方法[196]。

较早的 Agent 的概念出现在 20 世纪 70 年代 Hewitt[197] 提出的并发演员模型中，Hewitt 在模型中给出了具有自组织、交互和并行执行意义的术语——Actor。Wooldridge 和 Jennings[198] 给出最广为接受和经典的弱定义和强定义。弱定义下的 Agent 为一个具有自主能力、社交能力、反应能力和预测能力等属性的软硬件系统；而强定义不仅具有以上的属性，而且具有知识、信念、目的、义务等人类特有的属性。除此之外，Agent 还具有移动性、诚实性、仁慈性和理性等属性。计算机科学方面的研究学者则更多从广义角度认为 Agent 是基于软硬件的计算机系统，它具有自主性、反应性、社会性和主动性等属性。虽然目前对 Agent 尚未有公认的统一定义，但几乎所有的定义都认为 Agent 本质上是一类特殊的软件构件，这种构件是自主的，它提供与任意系统的互操作接口，类似人类行为，按照自己的规划为一些用户提供应用服务（这些用户通常也是由多个 Agent 组成的）。Agent 系统分为单智能体和多智能体（MAS）。为了统一性，本书中 Agent 均翻译为"智能体"。单智能体系统的研究主要集中在认知与模拟人类的智能行为，它侧重于对人类的智能行为进行研究和模拟。MAS 是指一些智能体通过协同完成某些任务或达到某些目标的计算机系统，它是由多个自主或半自主的智能体所构成的大型系统[199]。多智能体理论研究则集中在自主的智能体之间智能行为的协同，MAS 通过协调各智能体的目标、规则等来产生相应行为或解决问题。MAS 通过一组自主、分布式运行的甚至异质结构的智能体的松散组合，协同解决超过单个智能体自身能力范围的问题。MAS 系统具有分布、并发问题求解的优势，同时适应复杂的交互模式。与单个智能体相比，MAS 中每个智能体还具有相关数据是分布的或分散的，拥有不完全的信息和问题求解能力，其计算过程是异步、并发或并行的三个方面特点。

智能体的基本功能就是与外界环境进行交互，获得信息并进行处理，然后作用于环境。智能体可以看成是一个黑箱，通过传感器感知环境，通过执行器作用于环境。大多数智能体不仅能够感知环境，而且能够对环境中发生的变化做出及时响应，这种响应不是简单的，而是依据处理和解释接收的信息主动进行目标驱动行为。智能体的结构研究主要包括智能体的组成，组成要素之间相互关系和智能体感知环境并作用于环境的机制。通常智能体的结构可划分为：

（1）思考型智能体（cognitive or deliberative agent），该类型智能体的信息处理单元中包含各种行为知识、领域知识和决策规则，并可进行复杂的逻辑推理，从而进行决策，具体结构如图 2-1 所示。

（2）反应型智能体（reactive agent），该类型智能体的信息处理单元不包括环境的任何领域知识和行为知识，不使用复杂的推理机制，仅通过信息处理单元内部预定义的规则进行决策，具体结构如图 2-2 所示。

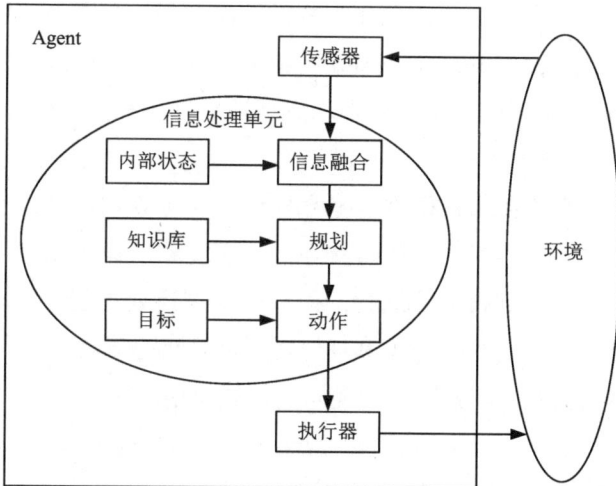

图 2-1　思考型智能体基本结构

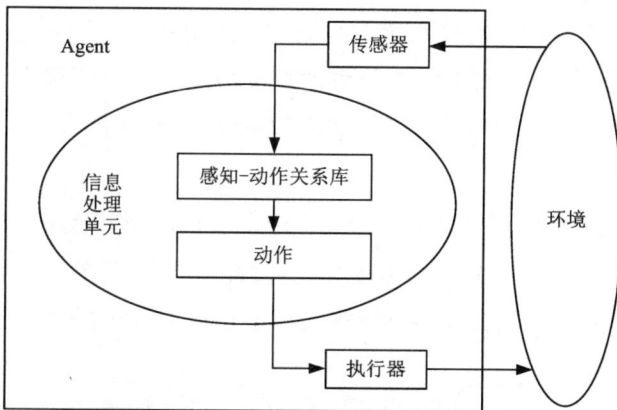

图 2-2　反应型智能体基本结构

（3）混合型智能体（hybrid agent）集成了思考型智能体和反应型智能体两种类型结构的行为而形成的新结构[198, 200-202]。混合型智能体结构在一般情况下被设计成包括高、低两部分的层次结构，其中高层是包含知识库的认知层，它主要采用传统逻辑推理方法进行规划处理和目标决策；低层则是对环境中突发情况能进行及时响应并处理的反应层，它无须中心符号化模型也没有复杂的符号推理系统。反应层在实际应用中往往会被设定为更高的优先级，应用分层结构需要解决的主要问题是各层应利用怎样的控制框架、高层与低层间该怎样交互。程序推理系统(procedural reasoning system，PRS)是应用混合型智能体结构的最有名的实例[203]，可认为是一个在动态环境中推理和执行任务的BDI(belief –desire–intention)系统。

目前，思考型智能体结构研究占据主导地位，其中BDI结构有着较为成熟的理论基础和简单易用的特点，使得其在理论研究和工程实践应用中成为最流行的智能体结构；反应型智能体结构的研究和应用还处于起步阶段。思考型与反应型各有特点，因为：(1)思考型和反应型所针对问题领域是不相同的；(2)在设计中两种类型结构经过调整后可实现问题领域应用的转换；(3)众多的问题求解一般不会只依赖于某一种类型的结构构建MAS，而须遵循综合运用每种类型结构的优势而组合成混合型的设计思想。实际运用过程中，混合型智能体正是集成了上述两种类型结构的优势，以及由于问题本身的多元性而成为研究热点。

多智能体系统根据所在环境的特征，设计智能体间的竞争与协同关系，确定系统的组织结构。多智能体系统的组织方式决定系统的行为特征和智能体间交互方式以及问题的求解结构，对求解效率和系统性能影响很大，已有的多智能体系统结构可分为层次结构、联邦结构和完全自治结构[204]。

1. 层次结构

图2-3表示一个多层结构的MAS，管理层次自顶向下。层次结构的显著特点是同层的智能体间存在紧密的信息交互关系，而不同层次的智能体间是一种松散的"主/从"关系。虽然下层智能体受到上层智能体的控制，但具有一定的

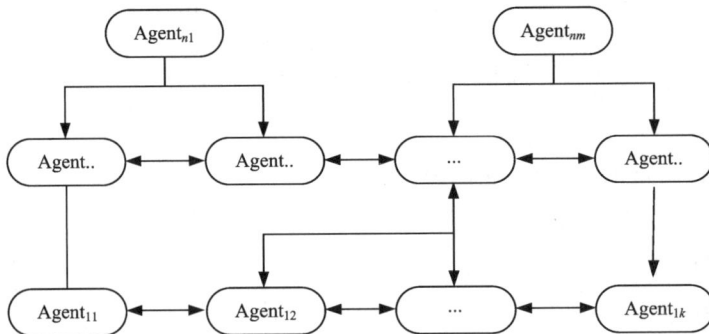

图2-3　层次结构的多智能体系统

自治性和智能性。具体控制方法是：由上层智能体启动下一层智能体，每一层次的智能体驱动同层与之关联智能体的协商行为过程，仅当发生重要事件，或下层智能体的目标不能达成一致而影响系统整体目标的实现时，才需由上层智能体进行协调。层次结构的优点是：一方面是对于扰动能在短时间内做出反应；另一方面是它的容错性和可靠性得到了较大的改善。允许在上层智能体发生故障的情况下下层的智能体仍然能自主地进行短期运行。

2. 联邦结构

联邦结构在各局部系统中引入了基于协调器(mediator)的协调机制。如图2-4 所示，结构中存在三个协调器，每个协调器根据需要将一组智能体聚集形成智能体集合，协调器负责集合内部的每个智能体间的通信和行为协调，同时协调器作为整个智能体集合的代表能与系统中的其他协调器进行通信和行为协调。

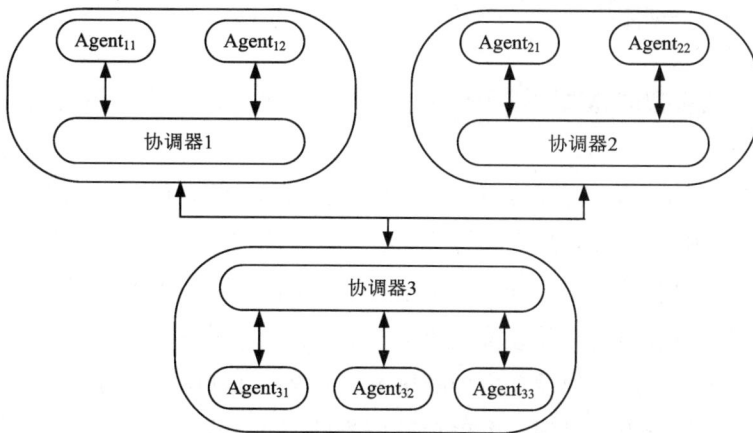

图 2-4　联邦结构的多智能体系统

联邦结构多智能体系统通过协调器减少多智能体系统中智能体间的协调活动的信息通信量，确保了系统的稳定性和可扩展性，因而，得到了大量应用。联邦结构为开发多智能体系统提供了开放可扩展的框架结构[14]。联邦结构多智能体系统中的智能体由于担负的具体任务不相同，有利于简化系统计算复杂性从而使得系统可控制性增强了。因此，特别适合开发复杂、动态和由大量智能体组成的智能系统。

3. 完全自治结构

具有完全自治结构的多智能体系统中所有智能体都是自治和平等的，其结构如图 2-5 所示。

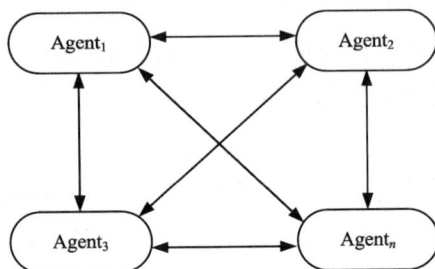

图 2-5　完全自治结构的多智能体系统

2.2　多智能体增强学习模型及算法

为了介绍多智能体增强学习模型和算法先简要引入单智能体的增强学习模型及重要概念。

强化学习（reinforcement learning，RL），又被称为激励学习、评价学习或者增强学习，是机器学习的范式和方法论之一；用于描述和解决智能体（agent）在与环境的交互过程中，通过学习策略达成回报最大化或者实现特定目标的问题。学习者通过反复与环境动态交互，不断尝试行动集中不同的行为策略并持续改进，增强学习是一种没有指导的学习。图 2-6 是典型的增强学习模型。智能体每次与环境交互，得到一个表示环境当前状态 s 的输入，然后选择一个动作 a 作为输出作用于环境并导致状态转移。环境状态转移得到立即收益 r 并反馈给智能体。智能体根据行为集合 B 选择相应的行动。行为集合 B 应当使立即收益的长期期望收益累积值趋于最大。增强学习过程就是对长期期望收益累积值的不断更新过程。

基本的增强学习建模，是以有限 Markov 决策过程 MDP（Markov decision processes）为框架的。增强学习的算法很多，但大多可以统一在瞬时差分法的思想下。下面简单介绍控制中常用的 Q-学习算法。

Q-学习算法是 1989 年 Watkins 在解决信息不完全情况下的 MDP 而提出的

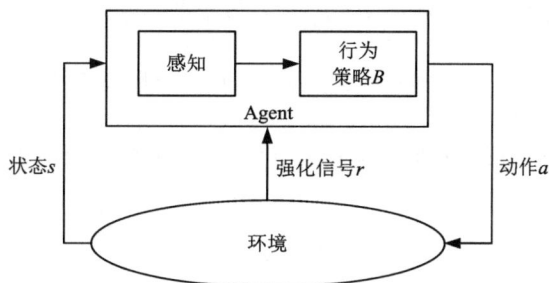

图 2-6　多智能体增强学习模型

求解方法[205]。这种方法不需要系统的显式模型，直接通过观测信息来进行最优决策。

1. Q 函数

定义一个新的价值函数 $Q^\pi(s_t, a_t)$，来表示某一状态行为对 (s_t, a_t) 的累计回报期望

$$Q^\pi(s_t, a_t) = E\{r_{t+1} + \gamma r_{t+2} + \gamma^2 r_{t+3} + \cdots | s_t, a_t, \pi\} \qquad (2\text{-}1)$$

这种与 (s_t, a_t) 有关的价值函数，我们称为 Q 函数。可以看到，$V^\pi(s)$ 和 $Q^\pi(s, a)$ 均为累计回报的期望，只是期望的条件不同。如果将这些价值函数值看做一张表，前者是一张一维表格，其表项为状态；而后者是一张二维表格，表项为状态和动作。除了上述差别，$Q^\pi(s, a)$ 的求解与 $V^\pi(s)$ 完全一样，因此可以 IPE 迭代求取。

进一步定义最优 Q 函数

$$Q^*(s_t, a_t) = \max_\pi Q^\pi(s_t, a_t) \qquad (2\text{-}2)$$

可以看到 $V^*(s)$ 和 $Q(s_t, a_t)$ 之间存在如下关系

$$V^*(s_t) = \max_{a_t \in A_s} Q(s_t, a_t) \qquad (2\text{-}3)$$

因此最优策略满足

$$\pi^*(s_t) = \operatorname*{argmax}_{a_t} Q^*(s_t, a_t) \qquad (2\text{-}4)$$

2. 算法设计[206]

根据瞬时差分算法思想，可以设计如下 GPI 算法

43

$$\hat{Q}_n(s_t, a_t) = \hat{Q}_{n-1}(s_t, a_t) + \alpha_n [r_n(s_t, a_t, s_{t+1})$$

$$+ \gamma \max_{a_{t+1}} \hat{Q}_{n-1}(s_{t+1}, a_{t+1}) - \hat{Q}_{n-1}(s_t, a_t)] \tag{2-5}$$

关于求解单智能体增强学习模型的 Q-学习算法的收敛证明可参考文献 [207]。

3. 策略选择

在增强学习中，要求尽可能访问多的 (s, a) 对的过程被称为探索 (exploration)，而根据贪婪的近视原则进行的决策被称为开发 (exploitation)。过分强调探索会导致学习速度不快，若过分强调开发，则可能难以收敛到最优的策略。因此一般采取折中方法，即策略的选择过程考虑一定的随机性。下面介绍两种常用的实现方法。

（1）ε-贪婪方法

$$P(a_t | s_t, \pi, Q) = \begin{cases} 1 - \varepsilon & a_t = \mathop{\mathrm{argmax}}\limits_{a_t} Q(s_t, a_t) \\ \dfrac{\varepsilon}{|A(s_t)| - 1} & 其他 \end{cases} \tag{2-6}$$

式中：$|A(s_t)|$ 为决策集合的大小；ε 为探索概率，代表了 agent 不采取贪婪原则的概率。

（2）Boltzmann 分布法

$$P(a_t | s_t, \pi, Q) = \frac{e^{Q(s_t, a_t)/\tau}}{\sum\limits_a e^{Q(s_t, a)/\tau}} \tag{2-7}$$

MDP 是单智能体决策过程，MDP 在 MAS 下一个自然的推广是 Markov 对策，这本质上是 n-Agent 的 Markov 决策过程。多智能体的一般化马尔可夫过程可以看作随机对策 (stochastic game, SG)，其定义如下[208, 209]：一个随机对策可以用元组 $\langle S, A^1, \cdots, A^n, f^1, \cdots, f^n, g^1, \cdots, g^n \rangle$ 表示，其中 n 为系统的智能体个数，S 表示环境状态集，A^i，$i = 1, 2, \cdots, n$ 为智能体 i 可选择的行动集合。联合行动集表示为：$A = A^1 \times \cdots \times A^n$。$f^i$：$S \times A \times S \rightarrow [0, 1]$ 为状态转移概率函数，g^i：$S \times A \times S \rightarrow R$ 为立即收益函数（强化信号函数）。在 MAS 中，状态转移是系统中所有智能体联合行动作用的结果。因此，立即收益函数同样依靠联合行动，状态到动作的映射策略也拓展为联合策略 π。多智能体增强学习方法转化为联合策略下的状态空间到联合行动的映射学习。

多智能体增强学习任务类型可分成三类，即完全合作型（fully cooperative）、完全竞争型（fully competitive）和混合随机博弈型（mixed SG）。本书主要探讨完全合作型的多智能体增强学习问题。

直到今天，多智能体增强学习问题仍然是个富有挑战性的难题，其面临的需进一步深入研究的问题主要有：

（1）学习问题的同时性：系统里所有的学习体同时学习，学习体环境受到其他学习体执行策略的影响，所以多智能体增强学习问题容易出现非平稳性。

（2）运动目标学习的问题：由于受到其他学习体的影响，每个学习体的最优策略会根据其他学习体的策略的改变而变化，因此每一学习体就会遇到运动目标学习的问题。在随机博弈模型中描述多智能体增强学习目标是困难的，如果简单将单智能体的增强学习算法推广到多智能体的情形，势必会陷入更严重的维数灾难。而智能体系统的反馈回报是相互联系的，不能通过独立最大化实现系统最大的目标。

（3）协调机制的设计：当多个学习体的学习问题存在多个平衡策略时，同时学习的智能体可能出现非平衡联合策略，而且本身平衡联合策略随着学习体增多呈指数增长，因此问题变得更加复杂而难以解决。在这种情况下多个智能体的增强学习算法在寻求唯一的联合平衡策略过程中需设计一个机制来协调学习体间隔的行为。

根据求解算法中设计的协调机制，多智能体增强学习算法可分成如下典型的四类[208]：

（1）独立多智能体增强学习算法：系统中智能体相互独立，该算法不考虑其他智能体的影响仅利用自己所处局部状态和个体行动进行决策并最终收敛[210]。如此，该算法实际上是单智能体学习算法在多智能体系统上简单的推广，需结合具体问题应用。

（2）联合学习算法：在学习过程中，智能体考虑其他所有智能体的行动影响，但是在学习过程中没有设计协调机制[211]。该算法是单智能体学习算法在多智能体联合状态和联合行动上的推广，它的复杂度会随着智能体数量增加而呈指数级增长，因此在很多实际问题中不可行。

（3）间接协调方法：间接协调方法就是对可能产生更大立即收益的行为进行优先选择，根据对其他智能体的历史行为的观察而建立对其的估计模型，从而得到好的收益值的概率[212]。

（4）直接协调方法：直接协调方法根据智能体间的直接交互行为来选择最优行动以某种方式进行协调。较为常用的直接协调机制有基于角色、社会规则和通信等。协同图（coordination graphs）是具有代表性的直接协调方法，它将全局 Q-值函数简化分解为若干个智能体子集的局部 Q-值函数[213, 214]。

2.3 POMDP 基本模型及求解算法

POMDP 模型由 Åström[215] 首先提出，随后 Smallwood and Sondik 第一次给出了通用求解算法[216]。POMDP 为部分可观察随机环境下的规划和决策问题提供了一个通用的数学模型框架。我们仅研究 POMDP 模型中状态集和动作集是有限的且带折扣系数的。本书中研究的 POMDP 模型可形式化地描述为一个六元组 $\langle S, A, Z, T, \Omega, R \rangle$。值得说明的是，本书利用的 POMDP 模型中状态集和动作集均为有限的集合，总的回收函数期望值考虑其有折扣系数的情况。

- 状态。S 表示一个有限的系统状态集合。一个智能体所处世界的状态 $s \in S$ 表示了系统决策所需要的所有信息，t 时刻的状态即为 s_t。在 POMDP 模型中，智能体的状态是不能如 MDP 问题中通过传感器直接精确感知而获取到的，此时智能体的状态需利用服从概率分布情况的信念状态的概念来刻画。在马尔可夫决策理论中，系统转移的下一个状态仅由当前的状态和将采取的行动唯一确定，而与其历史的状态和行动并无关联（即满足马尔可夫性）。

- 行动。$A = \{a_1, a_2, \cdots\}$ 表示智能体可采取的行动集合。本书中只考虑有限的和离散的行动集的情形。

- 观察。$Z = \{z_1, z_2, \cdots\}$ 表示智能体借助于传感器所获得的观察的集合。t 时刻的观察被表示为 z_t。观察 z_t 可被认为是添加了噪声的 Agent 潜在的状态 s_t。和行动集相似，在本书中我们仅考虑有限且离散集合的情形。

- 状态转移概率分布函数 $T(s, a, s') = Pr(s_{t+1} = s' | s_t = s, a_t = a)$。它表示的是智能体在状态 s 采取行动 a 后转移到新的状态 s' 的概率。在实际工程应用中它可用来描述环境的动态性，由于 T 是一个条件概率分布函数，所以对任意 (s, a) 可记为 $\sum_{s' \in S} T(s, a, s')$。这里的动态性可以指随机性，$T$ 是一个不随着

时间变化而变化的函数。

- 观察概率分布函数 $\Omega(a, s', z) = Pr(z_{t+1} = z | a_t = a, s_t = s)$。它表示的是采取行动 a 后转移到新的状态 s' 时获得观察 z 的概率。这个条件概率分布函数满足对任意 (a, s') 有 $\sum_{z \in Z} \Omega(a, s', z) = 1$。这里的 Ω 也是不随时间变化而变化的函数。观察概率分布函数描述了智能体感知环境的不确定性。

- 立即收益函数 $R(s, a)$：$s \times a \to \Re$。它表示了 Agent 在状态 s 执行行动 a 后得到的立即收益。我们假设立即收益函数值是有界的，即满足 $R_{min} < R < R_{max}$。立即收益函数描述了智能体所要完成的目标或者任务。本书中，我们考虑决策周期为离散的情况。实时控制时总的决策周期记为 T。每个智能体在每个决策周期内选择并执行一个行动，然后从一个状态转移到新的状态，系统进入下一个决策周期。在下一个决策周期中，每个智能体先从系统中借助于传感器得到一个观察，然后选择并执行一个动作，整个过程周而复始。因此，POMDP 规划的目标是最优化 Agent 在各个决策周期的行动选择，即求解出一个策略 q 使得 Agent 在整个决策过程的期望折扣累积收益值最大。它可以具体表示为最大化公式

$$V(q) \equiv E\left(\sum_{t=0}^{T-1} \gamma^t r_t \mid q, b^0 \right) \tag{2-8}$$

式中：r_t 表示的是 Agent 在时刻 t 得到的立即收益，$E(\cdot)$ 为所有立即收益的期望，q 是策略，b^0 是初始信念状态，γ 是折扣因子，且满足 $0 \leqslant \gamma < 1$。在这种标准下，将来的收益的重要程度要低于当前的收益，设置折扣因子的目的是保证该标准总是有限的。在本书中，我们仅讨论最常见的 POMDP 问题，决策周期或考虑的规划步数为无限的情况，即 $T = \infty$。为了在建模考虑驻站问题的实时性，我们采用滚动时域优化表示，每次优化的结果都只取第一个周期，该问题在建模部分会重点说明。

POMDP 模型中智能体在第 $t+1$ 决策周期的状态 s_{t+1} 和所获得的立即收益 r_{t+1} 的评估只由第 t 决策周期的状态 s_t 和采取的行动 a_t 两个模型元素决定，而与模型中 t 时刻之前的状态和动作历史元素序列并不相关。上述说明的 POMDP 模型特点归纳起来就是有名的马尔可夫性质。MDP 问题可认为是 POMDP 的特殊情况，它们之间的区别是，对于 POMDP 模型，智能体在 t 时刻的状态 s_t 是局部可观察的，观察到的状态信息不是完备的，只能借助于传感器

获得带有噪声的反映 t 时刻的状态的观察信息 z_t。如此一来，智能体在不直接观察当前状态的情况下，只能根据过去的所有的行动和所获得的观察信息来估计第 t 决策周期的状态 s_t 的概率分布情况。我们把过去的所有的行动和观察信息的序列称为历史，即：

$$h_t = \{a_0, z_1, \cdots, z_{t-1}, a_{t-1}, z_t\} \tag{2-9}$$

信念状态是对智能体决策过程观察到的过去所有行动和观察信息的充分统计量，由如下公式来描述：

$$b_t(s) = Pr(s_t = s | z_t, a_{t-1}, z_{t-1}, \cdots, a_0, b_0) \tag{2-10}$$

式中：初始信念状态 b_0 描述了智能体在 $t=0$ 时所处各个状态的概率分布情况。通常来说，初始信念状态可作为 POMDP 模型的元素直接给定。值得注意的是，智能体在 t 时刻的信念状态是可根据 $t-1$ 时刻的信念状态 b_{t-1}，$t-1$ 时刻的行动 a_{t-1} 和 t 时刻的观察信息 z_t 三个已知信息计算得到的。具体反映它们关系的计算公式被称为信念状态更新公式，即：

$$\tau(b_{t-1}, a_{t-1}, z_t) = b_t(s') = \frac{\Omega(a_{t-1}, s', z_t) \sum_{s \in S} T(s, a_{t-1}, s') b_{t-1}(s)}{Pr(z_t | b_{t-1}, a_{t-1})}$$

$$\tag{2-11}$$

式中的分母为归一化因子，它描述了当智能体在 $t-1$ 时刻信念状态 b_{t-1} 时采取动作 a_{t-1} 后获得的系统观察信息 z_t 的概率，它的计算公式可表示为：

$$Pr(z_t | b_{t-1}, a_{t-1}) = \sum_{s' \in S} \Omega(a_{t-1}, s', z_t) \sum_{s \in S} T(s, a_{t-1}, s') b_{t-1}(s)$$

$$\tag{2-12}$$

B 表示包含所有可能的信念状态的集合，也可称为信念空间。根据需要我们定义可达信念状态的集合为 $\Re(b_0)$，也可称为可达信念空间，它是信念空间 B 中的子集，即从初始信念状态 b_0 节点开始，为了防止遍历所有的信念状态空间，采取随机方法选择动作序列，然后将能满足大于 0 的概率的到达的信念状态组成集合。在算法中仅搜索可达信念空间显然能显著地降低问题的求解规模。

POMDP 规划问题的目标是为智能体在给定的环境动力学模型和收益评价函数的前提下提供最优行动指南。每一个策略都是这样一个指南，它指明了智能体在每一个可能达到的信念状态 b 处应该执行的最优行动。通过著名的贝尔曼公式可求得 POMDP 规划问题的最优解，贝尔曼方程如下：

$$V^*(b) = \max_{a \in A} \left[\sum_{s \in S} R(s, a) b(s) + \gamma \sum_{z \in Z} Pr(z \mid b, a) V^*(b^{a, z}) \right] \quad (2\text{-}13)$$

所有的贝尔曼方程都有唯一的解 V^*。

POMDP 求解算法发展可分为两个阶段：第一个阶段（1970—1990 年），主要是精确求解算法，代表算法有 Enumeration 算法[217, 218]，Two Pass 算法[217]，Linear Support 算法[219]，Witness 算法[220]；第二个阶段（1991—2000 年），由于精确求解大规模问题的 POMDP 过程存在信念状态空间维数和迭代更新历史灾难问题，开始研究基于点的值迭代算法，代表算法有 PBVI[221]，Perseus[222]，HSVI[223]，SARSOP 等[224]。根据规划方式的不同，POMDP 近似规划算法可分成离线规划算法和在线规划算法两种。离线规划算法由策略搜索和策略执行两个相互独立的阶段组成，也就是说，在策略搜索阶段首先需要消耗大量的预处理时间来生成整个信念状态空间上的策略，然后利用上一阶段优化生成的策略根据映射关系应用到策略执行阶段来进行决策。这种算法由于其预处理时间可被平均分摊到每次的任务中，故较为适合对重复的 POMDP 规划任务进行求解。然而在线规划算法不会在预处理过程分配很多的时间，只需有限的基于当前状态的策略搜索步和策略执行步迭代，因此在线规划算法在处理紧急的或一次性的 POMDP 规划任务时具有优势。在具体的策略搜索步，在线规划算法重点放在优化好当前信念状态处的局部策略，而不是可以泛化到整个信念状态空间的全局策略[225, 226]。近阶段，为了使得理想的 POMDP 模型能够满足实时系统的要求，普遍采用在线近似算法求解[227, 228]。在线的 POMDP 规划算法通常可以分为三类：蒙特卡洛采样法、分支限界裁剪法和启发式搜索法[229]。本书中我们主要采用蒙特卡洛采样法。

蒙特卡洛树搜索采用蒙特卡洛仿真以最佳优先的策略来评估搜索树上的节点。它们并不需要考虑一个行动分支下所有观察对应的信念节点，而是依照观察概率仅从所有观察中采样出一些观察，然后探索计算遍历这些采样的观察可达的信念节点。

2.4 模糊逻辑控制系统的基本结构及 MATLAB 模糊逻辑工具箱

Zadeh 在 1972—1974 年期间系统地研究和建立了模糊逻辑理论，提出了模糊限定词、语言变量、语言真值和近似推理等关键概念，制定了模糊推理的规则，为模糊逻辑奠定了基础。模糊控制的诞生是综合了传统的基于规则的专家系统、模糊集理论和控制理论三者的重要成果，因而它与基于被控过程精确数学模型的传统控制理论存在很大的不同。模糊控制是尝试通过从能成功控制被控过程的领域专家那里获取专家行为和经验等知识来建模，而不是如传统控制那样需要对被控过程进行定量的数学建模[230]。

模糊控制系统是以模糊数学、模糊语言形式的知识表示和模糊逻辑推理为理论基础，利用计算机控制技术构成的一种具有闭环结构的数字控制系统。通常模糊控制系统主要由模糊控制器、执行结构、输入输出接口、测量装置和被控对象等五个部分组成。模糊控制系统的核心部件是模糊控制器，它的基本结构如图 2-7 所示，它主要包括以下四个部分。

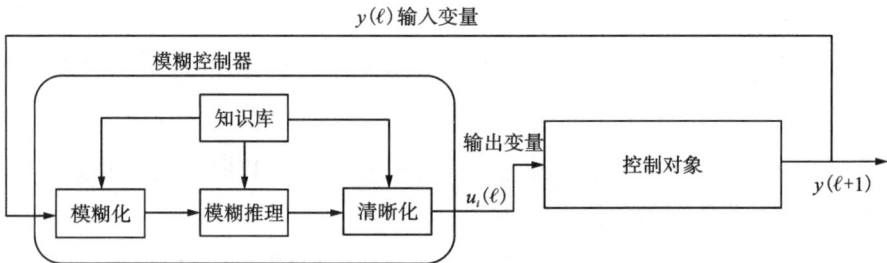

图 2-7 模糊控制器基本结构

1. 模糊化

模糊化过程主要完成输入变量的测量，并把精确的数字表示形式的输入值转换成一般情况下利用语言值表达的隶属程度。它的中心工作是如何建立论域内所有语言值的隶属度函数，其中输入值含有来自环境的参考输入、系统的输出或状态等。模糊化的具体过程为：

（1）首先根据要求将精确的数字表达形式的输入变量转化为一般情况下要求的语言值表示的隶属程度。在这个步骤要保证所有输入变量能够完全映射到模糊集系统中，即每个物理输入值至少存在一个大于 0 的模糊子集的隶属程度。

（2）为了使得经数字表示形式处理了的输入量和模糊子集相对应，模糊子集的论域范围和数量须做到遍及整个论域，尺度变换就是实现这种目标的具体方法。

（3）当采用语言值表示的隶属程度操作完成后就实现了其到论域范围的输入量的变换，使得原先精确的输入量变成模糊量并表示为相应的模糊集合。

2. 知识库

知识库通常由模糊控制规则库和数据库两部分组成。所有的输入和输出值相对应的论域及其论域上所定义的规则库中所使用的所有模糊子集的定义都存储在数据库里。

（1）数据库大都有量化等级的选择、量化方式、比例因子和模糊子集的隶属度函数。它要解决的主要问题包含论域的离散化、模糊集的隶属度函数定义和系统输入与输出的模糊分区。

（2）规则库则为根据控制策略和目的给出的利用模糊语言变量表示的一套来自自学习或领域专家提取的控制规则集合。规则库主要解决的问题包含模糊控制规则的建立、过程状态输入变量和控制输出变量的选择。下面将着重介绍模糊控制规则的建立。

现在大致有四种较为成熟并常用的模糊规则的建立方法。以下说明的方法并非互斥的，在具体工程应用中往往需要将这些方法进行综合使用。

①基于模糊模型的控制

这种方法是基于物理过程的模糊化数学表示，并由一组语言规则来描述此过程，它们的适应度由距离测量来决定。具有代表性的有在 1988 年由 Sugeno 和 Kang 提出的基于模糊模型的规则库建立方法，具体建立过程可参见文献［231］。

②专家经验法

专家经验法结合了定量分析方法和主观性较强的定性分析方法。它是以专家咨询形式提炼专家控制经验再经总结归纳形成的较为完备的控制规则库。与传统专家对比，基于专家经验法产生的模糊控制规则器需搭配一些客观的和内涵的准则起到辅助支撑作用。这种方法的自然性体现在模糊控制规则是由专家知识表达中常采用的"IF…THEN…"的语言形式规则语句来仿真人类的控制行为，它的规则形式的语句与专家的控制特点有着直接的关联性。

③观察法

对于一些复杂的工业过程试图测度其输入输出以建立精确的数学模型是有很大困难的，但人类对该类系统的控制能找到行之有效的一套操作方法。因此，对于建立精确模型困难的问题可尝试观察记录人类控制行为中反馈的控制思想，然后对其基于模糊逻辑理论进行分析得到一组模糊控制规则，再将其整理形成模糊规则库，这一做法就反映着观察法的基本思路。

④自组织法

通常大多数模糊控制器是静态的，即上述说明的基于模型和知识的方法设计得到的模糊规则一般认为是不能改变的，不具备自学习和适应性能。在没有先验知识或先验知识较少的情况下可应用自组织模糊控制器。该模糊控制器可通过观察系统的输入和输出之间的关系建立控制规则库，如此当环境发生变化或当经验丰富时能更新原有的控制规则。

3. 模糊推理

模糊控制器的核心内容是决策逻辑。它能仿效人采用某个推理方法，根据输入规则和输入模糊概念建立基于模糊逻辑理论中蕴含的关系及推理规则，继而导出需要的控制量，这个决策逻辑过程被称为模糊推理过程。

4. 清晰化

清晰化，也可称为精确化过程或反模糊化过程，它的作用是把经过模糊推理得到模糊集合或隶属度函数形式的结果，转化为在工程实践中只能应用于控制的精确值。简言之，清晰化过程就是把模糊推理过程得到的模糊结果转化为一个最优代表其结果的可行精确值的过程。它由以下两部分组成：

（1）把模糊推理过程得到的模糊集合或隶属度函数进行精确化转换，输出得到最佳的在论域范围的精确值；

（2）把表示在论域范围的精确值进行尺度转换得到能在实际中应用的确定的值。

为了使得模糊控制理论能快速得到推广应用，MathWorks 公司基于 MATLAB 软件平台开发了 Fuzzy Logic 工具箱。该工具箱由广大长期从事模糊逻辑和模糊控制研究与开发工作的有关学者和工程技术人员编写而成。Matlab

Fuzzy Logic 工具箱以其强大的功能和应用方便的特点从一问世就受到了广大用户的热烈欢迎。本书第 6 章的模糊逻辑仿真实验就是基于这个平台进行的。

2.5　本章小结

本章为进一步展开城市常规公交车辆运行间隔实时控制理论与方法的深入研究而详细介绍了将用到的各种相关理论基础与技术基础。

首先阐述了智能体、多智能体系统的产生、概念，智能体的组成及相互关系，智能体感知环境并作用于环境的机制；重点介绍了智能体的思考型、反应型和混合型智能体结构，多智能体的层次、联邦和完全自治三种典型结构。

其次，介绍了单智能体增强学习模型，在此基础上回顾了多智能体增强学习基本模型及算法，讨论了多智能体增强学习难点问题。

再次，阐述了马尔可夫决策过程基本模型(Markov decision process，MDP)，引出 MDP 的一个重要扩展，即部分可观察的马尔可夫决策过程(POMDP)，给出了 POMDP 基本模型的形式化描述，还介绍了 POMDP 中的信念状态、历史和值函数等基本概念并简要地回顾了 POMDP 的求解算法。

最后介绍了模糊逻辑控制系统的基本结构和基于 MATLAB 软件的模糊逻辑工具箱。本书的城市常规公交调度控制方法就是运用上述基本理论与方法深入展开的。

第3章 基于自组织多智能体的城市常规公交车辆运行间隔实时控制框架

3.1 城市常规公交调度控制技术分析

由于公交车辆运行的环境是一个动态系统，存在许多随机和不确定因素，且传统调度方法是按照预先编制的行车计划，所以在实际车辆运营过程中会不可避免地出现一些问题。如在首发站和终点站，由于客流量变化、道路交通状况变化或其他因素的影响，车辆行程时间经常变化。为满足客流需求和车辆正常运营的需要，现场临时调度，而行车计划调整的滞后性大大增加了临时调度的工作量。另外，车辆在首发站和终点站之间的运营过程中，传统调度设备难以实施监控和定位，这也大大增加了车辆运营调度的难度。

现场调度的传统调度方法可简单概括为"提、拉、越、调、补"[232]：

"提"——加大行车密度。在线路遇到高峰客流密集的情况下适当减小发车间隔，以减缓满载率过高的压力。

"拉"——拉大行车间隔。当线路上公交车辆未按行车计划的配备而出现车辆供给不足的情况下，或车辆在运行过程由于堵塞、故障等原因不能在计划的时间到达始发站和终点站时，可适当将发车间隔增大，以避免后备车辆不足的问题，该现场调度控制措施可预防行车过程出现中断的情况。

"越"——越站放车。线路上部分中途站和首末站客流需求集中时而采取的快速集散措施，公交车辆只在大站停靠，其他站点不作停留。

"调"——从其他线路调度备车等可用车辆来增援。这种调度方法具体做法是需要线路调度控制管理组织向区域或公司上级调度管理部门提出申请，经批准后从其他线路调派车辆进行增援。这种方法主要在当线路上出现突发性大客流，车辆故障或运行道路出现严重堵塞时造成配置的计划车辆数量不足而出现正常运转困难时采用。

"补"——区间车调度。该调度方法适应于线路因为某些客观方面的原因导致出现大间隔现象，如果不及时调整会形成恶性循环严重降低公交服务可靠性的情况。该方法具体操作是通过调派该线路上部分车辆在运行的中途掉头，将其直接补充到合适的车辆运行区间，从而大大减少了行车周期。

上述传统现场调度方法是调度人员在遇到突发或扰动情况时进行现场调度的方法总结，一定程度上属于动态调度。但这种动态调度却是以调度人员的经验为基础的，对其自身素质要求较高，对硬件设施和软件技术要求低，只能用于传统公交系统，不能满足未来公交车智能化、自动化的调度要求。

如果我们将上述描述的现场调度当作第一代实时控制技术，那么我国部分城市仍然存在的常规公交车辆调度控制属于第一代。归纳起来它们的特点：主要依靠电话或对讲机等方式进行通信，以实现车辆驾驶员与调度控制中心工作人员的调度信息交互；具体的调度操作方法是从该线路的首站签发路单，然后由公交车辆驾驶员执行班次任务传递路单，到终点站签发到站时间和车辆返程时间[233]。

随着科技的发展，特别是以 GPS 技术支持的 AVL(automated vehicle location)系统、APC(automatic passenger counting)、AFC(automated fare collection)和 4G、5G 通信网络等设备和技术应用于公交领域，通过对全线路运营的公交车辆、客流和道路等信息的自动采集、传输和处理，完全实现了全线公交车辆状态的实时监控，运营管理调度人员的调度决策更加准确和科学，大大提高了公交车的服务水平。张健等[233]将这一阶段的技术支持下的调度控制归纳为第二代，我国现阶段建设的智能公交系统的调度子系统属于这种范畴。相比第一代调度控制技术，第二代取得了很大的进步，但也存在一些需要引起注意的地方：

(1)以 GPS 技术为支持的 AVL 系统在一些地形和周围建筑复杂的区域，信号受到干扰，计算误差较大，如输入调度中心的实时调度控制软件系统的时间不符合要求或信息完全失真时，影响全线公交车辆实时调度控制指令的准确性和实时性。

(2)很多城市建设的智能公交调度系统是基于第二代技术的监控(数据可视化)功能,调度人员仍然采用经验式现场调度控制与决策方法,显然与第一代比较,它主要在公交车辆、客流和运行环境等信息获取的准确性、实时性和成本方面都具有很大的优势,因此在这种技术环境下人工动态调度指令更科学。第二代的调度控制技术实现信息获取的智能化,但核心的调度控制智能化和自动化仍然有改进地方。

(3)第二代智能调度技术在控制公交车辆的数量和控制范围存在局限性,尤其是在中国的特大城市,公交线路可达千条,每条线路有几十台公交车辆同时运营。即使是单条线路调度如完全依赖人工,工作人员劳动强度很大;若采用计算机实现,对智能公交控制中心的计算能力和通信网络提出了非常高的要求。若基于这种集中式的调度控制方法推广运用到区域调度,由于涉及实时控制范围更广,公交车辆之间庞大的交互信息量,实时动态区域调度控制难度就更高。

(4)在原来第二代的技术条件上,核心调度控制技术完全通过计算机进行支持,并辅以人工调度控制决策,可认为该实时控制技术是升级的第二代。

概括地说,第二代的实时控制技术是基于集中式控制思想建立的,其在可靠性、效率和可扩展方面需进一步改进和完善。

近些年来,欧美、日本等发达国家和地区陆续大力推动以车载自组网(vehicle ad hoc networks,VANET)、自组织网络[234, 235]为代表的车载通信和下一代智能交通系统(ITS)相关研究。我国也有学者开始关注智能车路协同关键技术方面的研究[236-241]。尽管这些技术在理论研究和技术的可行性仍处于论证的阶段,但这种新的技术对于公交调度控制智能化和自动化具有深远的意义。张健等学者[233]将基于狭义的VANET的公交车辆动态调度技术称为"第三代动态调度技术",这是一种基于新通信手段、多源信息获取和新调度理念的自动调度技术。第三代实时控制技术是基于分布式控制思想提出的。与第二代的集中式实时控制技术相比较,由于各个公交车辆具备智能性,可通过车辆之间的实时信息的交互实现车辆自适应控制,辅以调度中心的集中调度,显然,这是对在鲁棒性、扩展性等方面不足的第二代调度技术的有益的补充和丰富。

基于上述分析,四个阶段的常规公交实时控制技术的对比情况如表3-1所示。

表3-1 常规公交实时控制技术对比表

对比项目	阶段			
	第一代	第二代	升级的第二代	第三代
调度控制方式	人工签发路单,车辆按预先编制的行车计划运营	根据公交系统自动采集的实时数据,人工根据经验指导调度	根据公交系统自动采集的实时数据,计算机输出集中式调度控制行为,人工发布指令执行	公交车辆通过VANET自适应调度调整,信息中心对其监控
调度人员工作方式	人工调度工作方式,纸质作业,工作强度大	自动监控,主要以人工调度为主	以系统自动调度为主,辅以人工调度	自动采集实时数据,以车辆自动监控、自适应控制为主,辅以调度中心人工监控和调度
站点乘客获取信息	不能获取全线车辆信息	通过信息中心发布车辆信息至站点交通设施	通过信息中心发布车辆信息至站点交通设施	公交车辆直接传输信息至站点交通设施,辅以信息中心发布方式
调度控制中心获取信息	根据驾驶员个人经验,通过电话或对讲机与调度人员进行信息交流	通过GPS, GSM/GPRS, CDMA获取公交车辆信息	通过GPS, GSM/GPRS, CDMA获取公交车辆信息	以VANET获取范围内公交车辆信息为主,以GPS、4G/5G为辅多源获取

3.2 基于自组织多智能体系统的公交车辆运行间隔实时控制与决策模型

3.2.1 基于多智能体技术的智能公交系统的框架

为了建立线路级基于自组织多智能体系统的常规公交实时控制与决策系统,首先我们基于多智能体技术,将智能公交系统形式化地抽象为智能公交系统物理层、多智能体层和人机交互层三个部分,如图3-1所示。

(1)智能公交系统物理层主要包括公交系统的基本要素;它是一种真实智

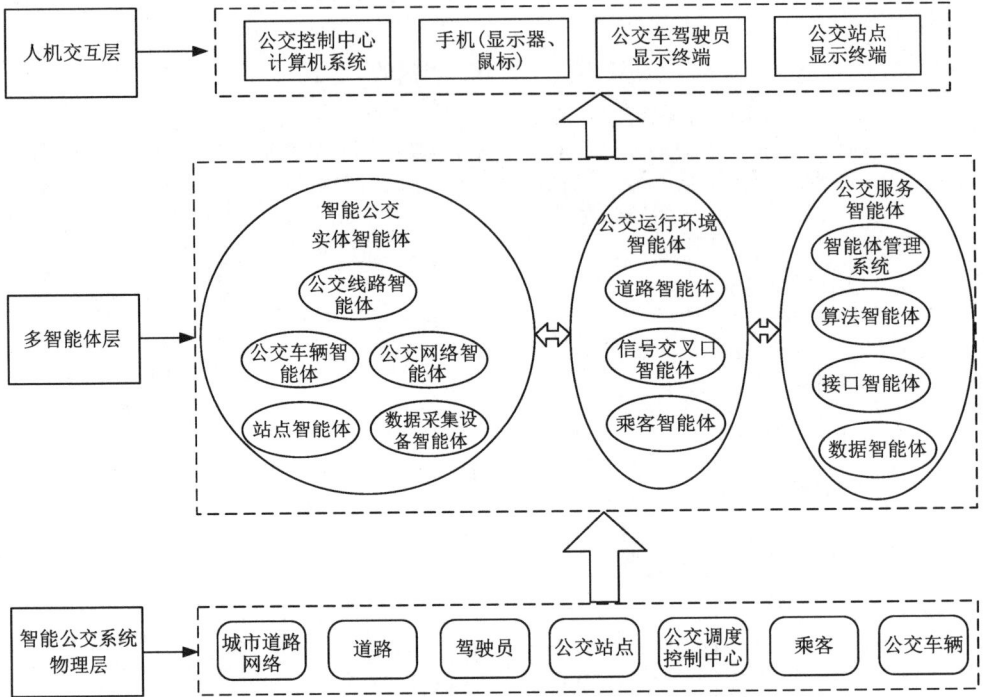

图 3-1 基于多智能体系统(MAS)的线路级智能公交系统框架结构

能体模型,主要描述公交系统各元素智能体的行为、规则、状态及与环境、其他智能体之间的交互关系。图 3-2 表示了物理层智能体设计实例。

(2)多智能体层是根据智能公交系统实时控制的需要将现实世界的公交系统的各真实智能体模型进一步形式化地抽象为两类模型:①概念智能体模型。它是对真实智能体的形式化定义与描述,其属性包括:智能体的行为模型、内部状态、智能体结构、智能体间通信与交互协议及环境定义、描述。例如一个完整的公交站点智能体(stop agent)概念模型设计需要根据真实智能体所提供的信息及相关约束条件,这个设计过程是一个多次循环迭代的过程。②计算智能体模型。该类智能体主要要为其他智能体提供比较复杂的优化算法服务。因此,该层的智能体大致划分为智能公交实体智能体、公交运行环境智能体和公交服务智能体三类,每类具体智能体的具体设计内容在后面章节将重点探讨。

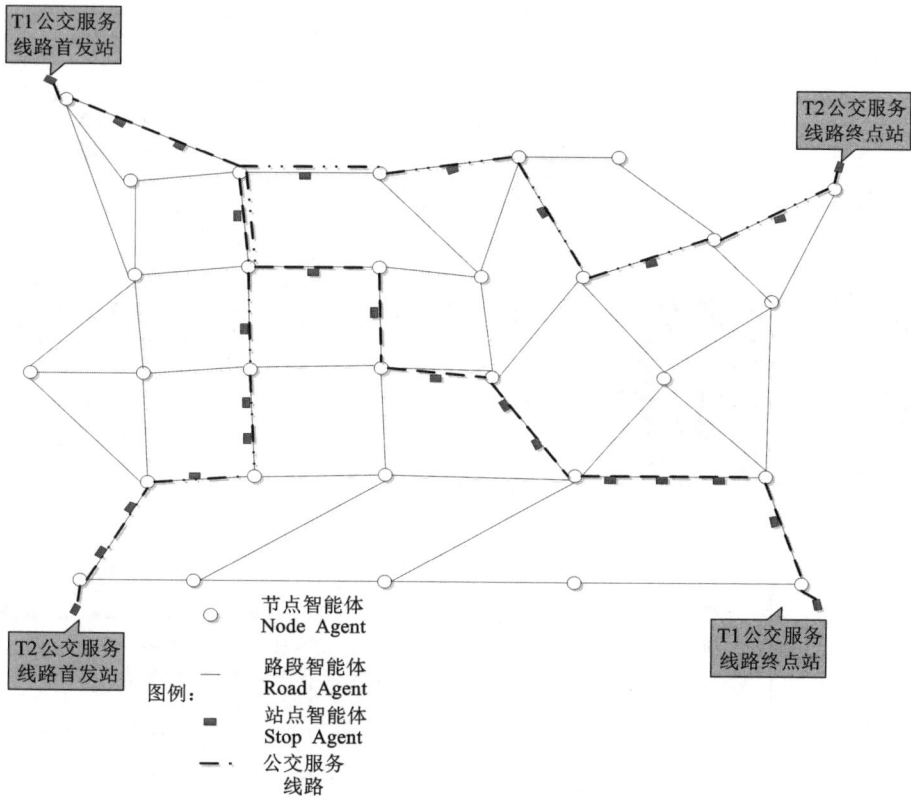

节点智能体
Node Agent

路段智能体
Road Agent

图例：

站点智能体
Stop Agent

公交服务
线路

图 3-2　智能公交系统物理层示例

（3）人机交互层主要为管理人员、操作人员和用户等使用者提供与智能公交系统的调度控制层交互的人机界面的软件系统。

3.2.2　基于自组织多智能体系统的线路级公交车辆运行间隔实时控制与决策体系

形式化地抽象后的智能公交系统的多智能体层的核心功能是该层的智能体成员之间如何通过协同工作实现公交实时控制与决策，这是本书研究的重点。根据智能公交控制与决策的实际需要，提出基于自组织多智能体系统的智能公交实时控制与决策模型的体系结构，如图 3-3 所示。

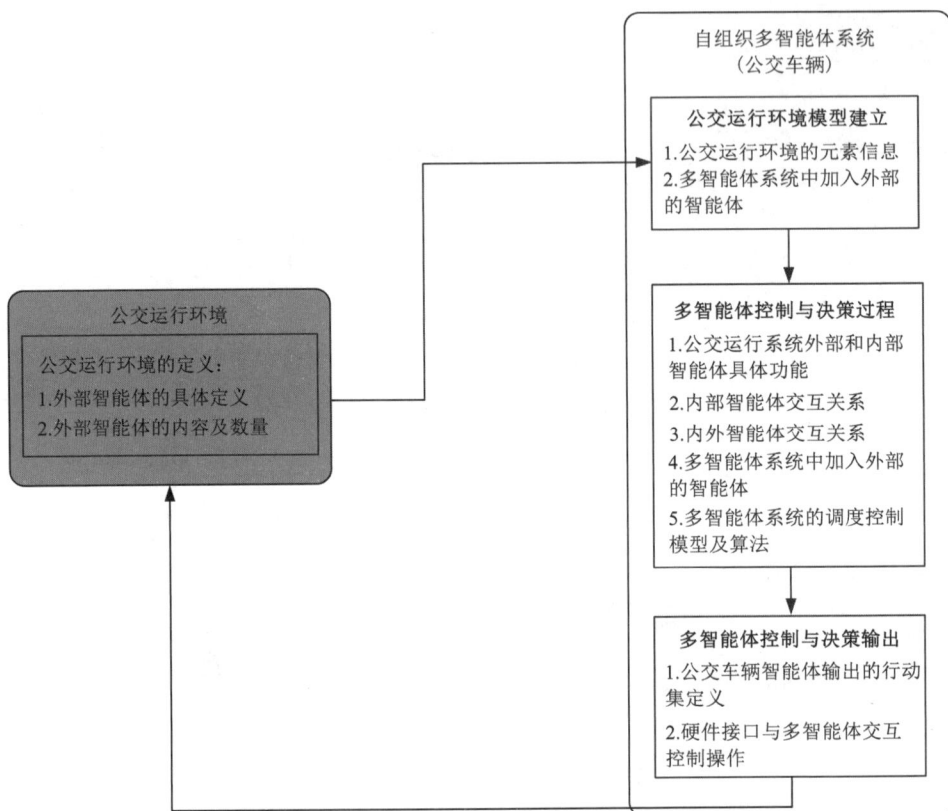

图 3-3　基于自组织的多智能体系统的城市常规公交实时控制与决策模型体系结构

由图 3-3 可知，基于自组织的多智能体系统的城市常规公交实时控制与决策模型的体系结构主要由两大部分构成：公交运行环境和自组织多智能体系统。本书中的公交运行环境（environment），主要指与多智能体层进行接口交互的物理层和人机交互层；自组织多智能体系统（self-organizing multi-agent systems）是指多智能体层。该自组织多智能体系统是嵌入在公交车辆的计算机系统，可针对不同需要完成多种不同的控制与决策任务。为了方便自组织多智能体系统能够有效处理环境变化信息，我们将环境中的各种智能公交系统物理层的对象（如路段、乘客、交叉口、站点等）具体定义为各种外部智能体，这些外部智能体的参数变化直接反映了环境的变化。下面将给出环境模型的形式化定义。

为了准确描述抽象的个体智能体，清晰表达多智能体系统的语义和应用逻辑给出了如下定义。

定义 3.1　基于 MAS 把智能公交系统（APTS）定义为一个二元组集合：

APTS：：＝〈Agent，Interaction〉，

Agent＝{TransitEntityAgent}∪{TransitEnvironmentAgent}∪{TransitServiceAgent}，

{TransitEntityAgent}＝{RouteAgent}∪{BusAgent}∪{TransitNetwork}

∪{StopAgent}∪{DataCollectingAgent}，

{TransitEnvironmentAgent}＝{RoadAgent}∪{IntersectionAgent}∪{PassengerAgent}，

{TransitServiceAgent}＝{AgentManageSystem}∪{AlgorithmAgent}∪

{InterfaceAgent}∪{DataAgent}

即智能公交系统由智能体和智能体交互组成。

定义 3.2　交互（interaction）定义为智能公交系统中智能体之间交互消息的集合。每次交互的消息是一个智能体要求另外一个智能体或多个智能体执行某一处理或要求回答某些信息的说明。这种交互作用行为包含发送消息的实体、接受消息的实体和消息内容。因此交互可表示成如下集合：

Interaction＝{〈Sender，Receiver，MsgContent〉，

Sender，Receiver∈Agent，MsgContent∈Interaction（L）}

其中 Sender，Receiver 分别表示发送和接受消息的智能体，MsgContent 表示根据通信语言的协议交互的信息内容，Interaction（L）是智能体的通信语言的协议，如在 JADE 平台普遍采用的语言为 KQML。

定义 3.3　公交运行环境智能体 TransitEnvironmentAgent 定义为一个三元组集合：

TransitEnvironmentAgent：：＝{FeatureName，FeatureType，FeatureValue}，

FeatureName，FeatureType 和 FeatureValue 分别表示公交运行环境的属性名称、属性数据类型和属性值。例如，道路车流密度。

定义 3.4　实体智能体（TransitEntityAgent）定义为一个三元组集合：

TransitEntityAgent：：＝〈AgentID，Attribs，BehModel〉

其中 AgentID 为智能体的标识符，Attribs 为属性集合，BehModel 为行为模型。

定义 3.5　属性 Attribs 定义为一个四元组集合：

Attribs∷=<AttribID，AttribName，AttribType，AttribValue>，其中 AttribID 为属性标识符，AttribName 为属性名称，AttribType 为属性类型，AttribValue 为属性值。

定义 3.6　行为可描述为一个四元组集合：

Behavior∷=⟨AgentID，BehaviorName，BehaviorType，ParameterSet⟩，其中 BehaviorName 表示行为名称；BehaviorType 表示行为类型，一般包含自治行为（self-behavior）和交互行为（interact behavior），例如在 JADE 开发平台里由于要考虑行为时序性，常把行为划分为单行为、组合行为、复合行为等；ParameterSet 为行为参数的集合。

定义 3.7　Agent 模型是元组 $M=⟨U，W，T，<，act，bel，asm，des，int，\varphi，C⟩$，其中 $U=U_{Obj}\cup U_{Act}\cup U_P$，$U_{Obj}$ 为现实世界智能公交系统的对象域，U_{Act} 为公交调度原子行动域，U_P 为公交控制规划域；W 是可能世界的集合，包括可能现实世界集 W_R 和可能假想虚拟世界集 W_S；T 是时间点集合；$<:\subseteq T\times T$，是时间点间的二元关系，$⟨T，<⟩$ 构成时间树；行动函数 act：$<\rightarrow U_{Act}$，为时间树的每条边标记一个原子行动；确信信念（假设信念、愿望和意图）函数 bel（asm，des，int）：$W\times T\rightarrow\wp(Form(AgentL))$，返回某一可能世界中某一时间点具有的确信信念（假设信念、愿望和意图）的集合；φ 为真值指派函数；C：CONST$\rightarrow U$，常量指派。上述定义内容具体含义可参考文献[242]。

3.3　基于自组织的多智能体系统的公交车辆运行间隔实时控制与决策过程模型

上一节我们基于 MAS 技术建立了智能公交系统的语义模型，本节重点研究建立基于自组织多智能体系统的城市常规公交实时控制与决策过程模型。

王向华和陈特放[243,244]基于智能技术提出了智能公交调度系统的多智能体系统模型，并给出了 Dispatch Agent，Bus Agent 和 Stop Agent 的建模方法以及知识库的构建、推理和学习的流程；该文献设计的 Dispatch Agent 负责为所有 Bus Agent 提供发车控制的优化计算，文献中运用了黑板模型作为智能体之间的协作模式，这就假设了每个智能体能够看到黑板获知全局的所有智能体的信息。从实质上讲，上述方法是将传统单智能体控制直接向多智能体控制推广，这种情形下多智能体系统本身就是单个超智能体，它的状态就是所有智能体简单的联合状态。这种建模方法实际上仍然是从集中式控制视角考虑问题，而未从分布式视角研究如何协调不同智能体，这在许多情况下是不符合实际的。尤其是随着系统中智能体数量的增多，及通信能力的限制和特殊复杂的地理环境下，要求每个智能体获取全局的信息，这对网络的通信能力和智能体的计算能力提出了很高的要求，这也是无法实现的。这些都要求对多智能体系统分布式控制进行深入的研究[245]。因此，本章构建的模型不是自顶向下对多个公交车辆智能体的整体控制问题进行建模，而是单个的公交车辆智能体构建为多智能体系统以满足车辆自主性控制与决策需要的自底向上的建模。

　　智能公交系统可形式化地描述为智能体间交互的涌现系统。类似的，智能公交系统环境下的公交实时控制系统可描述为智能体层的被控制对象部分公交智能体与其他智能体之间交互的涌现系统。换言之，公交系统的全局调度优化控制问题可分解为若干个相互耦合的局部问题，其结构如图 3-4 所示。由此，基于马尔可夫决策理论，每个公交车辆智能体的实时控制与决策系统的框架描述为：每个车辆智能体设计为思考型智能体，通过传感器感知环境或与局部智能体交互获取实时数据，根据知识库判断自己的状态（该状态可能未知被隐藏），然后推理器自主规划当前行动并执行，如图 3-5 所示。

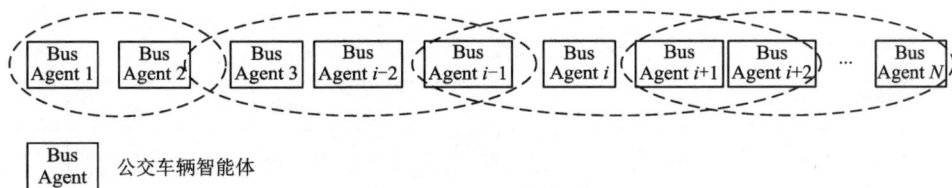

图 3-4　公交车辆智能体局部协同示意图

　　当基于多智能体技术建模的智能公交系统遇到某个智能体出现了故障不能正常工作时，由于智能体具有自治能力，其他智能体仍可以继续运转。表 3-2 描述了不同通信场景下的运营模式和结果。

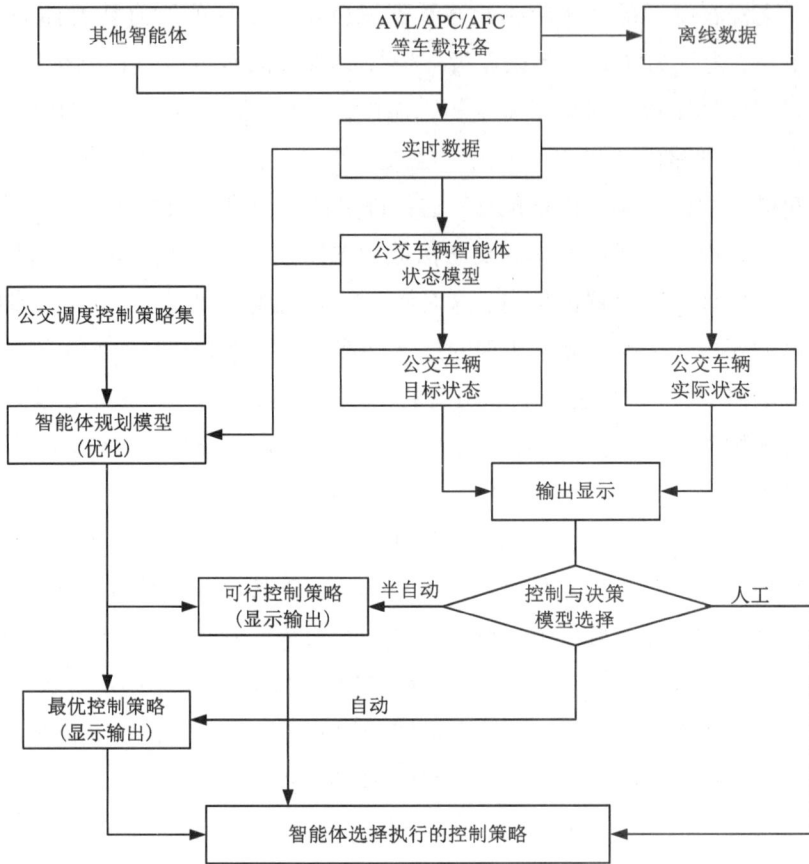

图 3-5　基于单智能体计算的实时控制系统框架

表 3-2　不同通信场景下运营模式和结果对比

场景	运营模式	结果
完全通信	在线协作	协同调度控制，最小化系统乘客平均候车时间
部分通信	⇕	⇕
没有通信	自治形式	一般情况下智能体完全自治下的公交系统

　　本书建模是基于马尔可夫决策过程理论的，根据系统中智能体数量和智能体观察系统状态信息状况将马尔可夫决策过程理论模型分成如表 3-3 所示的形式。

表 3-3　马尔可夫决策理论模型分类

智能体数量	系统状态信息	
	完全观察	部分可观察
单智能体	MDP	POMDP
多智能体	Multi-MDP	Dec-POMDP

　　基于上述的公交系统智能体分布式实时控制框架,按照表 3-2 和表 3-3 划分的几类情形,我们具体建立多智能体增强学习的公交实时控制模型、基于智能体部分可观察的马尔可夫决策过程(POMDP)的公交实时控制模型、基于模糊逻辑的公交实时控制模型。多智能体增强学习的公交实时控制模型是属于完全通信场景下的 Multi-MDP 理论模型,基于智能体部分可观察的马尔可夫决策过程(POMDP)的公交实时控制模型则是以智能体在没有通信场景下状态信息部分可观察时的理论模型为基础建立的,基于模糊逻辑的公交实时控制模型是属于部分通信场景下单智能体局部协同模型。

3.3.1　多智能体增强学习的公交实时控制与决策模型

　　多智能体增强学习的公交实时控制模型是以完全通信场景下的 Multi-MDP 理论模型为基础建立的。在 3.2 小节讨论的基础上针对公交实时控制与控制过程可将其抽象为六种智能体交互协同行为的模型。

　　(1)公交车辆智能体(bus agent, BA)

　　公交车辆智能体为公交实时控制系统的核心部分,是担负自主实时控制规划任务的主要负责者。它的主要功能是与数据智能体、前向智能体和公交调度控制中心的智能体管理系统交互以获取公交车辆在运行环境中的状态参数信息,并且根据状态识别器判断确定自身状态,然后将状态信息输入智能体推理器获得最优控制行动。推理器的多智能体增强学习可由公交调度控制中心服务器中的学习算法智能体进行云计算,然后学习算法智能体将云计算的结果反馈至相应车辆智能体以更新自己的 Q-值表。公交车辆智能体与相关智能体交互关系如图 3-6 所示。

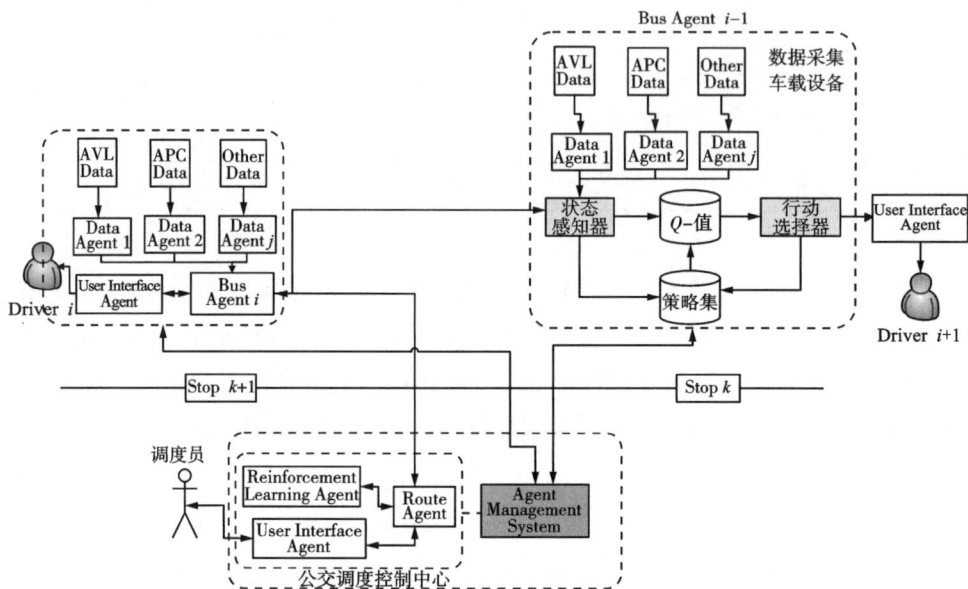

图3-6 基于多智能体增强学习的公交车辆智能体与环境、其他智能体交互关系

（2）数据智能体（data agent，DA）

数据智能体是将各种设备采集的实时公交数据统一抽象的智能体。主要用于公交车辆实时位置信息采集、乘客上下车计数等物理设备上的数据处理并将处理后的数据传递给需求方；该智能体的设计有利于接口的统一和数据处理、传输工作的标准化，同时也方便公交实时控制智能体行为建模。

（3）用户接口智能体（user interface agent，UIA）

用户接口智能体的主要功能是向用户提供数据可视化界面或人机对话交互等功能。

（4）增强学习智能体（reinforcement learning agent，RLA）

增强学习智能体的功能是与公交车辆智能体交互并提供增强学习具体算法的云计算功能。

（5）线路智能体（route agent，RA）

本书研究的多智能体系统为分布式完全合作型，每个公交车辆智能体仅根据获知的前向智能体和自身的局部信息进行决策，如何有效协调这些自利的个体智能体使得整个系统的收益最大是多智能体系统研究的关键问题；我们将在

第 4 章重点讨论。线路智能体的功能是将集中式控制下的全局状态的多智能体增强学习问题分解成有限数量的前后两个公交车辆智能体配对的增强学习问题。也就是说线路智能体相当于组装加工厂，将系统按照设计图纸分解成若干个子系统，这些子系统有序进行实际生产，然后均集合到装配厂实现系统的整体成形。

（6）智能体管理系统（agent management system，ATS）

智能体管理系统实现平台中所有智能体的生命周期管理服务，包括智能体的产生、死亡、迁移、暂停、恢复、冷冻和解冻等相关事件[246]。

为了进一步细化分布式的公交车辆智能体与其他智能体交互行为，支持其驻站行动协同优化，构建公交调度控制的 MAS 运行模型，如图 3-7 所示。

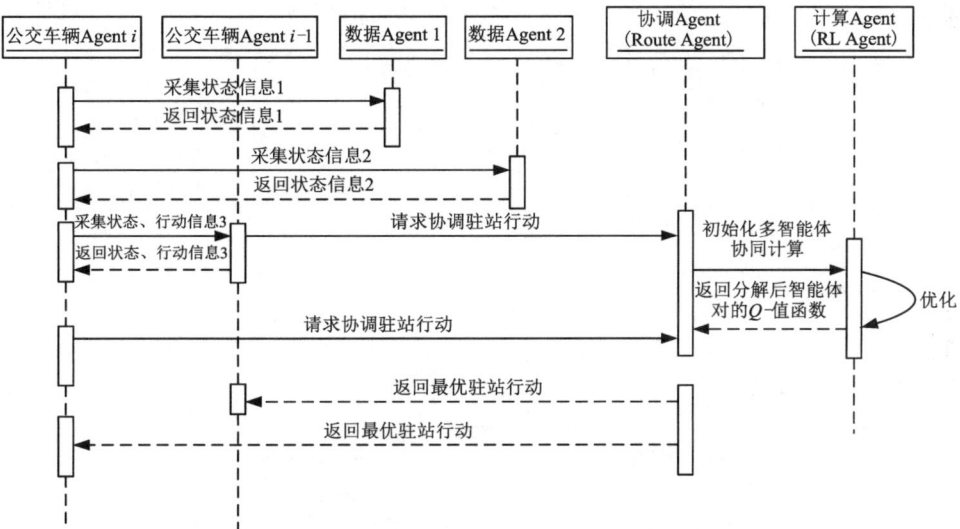

图 3-7　分布式的公交车辆智能体驻站控制运行模型

（1）公交车辆智能体当触发调度控制事件时，与数据智能体、下游相邻公交车辆智能体交互，实时获取其状态识别所需信息，然后将各状态分量的信息汇总并进行状态识别，再将状态信息、对应行动、$Q(s_i, a_i)$ 输入线路智能体。

（2）线路智能体汇总所有公交车辆智能体状态、行动和相应的 $Q(s_i, a_i)$ 信息，根据协同图分解成若干个局部公交车辆智能体对，局部公交车辆智能体对的优化计算和更新过程由调度控制服务器的计算智能体（增强学习智能体，

RL agent)完成并将计算的最优驻站行动结果返回给各自公交车辆智能体。

（3）公交车辆智能体将反馈的最优驻站行动通过人机界面接口智能体显示，辅助指导公交车辆驾驶员执行控制策略。同时，观察立即收益函数，更新公交车辆智能体个体的 Q-值函数。

3.3.2　状态不可知条件下的公交实时控制 POMDP 模型

基于智能体部分可观察的马尔可夫决策过程（POMDP）的公交实时控制与决策过程模型则是以没有通信场景下状态信息部分可观察时的理论模型为基础建立的。每个智能体仅根据自己的观察信息进行状态估计，优化更新信念状态然后输出最优控制行动，公交车辆智能体决策结构模型如图 3-8 所示。具体状态信息不可知的条件下智能体系统的运行模型如图 3-9 所示。

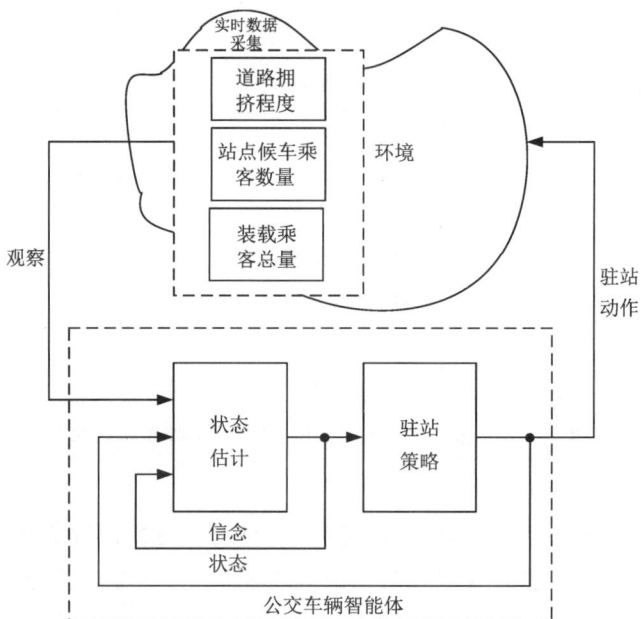

图 3-8　基于局部可观察的马尔可夫决策
过程的公交车辆智能体决策结构模型

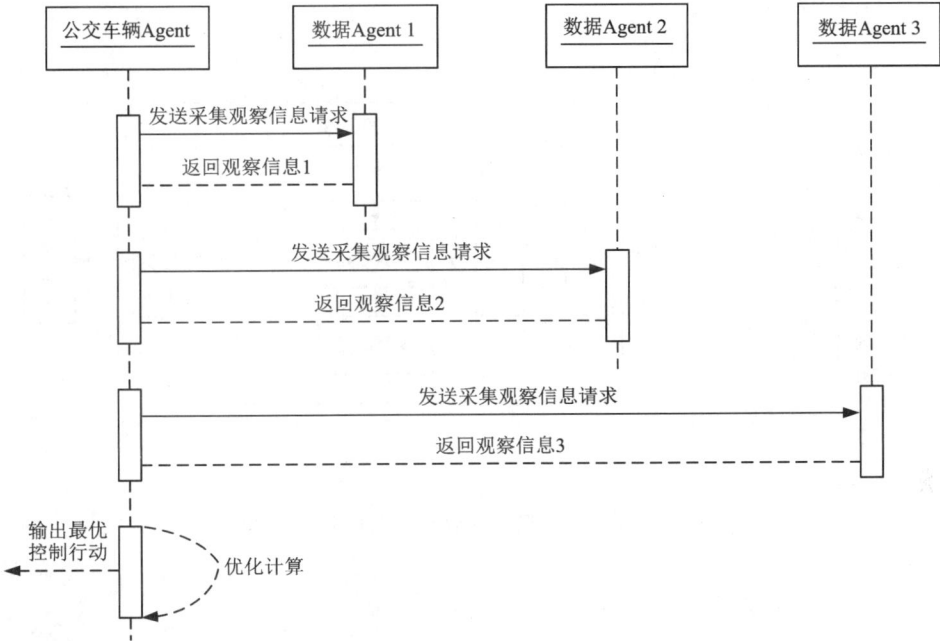

图 3-9　POMDP 建模的公交实时控制 MAS 系统运行模型

3.3.3　基于模糊逻辑的公交车组协同控制模型

基于模糊逻辑的公交车组协同控制模型将基于模糊逻辑理论建立的公交实时控制模糊规则库封装在公交车辆智能体的知识库。该知识库的模糊控制规则根据控制目的和内容划分为驻站和调速两种情况，它的协同控制结构如图 3-10 所示。模糊逻辑控制的过程主要有三个步骤：模糊化过程、模糊逻辑推理和反模糊化过程。

基于模糊逻辑的公交车组协同控制的多智能体系统的运行模型如图 3-11 所示。

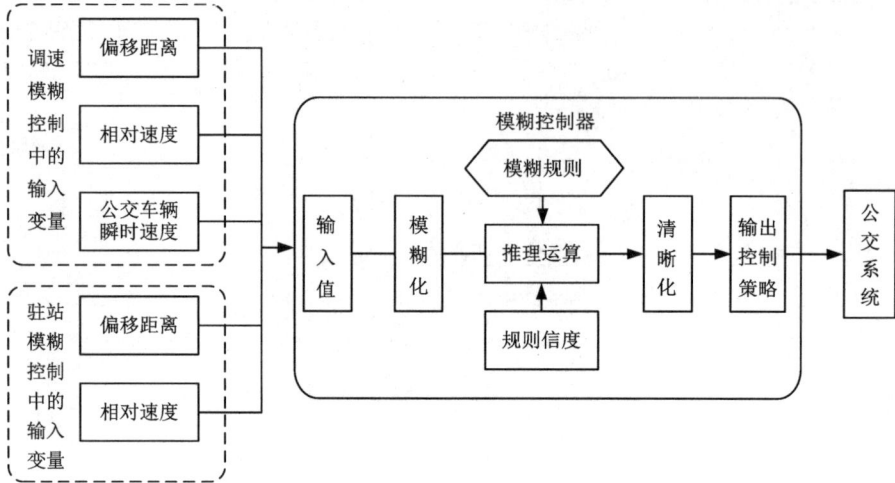

图 3-10　基于模糊逻辑的公交实时控制系统的结构

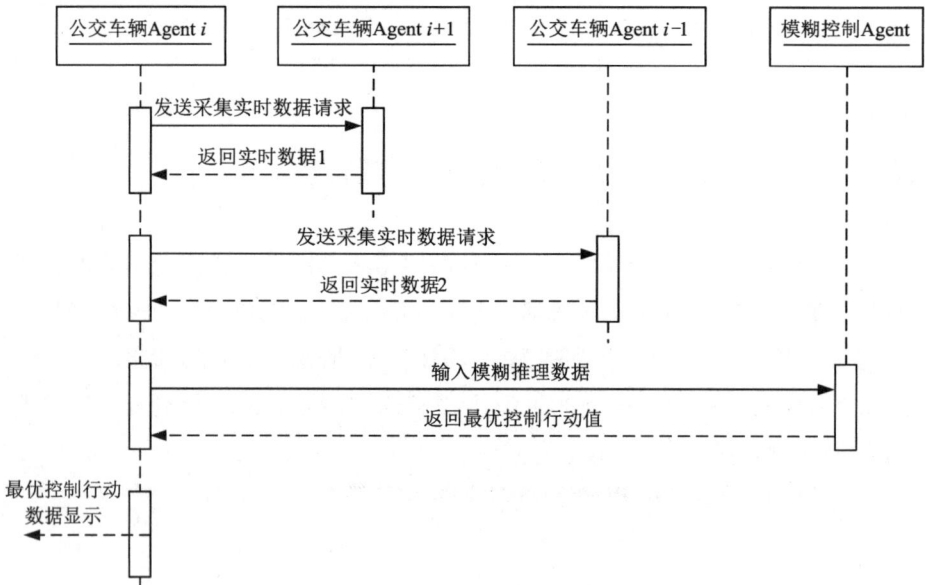

图 3-11　基于模糊逻辑的公交车组协同控制的多智能体系统的运行模型

3.4　本章小结

　　本章首先根据各阶段时期公交调度控制的基本信息获取与处理技术的不同，归纳总结为第一代、第二代、升级的第二代和第三代公交调度控制技术，并从调度控制方式、调度人员工作方式、站点乘客获取信息和调度控制中心获取信息四个方面对比分析四个阶段的常规公交调度控制技术，结合当前公交智能化获取和传输信息技术环境，并着眼未来以车路协同、车载自组网等为代表的新一代无线通信网络技术，提出基于自组织多智能体系统的公交实时控制与决策框架，并给出了反映多智能体系统的语义和应用逻辑的智能体，规则和交互关系等框架元素的定义。从自组织多智能体系统中智能体数量、获取信息的完备情况以及通信场景三个方面，分别具体建立多智能体增强学习（MARL）的公交实时控制模型、基于智能体部分可观察的马尔可夫决策过程（POMDP）的公交实时控制模型、基于模糊逻辑的公交实时控制模型，重点分析了上述模型中公交车辆智能体的结构，与其他智能体交互关系以及系统运行模型。

　　本章基于自组织多智能体系统建立的自组织多智能体系统的车辆运行间隔实时控制与决策框架为在新通信环境下建立公交车辆运行间隔实时控制系统提供理论支持。

第 4 章　基于多智能体增强学习的公交实时驻站控制模型与算法研究

4.1　引言

实时控制是改善公交运行可靠性的重要方法。它是利用先进的技术手段，动态地获取实时公交系统信息，针对全线车辆的运行状况采取合理的控制策略以纠正实际运行与行车计划的偏差，提高资源的利用率、公交车正点率和线路服务水平。驻站控制策略是公交日常运营中使用最为频繁的实时控制方法。驻站控制策略指公交运行过程中当车辆超前预先设计的时刻表或设定的车头时距（亦可理解为虚拟时刻表），则在站点处驻停规定时间而延缓其在某站点离开时间的一种调度方法。这种实时控制策略可以极大地减少车头时距波动性和乘客平均候车时间，从而保证车辆到站准点率和车头时距的平稳性，提高运行可靠性，但它也同时增加了被驻站车辆中乘客的乘车时间和驻站车辆的运行时间。驻站控制策略需要解决两个问题：哪个站点需要驻站和驻站时长。

第一章的国内外研究现状系统地综述了近期驻站策略研究成果，国内外的研究方法主要集中在四个方向：①数学解析方法；②模拟方法；③随机模型方法；④经验模型方法。从第一章的表 1-1 各阶段的经典重要文献统计结果可见大部分建模方法为精确的数学解析方法，随着研究的深入，数学规划模型日益复杂。总体的思路是将模型中要求获取的全部变量和参数输入数学规划模型，然后运用诸如遗传、模拟退火等启发式算法或借助于成熟的大型数学规划模型求解器(如 Minos)迭代求解得到一个集中式最优的反馈控制的结果。这是一种典型的集中式控制的思想。这种集中式的优化控制的结果在许多情况下是不符合实际的。尤其在公交系统中公交车数量增加、通信能力受限和地理环境复杂时要求所有模型的参数和实时数据都获取的情况下才能进行求解,这对智能公交系统网络的通信能力和公交调度控制中心服务器的计算能力提出了很高的要求,是难以实现的,若是区域调度,实现难度就更大;另一方面公交系统是个复杂的系统,公交系统在运行过程中不确定因素增加,优化解在分布执行过程中的环境较之前已经发生变化,这样容易引起控制的滞后性,难以满足当前公交调度控制需求。由此这就要求我们寻求相对于集中式控制的分布式控制方法、解决城市公交系统的实时调度控制问题。近期出现的文献[114-116,123,129]就是从分布式协同控制角度研究驻站控制问题的代表。分布式控制在控制器设计或者优化时只需要局部的或者邻居的信息,它不需要一个中心处理器,每个个体缺乏对系统全局的信息,但单个智能体都有一定自主处理信息的计算能力,利用局部的邻居的信息来完成全局的目标。与传统的集中式控制方法相比,分布式控制在计算量、运行成本、系统限制、鲁棒性、扩展性等方面有着较大的优势[247]。

随着科学技术的发展,特别是 GPS 技术和通信技术在公交领域的应用,使得公交车辆全线实时控制变成现实。近些年来,欧美、日本等发达国家和地区陆续将人力物力投入到车载通信的相关研究中,如车路协同系统(cooperative vehicle infrastructure systems)、车载自组网(vehicle ad hoc networks, VANET)[248]。新的交通信息交互方式为基于 MAS 技术的公交实时调度分布式协同控制的实现提供了技术支持,也为解决常规公交动态调度控制问题提供了新的路径。MAS 是指一些智能体通过协同完成某些任务或达到某些目标的计算机系统,它是由多个自治或半自动的智能体所构成的大型系统[199]。它在功能、信息、时空、资源上具有分布特性,在任务适用性、最优性、可扩展性、经济性和鲁棒性等方面表现出极大的优越性,在交通领域具有应用前景。

增强学习又称为强化学习或再励学习,它的基本思想与动物学习有关"试错法"学习的研究密切相关,即强调在与环境的交互中学习,通过环境对不同行为的评价性反馈信号来改变行为选择策略以实现学习目标。由于增强学习方法能够通过与环境的交互获得评价性反馈信号,实现行为决策的优化,因此其在求解复杂的优化控制问题中具有更广泛的应用价值。通过将系统建模成马尔可夫决策过程，增强学习方法已成功地实现了单个机器人的优化控制。但是，将增强学习方法推广应用于多智能体系统时，由于多个学习器共同存在，单智能体增强学习的收敛性条件难以满足，这是本章在结合具体公交控制问题时需要解决的。本章从智能体系统分布式控制视角重点探讨基于多智能体增强学习框架的公交实时驻站控制问题。

4.2 模型建立

4.2.1 假设条件及变量定义

表 4-1 为本章所有变量、参数和符号，它们表示的意义在整个章节是相同的。

表 4-1 变量、参数与符号定义

i	公交车辆下标，$i=1, 2, \cdots, M$
k	公交站点下标，$k=1, 2, \cdots, K$
In	公交车辆集合，被控制的公交车辆集为 In_{c}，$In_{\mathrm{c}} \subseteq In$
Im	公交站点集合，下游站点集则为 Im_{d}，$Im_{\mathrm{d}} \subseteq Im$
$ta_{i, k}$	公交车 i 到达站点 k 的时间
$td_{i, k}$	公交车 i 离开站点 k 的时间
$A_{i, k}$	公交车 i 到达站点 k 的下车乘客数量
$B_{i, k}$	公交车 i 到达站点 k 的上车乘客数量
t_{a}	单位乘客下车所需时间，常数（pax/s）
t_{b}	单位乘客上车所需时间，常数（pax/s）
λ_k	站点处 k 的乘客平均到达率（pax/min）
$S_{i, k}$	公交车 i 在站点处 k 的上、下客时间，$S_{i, k}=\max(t_{\mathrm{a}} \cdot A_{i, k}, t_{\mathrm{b}} \cdot B_{i, k})$
$th_{i, k}$	公交车辆 i 在站点 k 的驻站时长
H	公交服务线路某运营时间段计划发车间隔

续表 4-1

$h_{i,k}^{\mathrm{a}}$	第 $i-1$ 辆公交车与第 i 辆公交车到达站点处 k 时间间隔，即到站车头时距，本章所指的车头距 $h_{i,k}$ 特指到站车头时距
$h_{i,k}^{\mathrm{d}}$	第 $i-1$ 辆公交车与第 i 辆公交车离开站点处 k 时间间隔，即离站车头时距
rt_k	站点 $k-1$ 与站点 k 之间的行驶时间
$u_{i,k}$	第 i 辆车在站点处 k 驻站时间
$L_{i,k-1}$	离开站点处 $k-1$ 时第 i 辆公交车装载的乘客数量
$L^{\max}$	公交车的乘客最大装载能力
η	划分区间的间距系数
Γ_i	指代与公交车 i 存在依赖关系的邻居智能体集合

设公交系统为高频公交服务线路，公交车辆自首站 1 出发，遍历下游所有公交站点 2、3、…、K，最后返回首站，即编号为 $K+1$，所有乘客必须下车。全线单程运行的公交车辆运行顺序不发生变化，即 1 为首车，M 为末车，如图 4-1 所示。

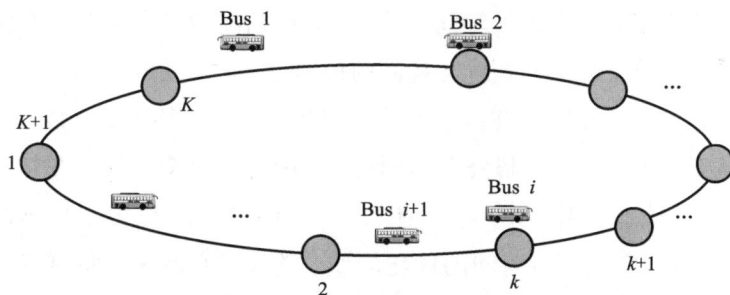

图 4-1 公交系统示意图

基于运行过程的动态性，为了简化问题的描述，做如下假设：

（1）周期内公交系统运营行车计划（发车间隔）是最优的，即供给能力和乘客需求从宏观上说是匹配的。

（2）所有公交车辆都能根据既定的服务路线正常运行，不考虑诸如严重堵车、严重交通事故导致车辆运行时间无穷大的情形。

（3）公交车辆遍历公交线路上所有站点，运行过程中公交车辆的顺序不发生变化，即不存在越站控制和超车现象；

（4）某时间段，每个站点处乘客到达服从均匀分布，到达率为常数；

（5）站间运行时间允许变化，但变化范围可控且较小，存在上界和下界；

（6）每个站点下车乘客数量与载客量成比例关系；

（7）在驻站时间到达的乘客视为等待下一趟公交车。

4.2.2 问题描述及分析

Welding 给出了当公交车辆和乘客随机到达站点的情况下，公交服务线路乘客平均候车时间模型[30]。该模型的优化一直被认为是公交调度控制研究的关键。具体的公式如下：

$$E(\omega) = \frac{1}{2}\overline{H}\left[1 + \frac{Var(H)}{\overline{H}^2}\right] = \frac{1}{2}\overline{H}(1 + C_H^2) \tag{4-1}$$

式中：C_H 为发车间隔的变异系数（标准差/期望），$E(\omega)$ 为乘客平均候车时间；$\overline{H}$ 为公交车辆离站车头时距的期望；$Var(H)$ 为公交车辆离站车头时距的方差。当公交时刻表规定公交车辆发车间隔后，$\overline{H}$ 为计划离站车头时距，减小 $Var(H)$ 值实质上是许多公交驻站问题优化控制的根本目标。

本书研究的驻站控制问题描述为基于智能公交系统环境下全线公交车辆的实时运行状态，通过确定控制公交车辆集 In_c 中每个公交车辆 i 在站点处 k 的驻站时间 $u_{i,k}$，动态控制公交车辆 i 在站点集离站时间，以最小化下游站点集 Im_d 的乘客在站点总的等待时间的优化问题。为了方便理解，将其描述为数学规划模型，它的目标函数可以表示为：

$$\min Z = \sum_{In_c}\sum_{Im_d}(td_{i,k} - td_{i-1,k})^2 \times \lambda_k/2 \tag{4-2}$$

式中：下游站点集 $Im_d = \{k+1, k+2, \cdots\}$。

公交系统中车辆在运行过程需满足一些约束条件。首先定义车辆因乘客上下车在站点停留时间，在假设前提下站点停留时间与上下车乘客数量成线性关系，即

$$S_{i,k} = \max(t_a \cdot A_{i,k}, t_b \cdot B_{i,k}) \quad \forall i \in In_c, k \in Im_d \tag{4-3}$$

根据假设，上车乘客数与离站车头时距存在线性关系，如下式所示：

$$B_{i,k} = \lambda_k \cdot (td_{i,k} - td_{i-1,k}), \quad \forall i \in In_c, k \in Im_d \tag{4-4}$$

同理根据假设下车乘客数与车辆装载乘客总数成比例关系，如下式所示：

$$A_{i,k} = L_{i,k-1} \cdot q_k, \quad \forall i \in In_c, k \in Im_d \tag{4-5}$$

公交车辆 i 到达站点 k 的时间为该车辆离开站点 $k-1$ 的时间加上站间纯运行时间，定义如下：

$$ta_{i,k} = td_{i,k-1} + rt_k, \quad \forall i \in In_c, k \in Im_d \tag{4-6}$$

公交车辆 i 离开站点 k 的时间为：

$$td_{i,k} = ta_{i,k} + S_{i,k} + th_{i,k}, \quad \forall i \in In, k \in Im \tag{4-7}$$

车辆 i 在站点 k 的装载乘客总数与车辆 i 在站点 $k-1$ 装载乘客总数、站点 k 的上下乘客数量的关系满足：

$$L_{i,k} = L_{i,k-1} + B_{i,k} - A_{i,k}, \quad \forall i \in In, k \in Im \tag{4-8}$$

根据禁止超车情况的假设条件，要求满足：

$$td_{i,k} \leqslant ta_{i+1,k}, \quad \forall i \in In, k \in Im \tag{4-9}$$

车辆的乘客装载能力是有限的，即：

$$0 \leqslant L_{i,k} \leqslant L^{\max}, \quad \forall i \in In, k \in Im \tag{4-10}$$

离站车头时距计算公式为：

$$h_{i,k}^d = td_{i,k} - td_{i,k-1} \tag{4-11}$$

关于车头时距值得说明的是，按照计算时数据参考公交车辆对象的差异可划分前向车头时距（forward headway）和后向车头时距（backward headway），本书采用前一种方法。根据建模目的也有部分文献采用到站时间计算车头时距[114-116, 129]，即 $h_{i,k}^a = ta_{i,k} - ta_{i,k-1}$。我们认为这两种方法计算的前向车头时距虽然影响模型中执行行动后转移状态的表示，但不影响立即收益的计算（它们之间是可以实现等价变换的，详细讨论见 4.2.3 小节）。同时约束条件保证变量均非负，在此省略相应公式表达。

为了满足实时性的需求，该模型是通过评价控制车辆集在未来到达的下游各个站点的乘客平均等待时间来一次性规划其在某个站点的驻站时间。这是一种典型的集中式控制的思想。这种优化控制方法一方面在规划较大的公交车辆数量或在增加运营车辆时优化计算难度较大，主要原因是它只有在所有模型的参数和实时数据都获取的情况下才能进行；另一方面公交系统是个复杂的系统，公交系统运行过程中不确定因素增加，优化解在分布执行过程中的环境较之前已经发生变化，这样容易引起控制的滞后性，难以满足当前公交调度控制需求。多智能体系统通过智能体间相互通信、协同，可共同完成任务，它不仅具备一般分布式系统的资源共享、易于扩张、可靠性高、灵活性强和实时性好等特点，而且能够通过相互协调解决大规模的复杂问题，使系统具有较强的鲁棒性和自组织性。基于第 2 章的 MAS 建模方法，将各公交车辆视为智能体，各智能体根据当前的立即收益和远期收益协同规划各自的驻站行动，滚动优化 MAS 的全局目标。本书下面基于驻站问题重点探讨如何建立多智能体增强学习模型。

4.2.3　多智能体增强学习的关键元素定义

第 2 章给出了多智能体的随机对策模型的形式化描述定义，多智能体增强学习是随机对策模型的一种。以单智能体增强学习为背景，多智能体增强学习模型应该包括以下六个基本元素：

(1)智能体(agent)，它是能通过传感器和执行器与环境进行交互的学习者；

(2)环境(environment)，它是任何与智能体进行交互的对象的集合；

(3)策略(policy)，表示观察到的状态集合"S"与行动集合"A"之间的映射关系；

(4)收益函数(reward function)，它是状态–行动对与标量的映射关系；

(5)Q-值(Q-value)，表示某个智能体在未来的期望累积收益总量；

(6)环境模型，它能用来预测在执行行动前状态之间的转化概率。

概括地说，多智能体增强学习建模的是一组智能体在不确定环境下的决策过程。下面我们给出了其严格的数学定义，并详细解释了模型的各个组成部分。

● I 表示一个有限的智能体集合。为了方便起见，我们将集合中的每个智能体编号为 1，2，…，i，…，M，其中$|I|=M$，同时，注意到当 $i=1$ 时，多智能体增强学习(multi-agent reinforcement learning，MARL)模型退化为单智能体增强学习(reinforcement learning，RL)模型。

● S 表示一个有限的系统状态集合。在马尔可夫决策理论中，一个状态 $s \in S$，$s = \{s_1, s_2, \cdots, s_M\}$ 是由所有智能体组合的联合状态。系统的下一个状态由当前的状态和将采取的行动唯一确定，而与以前的状态和行动无关。这就是

马尔可夫性, 如采用数学语言可表示为: $P(s^{t+1}|s^0, \vec{a}^0, \cdots, s^{t-1}, \vec{a}^{t-1}, s^t, \vec{a}^t) = P(s^{t+1}|s^t, \vec{a}^t)$

- A_i 表示智能体 i 可采取的行动的集合。本书中, 我们仅考虑行动集是离散且有限的情形。不失一般性, $\vec{A} = \times_{i \in I} A_i$ 表示所有智能体的联合动作集, $\vec{a} = \langle a_1, a_2, \cdots, a_M \rangle$ 表示联合行动。

- $P: S \times \vec{A} \times S \to [0, 1]$ 表示系统的转移函数。$P(s'|s, \vec{a})$ 表示在状态 s 中采取联合行动 $\vec{a}$ 后转移到新的状态 s' 的概率。

- $r_i: S \times A \times S$ 为系统的收益函数, $r_i(s_i, a_i)$ 表示的是智能体 i 在状态 s_i 下采取行动 a_i 后整个队伍获得的收益, 是一个实数值。值得注意的是 $r(s, \vec{a})$ 表示在状态 s 下采取联合行动 $\vec{a}$ 后整个队伍获得的收益。

我们采用多智能体增强学习模型框架来刻画公交驻站控制问题, 就要给出 MARL 模型中三个关键要素的定义, 即状态、行动和收益的定义[249-251]。这也是本节主要讨论的问题。

1. 状态的定义

为了描述单个公交车辆智能体到达站点的状态, 选取三个属性变量因子化表示

$$s_i = [z_1, z_2, z_3] \tag{4-12}$$

z_1 为车辆到达站点序号; z_2 表示车辆在站点处的前向车头时距的属性变量; z_3 表示到达站点车上乘客总数属性变量。显然三个变量必须采用离散化处理该问题。属性变量 z_2 是对前向车头时距离散化处理的结果, 具体做法是

$$z_2 = \begin{cases} A & \text{if} & h_{i,k} \leq \omega_1 H \\ B & \text{else if} & h_{i,k} \leq \omega_2 H \\ C & \text{else if} & h_{i,k} \leq \omega_3 H \\ D & \text{else if} & h_{i,k} \leq \omega_4 H \end{cases} \tag{4-13}$$

根据某公交车辆在服务线路运营的离线历史数据进行统计。根据统计数据将前向车头时距划分为四个子区间, 分别是 $[0, 0.3H)$, $[0.3H, 2H)$, $[2H, 2.5H)$, $[2.5H, +\infty)$。其中可认为公交车辆在站点满足 $h_{i,k} \leq 0.3H$, 表示可与前车发生串车(bus bunching)现象; 对于车头时距满足 $h_{i,k} \in [2H, 2.5H]$, 表示

与前车产生大间隔(big gap);对于 $h_{i,k} \geq 2.5H$,表示公交服务处于极不可靠的水平。为了精确地描述前车车头时距的状态信息,根据等距常量 ηH 进一步均匀划分子区间 $[0.3H, 2H)$,满足 $h_{j,k} \in [0.3H, 0.3H+\eta H)$,$\forall j \in In$,离散化子区间的集合记作 P。为了计算的方便,我们将所有状态 s 及其状态属性变量 z_1,z_2,z_3 按照自然数列编号,这种编号过程实质是建立一种状态集合与自然数集的函数关系,即 $\rho : S \rightarrow N^*$,$s_i \in S$。对于状态的属性变量同样满足这种函数关系,例如,z_2 编号函数关系为 $\rho_2 : P \rightarrow N^*$。为了清晰描述状态编号方法,以一个计算实例进行说明,如图4-2所示。某智能体通过其传感器获取到状态实时数据,假设状态实时数据为 $k=3$,$h_{i,k}=0.75H$,$L_{i,k}=0.45L^{max}$,然后将其输入状态识别器,根据映射关系有 $z_1=3$,$z_2=6$,$z_3=4$。接着根据状态分量组合映射关系就完成了状态的编号,它的状态具体编号为 $\rho(s=(3,6,4))=204$。描述装载乘客数量的 z_3 反映着乘客舒适性。参照美国的公交服务可靠性等级水平评价标准,将公交服务水平设置六个等级,如表4-2所示。

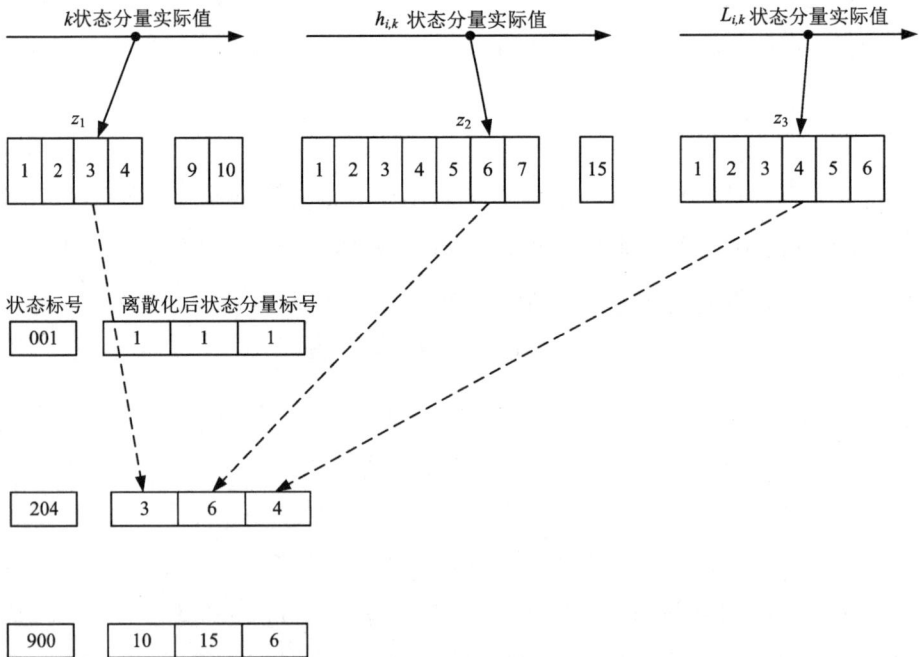

图4-2 状态编号过程示意图

表 4-2　基于装载乘客因子和平均乘客使用面积的公交服务可靠性等级水平

服务水平	装载乘客因子（pax/seat）	平均乘客使用面积		备注
		（ft²/pax）	（m²/pax）	
A	0.00~0.5	>10.8	>1.0	乘客有空座放包裹
B	0.51~0.75	8.2~10.8	0.76~1.0	乘客可以选择座位
C	0.76~1.00	5.5~8.1	0.51~0.75	所有乘客都有座位
D	1.01~1.25	3.9~5.4	0.36~0.5	站立舒适
E	1.26~1.5	2.2~3.8	0.2~0.35	规定最大载客人数
F	>1.5	<2.2	<0.2	过度拥挤

数据来源：Transit Capacity and Quality of Service Manual, 2nd Edition。

2. 驻站控制行动集

由于本书仅研究驻站控制行动，只有车辆到达站点才触发控制事件，每个智能体的动作集并不随着所处的状态发生变化。驻站行动集设计为：

$$A = \theta T_{\text{holding}}, \ \theta \in \mathbf{Z}^+, \ T_{\text{holding}} > 0 \tag{4-14}$$

本书仿真实例中设驻站单位时间 $T_{\text{holding}} = 30$ s，$\theta \in \{0, 1, 2, 3\}$。当 $\theta = 0$ 表示不进行驻站，即公交车完成乘客上下后直接驶出站点；$\theta = 1$ 表示车辆在该站点完成乘客上下后延时 30 s 后驶出站点。从公交调度实际出发，驻站单位时间应设计为离散值且 $T_{\text{holding}} = 30$ s。T_{holding} 低于 30 s 在公交调度实践中是不切实际的，因为公交车辆智能体在与其他智能体进行实时数据采集和实时决策通信需耗费一定时间。

3. 立即收益函数

根据马尔可夫决策过程理论直接利用式(4-2)作为立即收益函数是不可行的。本模型的主要目标同样是最小化车头时距的方差从而保持车头时距的均衡性，与此同时我们也兼考虑公交车的舒适性。单个公交车辆智能体执行驻站控制动作得到的立即收益为车头时距变化带来的站点乘客等待时间立即收益。现在我们先采用到站车头时距描述立即收益函数，即比较公交车辆在站点处 k 与站点处 $k+1$ 的实际到站车头时距与计划到站车头时距的偏差的变化。换句话说，该收益函数反馈着公交车辆在站点处 k 的状态下采取驻站动作 a_i 后转移到下一个站点处 $k+1$ 状态纠正实际车头时距与计划车头时距的程度，可表示为：

$$r_i(s_i, a_i, s_i') = J_1 \cdot \lambda_k \cdot \{\, |ta_{i,k}-ta_{i-1,k}-H| - |ta_{i,k+1}-ta_{i-1,k+1}-H| \,\}$$
$$= J_1 \cdot \lambda_k \cdot \{\, |h_{i,k}^a-H| - |h_{i,k+1}^a-H| \,\} \tag{4-15}$$

式中：J_1 为系数；若采用离站车头时距描述，即比较公交车辆在站点处 k 时加入驻站控制变量 $u_{i,k}$ 后的实际离站车头时距与不加入该驻站控制变量按原先计划离站车头时距的偏差的变化，则可将式（4-15）修改为：

$$r_i(s_i, a_i, s_i') = J_1 \cdot \lambda_k \cdot \{\, |ta_{i,k}+S_{i,k}-td_{i-1,k}-H| -$$
$$|ta_{i,k}+S_{i,k}+u_{i,k}-td_{i-1,k}-H| \,\} \tag{4-16}$$

本章中我们采用式（4-15）的计算方法。

各个智能体的驻站行动都是在全局的状态下执行的，因此单个智能体的收益公式可表示成如下一般化形式，即：

$$r_i(s, a_i, s') = J_1 \cdot \{\, |h_{i,k}^a-H| - |h_{i,k+1}^a-H| \,\} \tag{4-17}$$

式（4-17）描述了单个智能体在执行行动后实际立即收益，该立即收益 r_i (s, a_i, s') 实际值反映了驻站行动执行前后车头时距具体值的变化，与反映车头时距描述的状态变化带来的立即收益是有区别的，这显然不符合 MARL 模型的立即收益函数是状态-行动对与标量映射关系的要求。因此，根据前面状态编号我们修改式（4-17），统一为如下式：

$$r(s, a_i, s') = J_1 \cdot \lambda_k \cdot \{\, |\rho(h_{i,k}^a)-\rho(H)| - |\rho(h_{i,k+1}^a)-\rho(H)| \,\} \tag{4-18}$$

还可以运用范数的形式简洁地描述为：

$$r_i(s_t, a_i, s_{t+1}) = J_1 \parallel s_t-s^* \parallel \tag{4-19}$$

整个智能体队伍执行联合动作 $\vec{a}$ 后整个智能体队伍的收益可表示单个智能体收益的总和，即：

$$r(s, \vec{a}, s') = \sum_{i=1}^{|In|} r_i(s, a_i, s') \tag{4-20}$$

4. 多智能体增强学习目标

多智能体的学习目标体现在所有智能体所获得的回报 r 中。然而，在实际公交系统中，驻站行动的效果往往不能够在行动结束后就马上反映出来，所以并不能根据当前的立即收益来指导行动。另一方面，如果丝毫不考虑当前回报的大小，显然也是难以获得最终看好的结果。因此，为了协调全局目标和当前目标，一种做法是采用累计收益期望作为学习目标函数，在本章中我们采取无限折扣模型，具体公式为：

$$V^{\pi}(s_t) = E\{r_{t+1} + \gamma r_{t+2} + \gamma^2 r_{t+3} + \cdots \mid s_t, \pi\} = E\left\{\sum_{k=0}^{\infty} \gamma^k r_{t+k+1} \mid s_t, \pi\right\}$$

$$(4-21)$$

本章仅研究 Q-学习算法求解，为此，给出一个新的价值函数 $Q(s_t, \vec{a}_t)$ 来表示多智能体联合状态 $s = (s_1, s_2, \cdots, s_M)$ 和联合行动 $\vec{a} = (a_1, a_2, \cdots, a_M)$ 对的累计收益期望，这种与 $(s_t, \vec{a}_t)$ 有关的价值函数即为 Q-函数，如下式所示：

$$Q^{\pi}(s_t, a_t) = E\{r_{t+1} + \gamma r_{t+2} + \gamma^2 r_{t+3} + \cdots \mid s_t, \pi\} = E\left\{\sum_{k=0}^{\infty} \gamma^k r_{t+k+1} \mid s_t, \vec{a}_t, \pi\right\}$$

$$(4-22)$$

公交系统在运行过程需满足的约束条件已在式（4-3）到式（4-10）中表示了。

4.3　模型求解

4.3.1　模型求解算法分析

式（4-23）给出了价值函数，因此算法求解目标就是寻找一个 $V^{\pi}(s_t)$ 最大的策略 $\pi^*(s)$，满足

$$\pi^*(s) = \underset{\pi}{\mathrm{argmax}}(V^{\pi}(s_t)) \qquad (4-23)$$

第 2 章给出了无模型的单智能体增强学习算法，例如，Q-学习算法。这些算法被证明在解决单智能体在随机环境下的学习问题是极其成功的。根据瞬时差分算法思想，可以设计求解式（4-24）的 GPI 算法。

$$Q(s, \vec{a}) := Q(s, \vec{a}) + \alpha[r(s, \vec{a}) + \gamma \max Q(s', \vec{a}') - Q(s, \vec{a})] \quad (4-24)$$

然而，在相同的环境下多智能体的增强学习面临很大的困难。首要的原因是随着智能体的数量增加，联合行动组合的计算空间 $|A_1 \times \cdots \times A_M|$ 呈指数级增加，显然，如果将单智能体的 Q-学习算法简单推广到多智能体的增强学习模型中，即式（4-24）求解公式中的 Q-函数是所有智能体的联合状态和联合行动对的函数，其存储和计算量会随着智能体数量呈指数级增长，这是行不通的。经

分析，一般化的多智能体增强学习问题的时间复杂度为 $O(|S|^n \cdot |A|^n)$，属于 NP-难问题，只能根据具体问题设计近似的启发式算法得到满意解。幸运的是，公交系统驻站控制协调问题中智能体之间的依赖关系是稀疏的，即每个智能体仅与小部分智能体存在依赖关系。考虑公交系统中车辆之间特殊的耦合度，即控制车辆与其前后车辆耦合关系强，而与离它较远的车辆耦合关系较弱。换句话说，当对控制车辆执行驻站行动后，与其相邻的前后车辆受到的影响较大，而对越远的车辆影响则越小。协作图(coordination graph)提供了描述上述智能体间依赖关系的方法。假设控制车辆智能体仅与下游前方车辆智能体存在依赖关系，即 $j \in \Gamma_i$，$j<i$。

因此，协作图可将全局的公交驻站协作问题分解为若干个局部驻站协作问题，整个公交系统的收益 $u(\vec{a})$ 可分解为局部车辆智能体的收益的线性组合，其时间计算复杂度为 $O(n^2 |S|^2 \cdot n^2 |A|^2 + n \cdot |S||A|)$。公交车辆智能体之间依赖关系图记为 $G(V, E)$，顶点数为 $|V|$，边数记为 $|E|$。每个顶点代表一个车辆智能体，每条边 $(i, j) \in E$，$i \in V$，$j \in \Gamma_i$。具体来说，式(4-24)中多智能体公交系统的全局 Q-函数 $Q(s, \vec{a})$ 可基于边分解(edge-based)为有限个控制车辆与其前车组成的车辆对的 Q-函数 $Q_{ij}(s_{ij}, a_i, a_j)$，

$$Q(s, \vec{a}) = \sum_{(i, j), j \in \Gamma_i} Q_{ij}(s_{ij}, a_i, a_j) \tag{4-25}$$

式中：$s_{ij} \subseteq s_i \cup s_j$，$(a_i, a_j) \subseteq \vec{a}$，$(a_i, a_j) = A_i \times (\times_{j \in \Gamma_i} A_j)$。

因此，经过分解后，我们仅需要维护更新公交车辆对 (i, j)，$j \in \Gamma_i$ 的 Q-函数以迭代至最优。$Q_{ij}(s_{ij}, a_i, a_j)$ 的更新方法如图 4-3 所示，计算公式为：

$$Q_{ij}(s_{i,j}, a_i, a_j) := Q_{ij}(s_{i,j}, a_i, a_j) + \alpha \left[\frac{r_i(s, a_i)}{|\Gamma_i|} + \frac{r_j(s, a_j)}{|\Gamma_j|} + \right.$$

$$\left. \gamma Q_{ij}(s'_{ij}, a_i^*, a_j^*) - Q_{ij}(s_{i,j}, a_i, a_j) \right] \tag{4-26}$$

值得说明的是 $Q_{ij}(s_{ij}, a_i, a_j)$ 与 $Q_i(s_i, a_i)$ 存在如下关联

$$Q_i(s_i, a_i) = \frac{1}{2} Q_{ij}(s_{i,j}, a_i, a_j) \tag{4-27}$$

式(4-27)建立了分解全局 Q-函数的基于边(edge-based)和基于智能体(agent-based)两种方法的联系。

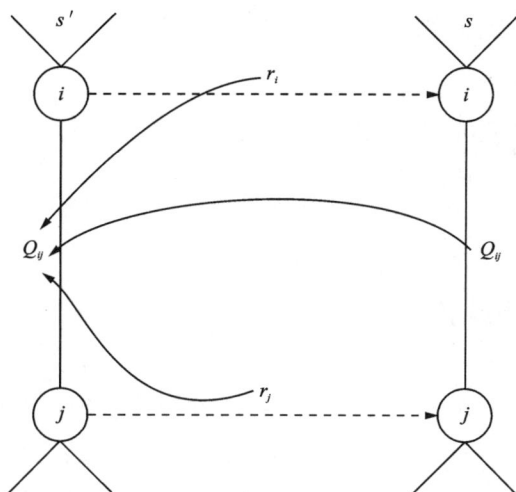

图 4-3　基于边的 Q-函数更新方法示意图

4.3.2　算法描述

基于上述分析，基于协作图的稀疏协同 Q-学习算法可以按如下步骤描述：

输入：$G(V, E)$，S，A，$Q(S, A)$，贪婪因子 ε、学习率 α 和折扣因子 γ 等增强学习相关参数；

输出：$\pi^*(s)$，s_i，$Q_{ij}(s_{ij}, a_i, a_j)$，$s_{ij} \in s$；

Step 1：根据公交车辆驻站控制依赖关系构建协同图 $G(V, E)$，并初始化顶点集（bus agent 集）、边集；

Step 2：根据协同图和式（4-25）将 $Q(s, \vec{a})$ 分解成若干个 $Q_{ij}(s_{ij}, a_i, a_j)$，对于每一个 (s_{ij}, a_i, a_j)，初始化 $Q_{ij}(s_{ij}, a_i, a_j)$，初始化贪婪因子 ε、学习率 α 和折扣因子 γ 等增强学习相关参数；

Step 3：从协同图中选取两个公交车辆智能体组成智能体对，观察其当前所处状态 s_{ij}；

Step 4：根据 ε-greedy 贪婪策略选择 a_i 和 a_j；

Step 5：分别观察两个智能体新状态 s_i' 和 s_j' 以及各自立即收益，即 $r_i(s, a_i, s')$ 和 $r_j(s, a_i, s')$；

Step 6：按式（4-26）更新 $Q_{ij}(s_{ij}, a_i, a_j)$；

Step 7：重复 Step 3～Step 6，直至迭代结束(结束条件有：到达终止状态、$Q(s, \vec{a})$ 收敛或达到迭代次数上限)。

4.4 算例分析

4.4.1 仿真实验设计

为了分析驻站控制策略的效果及参数的敏感性，根据上述模型与算法基于 Matlab R2010b 软件设计了基于多智能体增强学习的实时驻站控制策略仿真平台。该仿真平台具有如下功能：①车辆智能体能够与前方车辆智能体通信并实时获取其离开站点等信息；②算法模块能根据需要与各智能体交互输出最优驻站时间具体数值；③能够输出策略执行后的可靠性相关数据评价。仿真实验主要有两个阶段：第一个阶段主要目标是将公交系统和多智能体增强学习的相关参数输入模型求解的算法模块(离线求解)，输出本章提出的模型的最优策略。第二个阶段就是将第一个阶段得到的最优策略集输入基于 MAS 建立的公交系统得到实验数据。

仿真实验主要采用了 Hickman 研究驻站控制策略时设计的仿真实验的数据。该线路基本情况、客流变化情况以及参数取值情况如下。

1. 公交线路与客流变化基本情况

该公交服务线路总长度 12.5 km，全线路共有 10 个站点，站点均匀分布在该公交线路。高峰时段首站处的计划发车间隔为 $H = 6$ min。6 台公交车辆循环运营，公交车辆的最大乘客装载能力 L^{max} 为 72 pax(人)；

为了进行控制策略的敏感性分析选取两个描述公交运行环境的参数进行组合：①站点乘客平均到达率 λ_k，该参数分为低和高两种情况，如表 4-3 所示，其中高低两种情况的乘客平均到达率取值见表 4-4。②站点间运行时间是否变化，站点间行驶时间服从正态分布，即 $rt_k \sim N(\mu, \sigma^2)$，其中 $\mu = 180$ s，$\sigma^2 = 25$。本模型适用于 σ^2 较小的情况。

表 4-3　两种仿真参数说明

情况	站点乘客平均到达率	站点间运行时间
1	低	固定
2	低	变化
3	高	固定
4	高	变化

2. 参数取值情况

每个乘客上车平均所需时间为 $t_b = 3$ s，下车平均所需时间为 $t_a = 1.8$ s，各站点到站下车乘客比例 q_k 详取值见表 4-4。增强学习算法中初始化时的折扣因子为 $\gamma = 0.95$，学习率为 $\alpha = 0.3$。

表 4-4　站点乘客平均到达率和下车乘客比例参数

站点	$\lambda_k(\text{pax}/\text{min})$		q_k
	低	高	
1	0.75	1.5	0
2	1.5	2.25	0
3	0.75	1.4	0.1
4	3.0	4.5	0.25
5	1.5	2.55	0.25
6	1.0	1.8	0.5
7	0.75	1.43	0.5
8	0.5	1.05	0.1
9	0.0	0.75	0.75
10	0.0	0.45	0.1

4.4.2　仿真结果分析

为了分析策略执行效果，本章中对比分析四种控制策略：

（1）无控制（no-holding，简写为 No-H）。即公交车辆到达站点完成乘客上下车服务后立即驶出车站，不实施任何控制策略。在仿真平台上，车辆智能体与优化控制模块不进行交互。

（2）基于车头时距的阈值控制策略（threshold-holding，简写为 Threshold-H）[252]。控制车辆到达途中任意站点时感知的前向车头时距低于设定的阈值时，即满足 $h_{i,k} \leqslant cH_0$，则实施驻站控制策略；否则不实施驻站控制；本章阈值驻站控制强度参数为 $c = 0.8$，驻站时间为常量；该驻站策略具体描述可参见文献[252]。

（3）基于模糊逻辑的驻站控制策略（fuzzy logic holding，简写为 FL-H）。该驻站方法是由 Milla 等[124]提出的。具体做法是以控制车辆位置与前车和后车的中心位置实时距离之间偏差为模糊变量，建立驻站控制的模糊逻辑规则，从而智能调整控制车辆与前车和后车的中心位置的偏差。详细内容可参考该文献，值得说明的是，该文献主要是基于模糊逻辑研究驻站和越站的组合控制策略，为了对比，我们仅选取了其基于模糊逻辑的驻站控制策略理论成果设计进行实验的。

（4）本章提出多智能体增强学习驻站控制策略（MARL-holding，简写为 MARL-H）。

为了对其进行敏感性分析，本章提出的基于多智能体学习的驻站控制需离线训练以减少在线训练的时间，为了让算法在反复试错过程实现 Q-值表的收敛，仿真过程离线训练约耗费 2 h。每一种控制策略情况在线仿真时间为 3 h，为防止仿真偶然误差对仿真结果的影响，取每类试验 20 次仿真平均值进行分析。表 4-5 为在低乘客需求强度水平下，MARL-H 与 No-H，Threshold-H，FL-H 在车头时距的期望、均方差、变异系数和乘客平均候车时间指标的对比。首先我们对比分析四种控制策略在情况 1 和情况 2 下的评价服务可靠性的重要技术指标，即车头时距的变异系数和乘客平均候车时间。由表 4-5 可知，从整体上说在低乘客需求强度下 MARL-H 相比其他三种控制策略在降低上述两个指标上优势较明显。以情况 2 为例，同 No-H，Threshold-H 和 FL-H 相比，在 MARL-H（1）控制下，车头时距的变异系数分别降低了 73.74%，37.6%，17.4%。同时，乘客平均候车时间分别降低了 58.74%，22.25%，8.69%。由于仿真实验情况 1 和情况 2 中的站间运行时间波动范围较小，MARL-H 控制效果有稍许提高。

表 4-5　四种控制策略在情况 1 和情况 2 下的技术指标比较

	情况 1					情况 2				
	No-H	Thres hold-H	FL-H	MARL-H		No-H	Thres hold-H	FL-H	MARL-H	
				1	2				1	2
车头时距期望/min	5.664	6.170	6.201	6.165	6.083	5.835	6.091	6.224	6.145	6.123
车头时距均方差	7.751	4.796	3.894	2.791	2.113	8.007	5.317	3.715	2.206	2.158
与不受控比较变化率/%	—	-38.12	-49.76	-63.99	-72.74	—	-33.60	-53.603	-72.45	-73.05
车头时距变异系数	1.366	0.777	0.628	0.453	0.347	1.367	0.873	0.597	-0.359	0.353
与不受控比较变化率/%	—	-43.12	-54.03	-66.84	-74.60	—	-36.14	-56.34	-73.74	-74.18
乘客平均候车时间/min	8.160	4.950	4.323	3.715	3.421	8.449	5.366	4.221	3.486	3.459
与不受控比较变化率/%	—	-39.34	-47.02	-54.47	-58.08	—	-36.49	-50.05	-58.74	-59.06

注：与不受控比较变化率计算公式 $\text{variation} = \dfrac{(\text{case} - \text{no control})}{\text{no control}}\%$；MARL-H 中的"1"和"2"分别表示采用区间间距系数 $\eta = 0.1$ 和 $\eta = 0.5$。

表 4-6 为在高乘客需求强度水平下，MARL-H 与 No-H，Threshold-H，FL-H 在四个指标方面的对比。由表 4-6 可知，本章提出的 MARL-H 相比其他三种控制方式在降低车头时距变异系数和乘客平均候车时间上同样优势较为明显。以情况 4 为例，在 MARL-H(1)控制下，车头时距变异系数分别降低了 73.55%，52.1%，21.08%，乘客平均候车时间分别降低了 61.49%，33.79%，10.84%，这说明 MARL-H 在四种参数水平下均保障了全线均衡、稳定的行车秩序，有效提高了公交系统运行服务水平。MARL-H 在情况 1 和情况 3 两种参数水平(站间运行时间均固定，乘客需求不同)下对比，在站点乘客平均到达率较高的情况下控制效果稍优，而在情况 2 和情况 4 两种参数水平(站间运行时间均变化，乘客需求不同)下对比，控制效果较为一致。这说明 MARL-H 能有

效降低站间运行时间和乘客需求这两个不确定因素对服务可靠性的影响，降低前者的程度更显著。同时，本章采用 $\eta = 0.1$ 和 $\eta = 0.05$ 两种系数等距间隔划分状态时，公交服务可靠性的指标表明在不增加行动集的条件下状态空间扩大对控制效果的提高并不显著，需要指出的是区间间距系数 η 的选取需与模型中行动集里的驻站步长参数 $T_{holding}$ 满足关系，即 $\eta H \leqslant T_{holding}$。

表4-6　不受控制和三种控制条件下在情况3和情况4下的技术指标比较

	情况3					情况4				
	No-H	Threshold-H	FL-H	MARL-H		No-H	Threshold-H	FL-H	MARL-H	
				1	2				1	2
车头时距期望/min	6.267	6.632	6.406	6.275	6.373	6.383	6.286	6.553	6.396	6.323
车头时距均方差	8.578	6.291	3.863	1.811	1.634	8.881	6.815	4.285	2.336	2.125
与不受控比较变化率/%	—	−26.66	−54.97	−78.89	−80.95	—	−23.26	−51.75	−73.70	−76.07
车头时距变异系数	1.368	0.948	0.603	0.289	0.256	1.380	1.084	0.656	0.365	0.336
与不受控比较变化率/%	—	−30.70	−55.92	−78.87	−81.29	—	−21.45	−52.47	−73.55	−75.65
乘客平均候车时间/min	9.013	6.307	4.368	3.409	3.396	9.466	6.844	4.672	3.645	3.534
与不受控比较变化率/%	—	−30.02	−51.54	−62.18	−62.32	—	−27.70	−50.65	−61.49	−62.67

为了进一步说明本章提出的控制方法 MARL-H 能有效均衡全线公交车辆运行间隔，仿真过程设定车辆序号为4和5之间出现"大间隔"，如图4-4(a)所示。图4-4(b)表示 Threshold-H 在随后第二趟和第三趟运行过程能较小程度地缩小大间隔，但由于站点候车乘客的增加速度较大，最终在第四趟出现了串车现象；图4-4(c)与4-4(d)分别表示当出现大间隔后 FL-H 和 MARL-H 的行车间隔的控制效果。对比发现，FL-H 虽能在随后的公交运行过程较好地

缩小大间隔，但就其调整的幅度以及行车间隔均衡程度，相比于本章提出的
MARL-H 要稍显劣势；主要原因是，基于模糊逻辑的驻站控制每次调整是基于
前车和后车，每次三个公交车组成的车组协调是局部协调，虽然本章提出的
MARL-H 也是将全局协同问题分解为若干个局部的协调问题，但稀疏协同 Q-
学习算法是基于协同图统一对各个局部问题进行协调，而在 FL-H 方法中缺乏
局部车组的协调，算法的实时控制效果较差。因此在乘客平均到达率高的情况
本章提出的实时驻站控制与模糊逻辑驻站控制方法相比效果要稍好，乘客平均
候车时间降低 10% 左右。

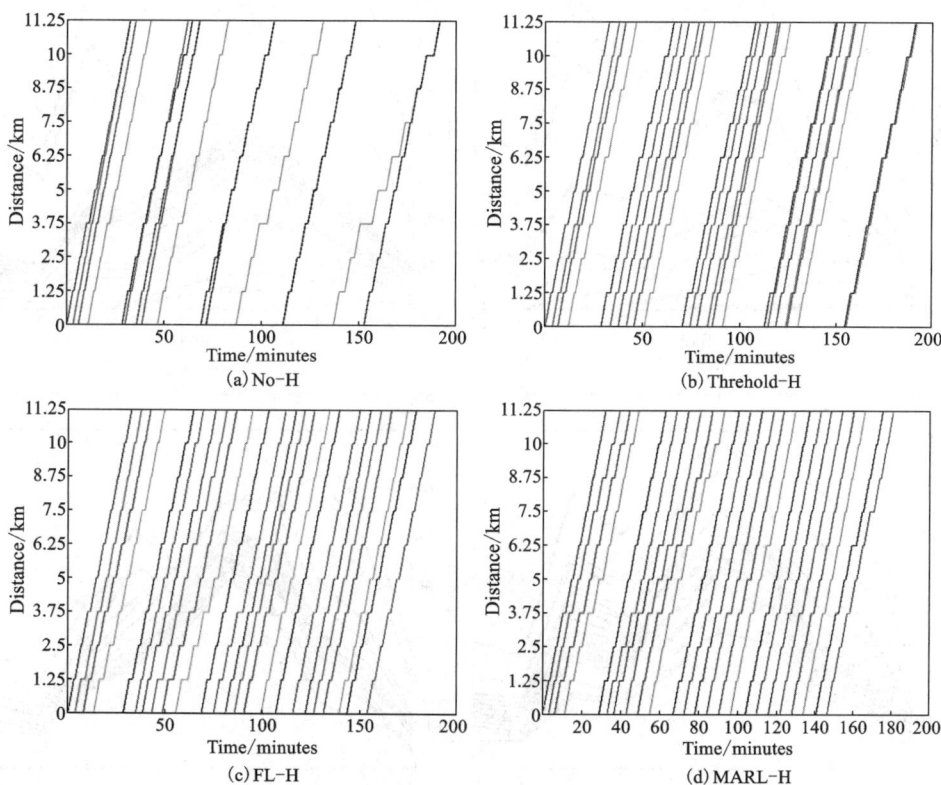

图 4-4　不同驻站控制条件下车辆运行轨迹

　　由于车头时距的均衡性与车辆装载乘客数量具有相关性，即降低车头时距
的变异系数意味着较好地均衡全线公交车辆的乘客装载数量，同时从乘客舒适
性方面提高公交服务的水平。图 4-5 表示了四种驻站控制方式下的各站点的

乘客装载数量。如图 4-5(a)所示,在不受驻站控制方式下由于串车现象严重,车辆载客量极度不均衡;如图 4-5(b)所示,Threshold-H 控制方式下车辆载客过低和过高情况的比例降低较为明显,部分车辆接近载客量上限;如图 4-5(c)所示,FL-H 控制方式下较大改善车辆载客量均衡性;如图 4-5(d)所示,相比于其他三种控制方式,MARL-H 控制方式下很大程度减少了极低载客比例和过度拥挤现象,车辆载客均衡性改善效果是最佳的。

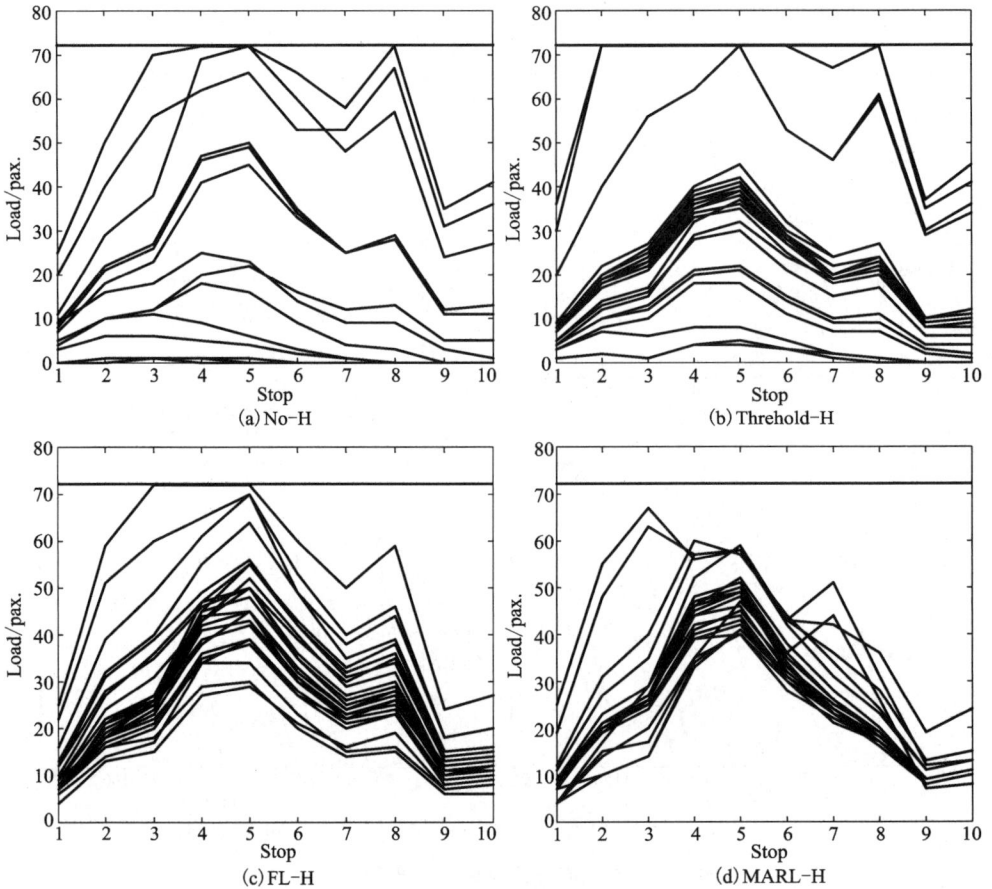

图 4-5　四种控制方式下各站点车辆乘客装载量

图 4-6(a)表示 FL-H 的仿真实验在四种参数水平下驻站行动集合里 No-Holding,Holding-30 s,Holding-60 s 和 Holding-90 s 四个驻站行动元素的各自

采用比例。图 4-6(b)(c)表示 MARL-H 在两种状态划分($\eta = 0.1$ 和 $\eta = 0.05$)的情况下上述每个驻站行动采用的比例。图 4-6(d)统计了 FL-H 和 MARL-H 在四种参数水平下的每趟车在停靠站点的平均总驻站时间。概括地说,图 4-6 (a)(b)和(c)表明驻站行动中的无驻站的行动比例约占 70%,驻站 30 s、60、90 s 大致各为 10%,每一趟(从起点站回到起点站为一趟)车辆的总的驻站时间平均约为 4 min。图 4-6 的统计结果表明驻站虽然增加部分公交车乘客的车上的行程时间,但它均衡了全线车辆行车间隔,降低全线各站点乘客的站点候车时间,可见驻站控制的代价是较小的,对于提高公交服务可靠性是比较显著的。具体来说,$\eta = 0.05$ 参数与 $\eta = 0.1$ 参数下的 MARL-H 下相比,虽然前面的表 4-5 和表 4-6 的结果表明在降低车头时距的变异系数和乘客平均候车时间

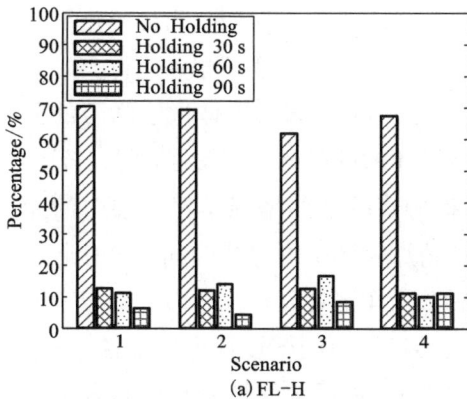

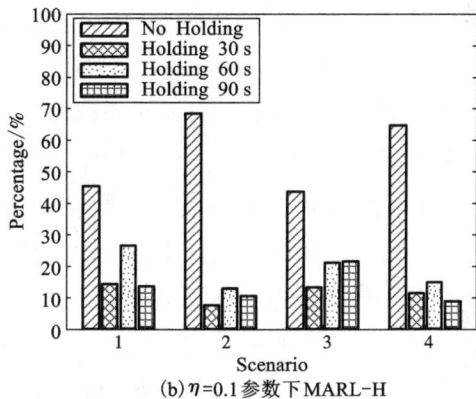

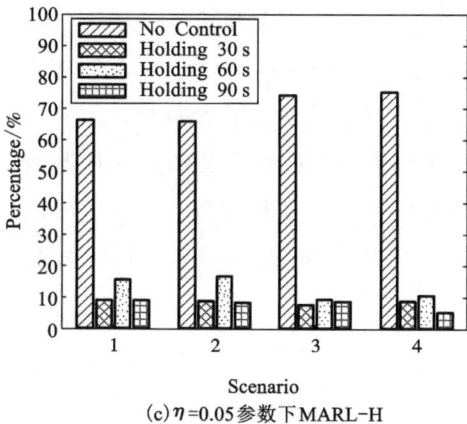

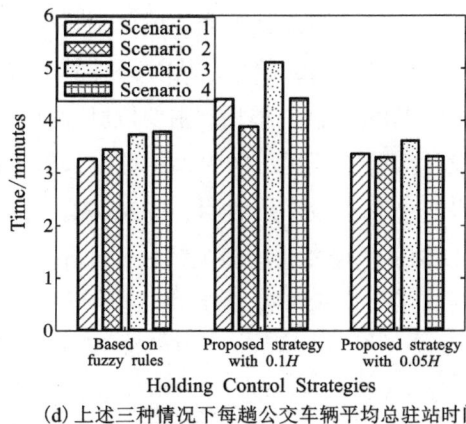

(a) FL-H

(b) $\eta = 0.1$ 参数下 MARL-H

(c) $\eta = 0.05$ 参数下 MARL-H

(d) 上述三种情况下每趟公交车辆平均总驻站时间

图 4-6　仿真实验中每个驻站行动采用的比例及每趟公交车辆运行过程平均总驻站时间

上并无显著优势,但 $\eta=0.05$ 参数下 MARL-H 有效地降低了总的驻站时间(相比 $\eta=0.1$ 参数下 MARL-H 约减少了 27.87%)。相比于 $\eta=0.1$ 参数下, $\eta=0.05$ 参数下 MARL-H 的驻站行动的效率有一定的优势,这也说明若选取更大状态空间描述问题,稀疏协同 Q-学习算法求解得到的策略集(状态与行动映射关系)更满意,但状态空间的增加效率存在边际性,因此,建模时应合理确定状态规模。

4.5　本章小结

驻站控制是最常用且研究最为深入的公交系统实时控制策略。它的目标是通过优化驻站时间动态调整控制车辆集在某个站点的离站时间从而最小化下游站点乘客总的等待时间。基于智能公交环境下全线公交车辆及相关运行实时数据可获得性,在现有的驻站策略研究基础上,提出基于多智能体增强学习的公交驻站控制模型,模型中结合数学规划模型描述的驻站问题定义了状态、行动集(驻站控制集)、立即收益函数和学习目标等多智能体增强学习框架中的元素,立即收益函数的设计主要考虑了最小化站点乘客平均等待时间,同时通过优化驻站时间调整车辆装载乘客总量以兼顾公交车舒适度目标。由于公交车辆之间依赖关系的稀疏性且固定性,基于构建的环形协同图设计了稀疏性 Q-学习算法进行求解,将全局状态和联合行动对的 Q-值函数线性分解成有限个两个前后关联的公交车辆智能体对的 Q-值函数,从而有效地降低了全局状态和联合行动空间的数量,其时间计算复杂度为 $O(n^2|S|^2 \cdot n^2|A|^2+n \cdot |S||A|)$(多项式时间)。最后,主要以驻站研究的经典文献中仿真实验参数为基本背景设计实验验证提出的模型,对比分析了四种控制策略在四种参数情形的控制效果。仿真实验结果表明,与 No-H、Threshold-H 和 FL-H 相比较,本章提出的 MARL-H 较好地均衡全线公交车辆行车间隔,降低了全线乘客平均等待时间,提高了公交运行可靠性。

第 5 章 基于 POMDP 的公交实时驻站控制方法研究

5.1 引言

常规公交运营容易受到道路交通状况、乘客需求等随机不确定因素影响，公交车头时距偏差产生后若不及时采取有效的控制行为，往往会沿着下游公交站点方向发生传播及恶化，导致到达终点站时严重偏离计划时刻表上的计划到达时间，运行途中出现串车和大间隔现象，使得乘客候车时间增加，公交车辆的载客负荷不均衡，从而严重地降低公交服务可靠性。因此，公交车辆在运行途中的实时控制是在车辆运行信息采集条件下的动态、连续调度手段，是稳定线路车辆运行秩序、提升服务可靠性的有效方法，是智能公共交通系统研究的核心内容，也是目前国内各城市公共交通企业建设的重点内容。上一章我们已经研究公交车辆智能体能够完全感知系统状态的情形下的驻站协同控制模型。它提出的基于多智能体增强学习的公交实时控制模型假设公交调度控制中心能获取每个分布式车辆智能体的状态，每个车辆智能体能与前方车辆智能体能交互完全状态信息，从本质上讲，上一章的理论模型为基于多智能体的马尔可夫决策过程（multi-agent Markov decision process, Multi-agent MDP）。在很多实际问题中，智能体并不能直接获得系统的状态信息，而获得的是表征状态的观察。这种观察信息是来自于传感器收集到的带噪声的非完备信息，因此公交车辆智能体感知的系统状态是不完全的或者是被隐藏的。为此，本章考虑公交车辆在线路上运行过程中站点处乘客需求和公交车辆的站间运行时间两方面不确定性因素，将公交实时控制问题看成不确定性环境下序贯决策问题，应用部分可观察马尔可夫决策过程理论研究驻站控制策略。

5.2　公交实时控制方法的 POMDP 建模

5.2.1　模型假设及符号说明

考虑建模分析问题须从简单到复杂，在此对问题进行了简化以突出公交实时控制的本质，做出如下假设：

(1)公交车辆按照均匀的行车间隔从首站出发；

(2)公交运营过程中，公交车辆运行的顺序不发生变化，即不存在超车现象；

(3)站间的期望行驶时间与时间独立但与站点相关；

(4)乘客到达过程是随机的且与站点具有相关性；

(5)驻站策略在完成乘客上下车后实施，驻站时间内到达的乘客视为等待下一个公交车辆；

(6)车辆停靠所有站点，驻站策略可在任意站点实施。

本章研究的对象是具有固定行驶路线和公交停靠站点的公共汽车路线服务系统，如图 5-1 所示。公交线路有 S 个公交停靠站，有 N 台运营公交车辆，且系统内配备实时信息采集、监控和传输等先进智能公交技术(如车辆定位系统 AVL、乘客自动计数器 APC 等)。

图 5-1　公交路线服务系统

根据描述问题的需要定义以下变量和参数，如表 5-1 所示。

表 5-1　符号说明

符号	意义
i	公交车辆序号
k	公交站点序号
$tp_{i,k}$	公交车辆 i 计划到达站点 k 的时间
$ta_{i,k}$	公交车辆 i 到达站点 k 的实际时间
$td_{i,k}$	公交车辆离开站点 k 的实际时间
$th_{i,k}$	公交车辆 i 在站点 k 的驻站时长
c'_k	站点 k 与站点 $k+1$ 的目标区间行程时间，包括车辆在区间加速和减速的时间，但不包括车辆在站点乘客上下车服务时间
c_k	站点 k 与站点 $k+1$ 的实际区间行程时间
β_k	无量纲系数
φ	划分车头时距区间的间距系数
$\omega_j, j \in N^*$	系数
d_k	站点处停站松弛时间
$DWL_{i,s}$	公交车在站点完成乘客上下车服务的停留时间
$B_{i,k}$	公交车辆 i 在站点 k 处上车乘客数量
λ_k	站点 k 处乘客平均到达率
p_k	站点 k 处的下车乘客比例
L^{max}	公交车最大载客能力（pax）
w	站点限制上车乘客比例

前面已经提到，有模型的 POMDP 问题可以形式化地描述为一个六元素组，包括状态集 S、动作集合 A、转移概率 T、立即收益函数 R、观察集合和观察函数。要利用 POMDP 模型刻画公交车辆在运行过程实时调度控制问题，就需要给出 POMDP 模型中上述几个关键要素的定义，这是本节讨论的问题。

5.2.2 状态

TCQSM 中定义了适用于服务频率高(小于 10 min 每趟车)的服务可靠性评价标准,即基于车头时距变异系数的固定线路公交服务可靠性等级水平(见表 5-2)。表 5-2 中 $P(h_i>0.5H)$ 表示单个车头时距 h_i 偏离 0.5 倍规定车头时距 H 的概率。

表 5-2　基于车头时距变异系数的固定线路公交服务可靠性等级水平

服务等级	$Cov(h)$	$P(h_i>0.5H)$	说明
A	0.00~0.21	≤1%	非常吻合规定车头时距
B	0.22~0.30	≤10%	轻微偏离规定车头时距
C	0.31~0.39	≤20%	经常偏离规定车头时距
D	0.40~0.52	≤33%	不规则车头时距,部分车辆串车
E	0.53~0.74	≤50%	公交车辆经常性串车
F	≥0.75	>50%	绝大多数公交车辆串车

数据来源: Transit Capacity and Quality of Service Manual, 2nd Edition, TCQSM

因此车头时距的一致性是衡量高频公交线路服务可靠性的关键指标。该指标的具体计算方法为

$$Cov(h)=\frac{车头时距的标准差}{车头时距的期望} \tag{5-1}$$

如直接以公交服务可靠性的指标——车头时距变异系数描述其状态主要存在以下几点问题:(1)无论是标准差还是期望都需统计所有车辆在各公交站点的车头时距,只要其中一个参数因特殊原因造成无法采集就直接影响实时控制策略优化,影响优化系统的鲁棒性;(2)由于公交服务可靠性它反映着整体公交服务系统的状态,因此立即收益函数应设计为所有公交车辆的控制动作的联合动作的反馈,它并未具体描述每个公交车辆在运行环境的状态,与我们分布式控制思想是不相符的,最关键的是联合动作的出现易造成马尔可夫决策过程理论中普遍性的维数灾难问题。

计划发车间隔是高频公交服务线路的重要参数,可表示为:

$$H = tp_{i,1} - tp_{i-1,1} \tag{5-2}$$

因此,可根据计划发车间隔计算得到公交车辆 i 到达站点 k 的计划到达时间,即

$$tp_{i,k+1} = tp_{i,k} + \beta_k H + d_k + c'_k \tag{5-3}$$

公交车辆实际到达站点的时刻为:

$$ta_{i,k+1} = ta_{i,k} + DWL_{i,s} + th_{i,k} + c_k \tag{5-4}$$

相邻公交车辆的前向实际离站车头时距(forward headeay)则可表示为:

$$h_{i,k} = td_{i,k} - td_{i-1,k} \tag{5-5}$$

我们将每个公交车辆视为独立的智能体,根据式(5-5)可见,公交车辆智能体 i 当到达站点 k 只能通过下游方向的与其相邻车辆智能体 $i-1$ 获取其离站时间 $td_{i-1,k}$ 参数。当智能体之间出现通信受限或故障时,或即使在智能体之间具备通信条件,这种信息也是带有噪声的,由此可见在实际情况下实时连续的离站车头时距信息是不完全的或者说是被隐藏的。基于上述分析,我们直接采用公交运行系统中重要参数——离站车头时距描述公交车辆到达站点的状态变量。由于 $h_{i,k}$ 为连续变量会导致状态空间数量无穷,因此需采用合适的间距 φH 对该变量离散化,即将 $h_{i,k}$ 值域 $[0, +\infty)$ 划分为若干个子区间。公交车辆 i 在站点处 k 的车头时距 $h_{i,k}$ 满足

$$\omega_1 H < h_{i,k} \leqslant \omega_2 H, \ \omega_1, \ \omega_2 > 0 \tag{5-6}$$

式中: ω_1 和 ω_2 为参数, $\varphi = \omega_2 - \omega_1$。子区间的间距参数 φ 选取需根据驻站行动 T_{holding} 参数合理确定。

$$\varphi H(\min) \geqslant T_{\text{holding}}(\text{s})/60 \tag{5-7}$$

公交车辆的状态可以表述为:

$$X = \begin{cases} 1 & \text{if} & 0 \leqslant h_{i,k} \leqslant \omega_1 H \\ & \vdots & \\ x & \text{else if} & h_{i,k} \leqslant \omega_s H \\ & \vdots & \\ N_s & \text{else if} & h_{i,k} \leqslant \omega_{N_s} H \end{cases} \tag{5-8}$$

在此基础上我们将车头时距偏差定义为相邻公交车辆在中途停靠站点的实际离站车头时距与首发站计划发车时间间隔的差值,则:

$$gap^H = (td_{i+1, k} - td_{i, k}) - H = h_{i, k} - H \qquad (5-9)$$

这种偏差直观地反映着车辆在运行过程受到的扰动并且划分为有限个等级，如图 5-2 所示，我们认为公交车辆的状态表示的含义为偏移虚拟公交时刻表的程度（高频公交服务）。

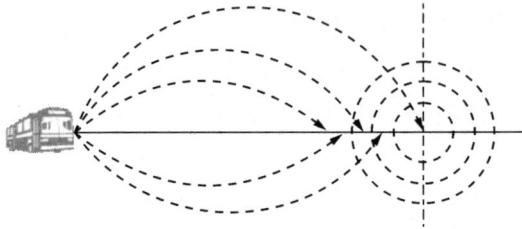

图 5-2　公交车辆状态示意图

5.2.3　行动

POMDP 中行动就是研究的具体控制策略，我们主要考虑驻站控制策略，但加入了辅助控制策略——限制部分乘客上车（boarding limits）。驻站和限制部分乘客上车的组合策略是需满足条件的。

本章主要研究驻站策略，驻站行动集设计为：

$$A = \theta T_{holding} , \theta \in \mathrm{N}^+ , T_{holding} > 0 \qquad (5-10)$$

式中：θ 为驻站行动参数，$T_{holding}$ 为驻站时间步长。

驻站控制能主动调整车辆在运行途中出现的车头时距负偏差，但对于正偏差调整是被动的或者说是滞后的，为此我们在驻站控制方法中考虑在站点限制部分乘客上车的控制策略（boarding limits）。文献综述中已提及组合控制策略主要有两种类型：①驻站（holding）和快速过站（stop skipping）两种策略组合[122, 253]；②驻站（holding）和限制部分乘客上车两种策略组合[16, 112]。两种组合策略的本质和目的是一样的，都是为了减少延长乘客行程时间的驻站策略的影响，而寻求一种针对公交车辆在运行过程中缩短乘客行程时间的加速策略。加速形式有三种主要方式：①在站间运行区间在保证公交车运行安全的前提下合理加速；②快速过站，即让指定的公交车辆途径某些公交站点不停或只让乘客下车；③限制部分乘客上车。部分学者认为第一种方式在实施过程中一方面受到道路运行环境影响较大，另一方面其实施技术操作难度较大。第三种方式可认为是快速过站连续执行的情况，但是从策略实施角度我们认为它更具柔性。因此，综合考虑本章选取第二种组合控制类型。

考虑到 POMDP 建模特点，限制部分乘客上车的控制策略约束为仅在 $\theta = 0$ 配合执行；根据前面状态的定义可以看出，行动作用主要体现在状态转移的概率上。

5.2.4 观察集合

公交车辆在运行过程可通过车载设备实时采集到公交系统中一些实时数据。例如，当公交车辆到达站点，如前面章节提到可通过与站点智能体交互通信直接获取该站点候车乘客数量参数或通过公交车辆车载 APC 系统自动统计上车乘客数量。因此，将所有车载设备实时采集的数据看作观察集合，为了表示的方便，我们把每种公交车载设备实时采集的数据定义为 POMDP 模型中一个观察变量。根据需要，我们仅选取其中与公交实时调度控制相关联的 m 个关键的参数而忽略其他不相关的信息。我们将公交车辆每种车载设备采集的实时数据定义为 $z_j(j = 0, 1, \cdots, m-1)$，POMDP 模型中的每一个观察 $z \in Z$ 可以表示为：

$$z = \langle z_0, z_1, \cdots, z_{m-1} \rangle \tag{5-11}$$

Z 为观察集合，本章根据当前智能公交系统中数据采集技术以及建模需要，观察的内容包含三个方面的实时数据：①公交车辆运行道路交通流的密度；②站点处等待乘客数量；③载客数量。

（1）道路交通流的密度

首先定义公交车辆运行的区间的标准化密度参数，即

$$w_i^t = \frac{q_k^t}{k_J} \times \frac{1}{l_k} \tag{5-12}$$

式中：q_k^t 为决策周期 t 时在长度为 l_k 的路段采集的车辆数量，k_J 为阻塞交通密度常数；同理，标准化密度变量通过离散化就建立了交通拥挤程度的观察属性变量，定义如下：

$$o_1^t = \begin{cases} \text{low} & \text{if} & w_i^t \leq \delta_1 \\ \text{medium} & \text{else if} & w_i^t \leq \delta_2 \\ \text{high} & \text{else if} & w_i^t \leq \delta_3 \end{cases} \tag{5-13}$$

（2）站点处等待乘客数量

实际公交运营线路站点的平均到达率并不一致，同理，可通过如下公式对候车乘客观察变量进行标准化，即

$$\mu^t = \frac{B_{i,k}}{\lambda_k} \qquad (5-14)$$

因此，第二个观察变量定义为

$$o_2^t = \begin{cases} C_1 & \text{if} & \mu^t \leqslant \vartheta_1 \\ C_2 & \text{else if} & \mu^t \leqslant \vartheta_2 \\ C_3 & \text{else if} & \mu^t \leqslant \vartheta_3 \\ C_4 & \text{else if} & \mu^t \leqslant \vartheta_4 \\ C_5 & \text{else if} & \mu^t \leqslant \vartheta_5 \end{cases} \qquad (5-15)$$

（3）公交车辆乘客装载量

选取公交车辆乘客装载量 $L_{i,k}$ 作为 POMDP 模型的观察变量是合理的，因为它反馈着公交系统运行过程的历史信息。然而乘客装载量受到来自公交运行环境中站点乘客需求和站间运行时间因素的影响，因此可以表征公交运行系统部分关键特征，即使相同的乘客装载量出现在不同站点处，反馈的信息是有差异的。为了解决观察信息在 POMDP 中的一致性问题，我们的做法是先假设公交系统是静态的，按照计划的发车间隔假设乘客需求、站间运行时间和各站点下车乘客数量比例是确定的。由此可标定出各站点处计划乘载乘客数量 L_k^p，该参数为常数。

$$\varphi_{i,k} = \frac{L_{i,k}}{L_k^p} \qquad (5-16)$$

同理，第三个观察变量定义为

$$o_3^t = \begin{cases} D_1 & \text{if} & \varphi_{i,k} \leqslant \xi_1 \\ D_2 & \text{else if} & \varphi_{i,k} \leqslant \xi_2 \\ D_3 & \text{else if} & \varphi_{i,k} \leqslant \xi_3 \\ D_4 & \text{else if} & \varphi_{i,k} \leqslant \xi_4 \\ D_5 & \text{else if} & L_{i,k} = L^{max} \end{cases} \qquad (5-17)$$

式中：D_5 表示公交车满载。

5.2.5　立即收益函数

由于状态集是有限的，对其子区间按照从左到右依次编数字序号。驻站控制的目标就是减少公交车辆在运行过程中的扰动，显然越靠近图 5-3 中的中心线代表扰动越小，反之亦然。当采取某个驻站控制行动后，系统的立即收益函数定义如下：

$$R[s(t), a, s(t+1)] = J_2 \cdot \{|\rho(s^*) - \rho(s(t))| - |\rho(s^*) - \rho[s(t+1)]|\}, \quad J > 0$$

$$(5-18)$$

式中：J_2 为系数，$\rho[s(t)]$ 为决策周期 t 时状态 $s(t)$ 的编号，$\rho(s^*)$ 为目标状态的编号，如图 5-3 所示，5，6 均为目标状态，值得说明的是 $R[s(t), a, s(t+1)]$ 是有界的。

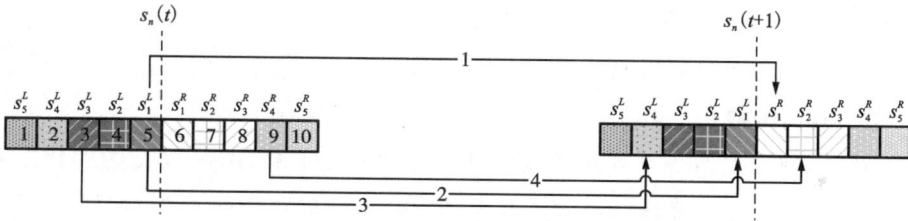

图 5-3　行动作用后状态转移获得的立即收益示意图

5.2.6　状态转移概率函数和观察函数

状态到状态转移概率函数和观察函数均是 POMDP 建模中采用具体概率值描述的元素。第 2 章给出了状态转移概率函数具体定义，这一元素模拟了行动的随机效应和系统的动态运动规律。观察函数则模拟了实际环境中的传感器噪声，能通过概率函数建立实际环境中隐藏的真实状态与能直接表征其的观察变量之间的关联性。在公交实时控制实际问题中，状态转移概率刻画了公交系统中站间运行时间不确定性和随机性。POMDP 中上述两组参数在实际应用中可根据如下方法来采集获取：①根据专家的自身知识和常识或者经验经分析而获得；②通过查找权威的资料或公开发表的重要文献直接确定；③根据调研得到的丰富的历史存档数据经分析统计得到。本章综合运用了第一和第三两种方法获取状态转移概率函数和观察函数的参数值。

（1）状态转移概率函数

目前较多的POMDP建模通常采用查阅文献资料或以问卷形式调研问询专家来采集得到相应模型参数，然而以文献和专家的经验获取的模型参数是在某个特定时间段或地点获取的该系统的动态变化规律和系统数据分布，一定程度上说具有唯一性和特殊性。

因此本章主要是以ZZ市公交公司某一固定公交服务路线公交车辆运行存档历史数据为样本，经统计分析得到基本估计参数，然后运用蒙特卡罗仿真方法确定其状态转移概率和观察概率。本章建模中，我们采用状态转移函数表示当在某个站点执行驻站行动后，当前站点和下一个到达的站点以车头时距描述状态变化的随机性和动态性，记为 $T(s, a, s')$。根据前面的介绍可知，状态转移函数是一个条件概率且具有马尔可夫性质，即 $T(s, a, s') = P(s'|s, a)$，其中 s 和 s' 分别表示前后阶段（站点）状态，a 则表示当前站点处采用的驻站行动。

（2）观察函数

在前面 5.2.2 和 5.2.4 小节我们已经分别定义了 POMDP 模型中的状态和观察函数两个元素；系统状态集就是系统在所有时间点的所有存在形式，是一个有限集合，而且系统的状态是不能直接被观察到的或是隐藏的，而当每辆公交车到达站点可通过其车载设备直接采集到反映着公交运行系统状态中的一组实时数据。在本模型中，各组实时数据视为观察变量。

在 POMDP 模型中，观察函数 $\Omega(a, s', z)$ 表示当在某站点执行行动 a 后，当控制公交车辆在下一个站点处的状态变为 s' 时观察变量 z 的条件概率，记为 $\Omega(a, s', z) = P(z|a, s')$。需要说明的是，观察变量 z 表示控制车辆在执行行动 a 后到达下一站点其车载设备所能观察到的所有相关实时数据的组合。观察变量 $z = \langle z_0, z_1, \cdots, z_0, z_{m-1} \rangle$，其中 $z_i(i=0, 1, \cdots, m-1)$ 表示第 i 种设备采集的实时数据。为了建模简便性，我们假设观察变量中元素均不相关，因此观察函数 $\Omega(a, s', z)$ 则可简化表示为若干个独立的观察变量概率相乘形式，如下式所示。

$$\Omega(a, s', z) = \prod_{z_i} \Omega(a, s', z_i) \tag{5-19}$$

式中：右边的 $\Omega(a, s', z_i)$ 表示控制公交车辆执行驻站行动 a 以后其状态

变为 s' 时可以直接观测到实时数据 z_i 为某个具体细分的情况的条件概率。

5.2.7　初始信念状态

如第 2 章中相关理论所述，POMDP 模型的求解依赖于信念状态。信念状态指智能体对当前环境所处状态概率估计的向量，是所有历史观察和历史行动的联合概率分布，记作 b。初始信念状态 b_0 的元素表示系统初始时对它处于状态 s_i 的可能程度，这种对表征真实状态的估量是通过概率的方式描述出来的，记为 $b(s_i)$。显然，初始信念状态中所有的元素之和等于 1。

POMDP 建模可根据具体信息完备情况首先给出一个合适的初始信念状态 b_0，然后智能体可根据式(2-5)进行计算持续更新之后决策过程中的信念状态，如此反复。针对一组样本，计算信念状态过程本质上其实为对系统处于每一个隐藏状态的可能性做出定量估计。下一节中，我们将介绍根据公交运行数据合理计算初始的信念状态。初始信念状态计算根据公交车辆所处位置划分为首发站和中间站点两种情况，可根据实际运行情况进行估计。

公交系统中车辆在运行过程需满足一些约束条件，可参考第 4 章式(4-3)至式(4-10)，本章不赘述。

5.3　模型的求解

在最坏的情况 POMDP 规划是极其困难的，主要原因来自三个方面：①维数灾难；②历史信息灾难；③状态信息是不可知的。POMDP 问题离线规划过程中，策略的搜索和策略的执行是被分隔开了的。离线规划算法在策略搜索阶段需要考虑智能体在整个信念状态空间遇到的所有情况，在序贯决策中，信念状态空间会随着时间推移而呈指数级爆炸增长。显然，离线规划算法应用在类似公交实时调度控制系统是不适宜的，为了能够满足实时控制的需求，普遍采用在线近似算法来求解[229]。在线规划的基本原理是智能体在决策周期内在规划和执行两个阶段交替进行。其主要优势在于，智能体无须考虑整个信念空间所有的可达信念点，而仅根据当前遇到的情况规划局部策略，这就显著地高效地缩减了所需要规划的策略空间[254]。

5.3.1 确定性的稀疏部分可观察树

本节引入一种蒙特卡洛树在线搜索算法。该算法在每次迭代过程中基于确定性的稀疏部分可观察树(determinized sparse partially observable tree，缩略为DESPOT)搜索满意策略，然后下一步执行该策略。DESPOT可视为稀疏采样信念树(如图5-4所示)，包含所有行动的分支，但仅包含所有采样情节(sampled scenarios)下的 K 组观察分支。换句话说它只获取采样集中执行的所有策略信息，而不必像标准信念树那样需获取所有可能情形下执行的策略信息。

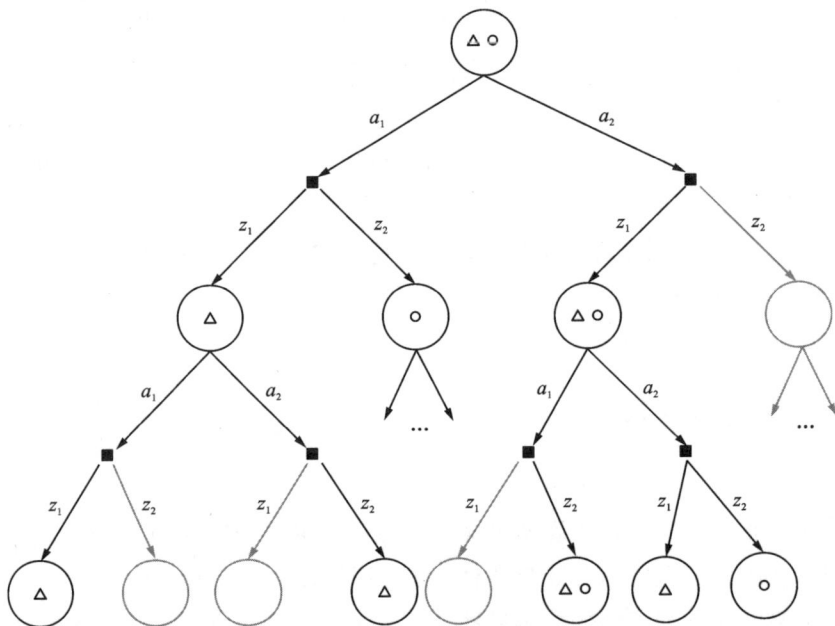

图例说明：
1.灰色代表信念树
2.黑色代表确定性的稀疏部分可观察树
3.树的节点表示信念节点
4. △○采样样本

图5-4　信念树(深度 $D=2$)和相应确定性的稀疏部分可观察树(采样样本数 $K=2$)

下面我们给出确定性的稀疏部分可观察树的定义，它运用确定性模拟模型

考虑了源自初始信念 b_0 采样的 K 组情节下的所有行动序列。首先定义情节 (scenario)，它是以某初始状态 s_0 开始的抽象模拟轨迹[255]。因此，信念 b 下的采样情节为随机序列 $\varphi = (s_0, \varphi_1, \varphi_2, \cdots)$，其中开始设定的状态 s_0 是在信念 b 下采样获得的，每个 φ_i 则为独立均匀地从区间 $[0, 1]$ 采样获得的实数。确定性的模拟模型可描述为函数：$g: S \times A \times R \to S \times Z$。因此，$(s', z') = g(s, a, \varphi)$ 可根据 $p(s', z'|s, a) = T(s, a, s')O(s', a, z')$ 进行分配。模型仿真过程中，在情节 $(s_0, \varphi_1, \varphi_2, \cdots)$ 下执行行动 $(a_1, a_2, a_3, \cdots)$，将生成轨迹 $(s_0, a_1, s_1, z_1, a_2, s_2, z_2, \cdots)$，其中 $(s_t, z_t) = g(s_{t-1}, a_t, \varphi_t)$。模拟轨迹跟踪可得到从标准信念树根节点到叶子节点的路 $(a_1, z_1, a_2, z_2, \cdots)$，我们将该路中所有节点和边加入到 DESPOT。每个 DESPOT 节点 b 包含由信念点遇到所有情节组成的集合 Φ_b。Φ_b 集合中情节的起始状态形成一个粒子集合，该粒子集合是对信念状态 b 的近似表达。我们将情节 $\varphi = (s_0, \varphi_1, \varphi_2, \cdots)$ 插入粒子集合 Φ_{b_0}，同理，在信念点 b_t 到达子路 $(a_1, z_1, a_2, z_2, \cdots, a_t, z_t)$ 的尽头，将 $(s_t, \varphi_{t+1}, \varphi_{t+2}, \cdots)$ 插入集合 Φ_{b_t}，当 $t = 1, 2, \cdots$ 时在采样的情节下为每个行动序列重复上述过程将完成确定性稀疏可观察树的建立。

DESPOT 根据随机采样的 K 种情节完全先验确定。直观上说，DESPOT 是在标准信念树基础上剪除了部分观察分支的树。深度为 D 的标准信念树的节点数为 $O(|A|^D|Z|^D)$，而相应 DESPOT 仅有 $O(|A|^D K)$ 个节点，因为它只考虑了采样情节的观察分支。

为了减少在 DESPOT 的搜索近似最优解的过程中的"过度拟合"问题，Somani 等[255]提出用 Regularized-DESPOT（R-DESPOT，正则确定性的稀疏部分可观察树）算法来平衡在采样情节下策略的估计性与其策略的规模数量。当 DESPOT 中节点的子树规模过大，则该子树下策略的估计性能可能被认为是不可靠的。取而代之的是应该终止上述搜索而采用从该节点向前的简单的默认策略。为了从理论上推导 R-DESPOT，需给出两个理论结果：定理一提供了源于 DESPOT 的任意策略的性能（值函数）的灵敏性下界；定理二证明了通过优化该定理中的值函数的界可搜索到数量小且满意的策略。

来自 DESPOT 的策略树包含 DESPOT 相同的根节点，但仅包含每个内部节点下的一个行动。$\prod_{b_0, D, K}$ 表示源于 DESPOT 的所有策略树的类，该 DESPOT 是在某节点初始信念 b_0 下根据 K 种采样情节建立的深度为 D 的树。类似于

DESPOT，策略树 $\pi \in \prod_{b_0, D, K}$ 不需包含所有观察分支。

定理一：对于任意 τ, $\alpha \in (0, 1]$，每个策略树 $\pi \in \prod_{b_0, D, K}$ 满足

$$V_\pi(b_0) \geq \frac{1-\alpha}{1+\alpha}\hat{V}_\pi(b_0) - \frac{R_{\max}}{(1+\alpha)(1-\gamma)} \cdot \frac{\ln(4/\tau) + |\pi|\ln(KD|A||Z|)}{\alpha K}$$

$$(5-20)$$

和策略概率不小于 $1-\tau$，式中 $\hat{V}_\pi(b_0)$ 是节点初始信念 b_0 中采样的任意 K 种情节集合下策略 π 的估计值。

式(5-20)右边的第二项考虑了估计策略 π 值时的外加误差。常数 α 可用来协调边界的宽度。式(5-20)右边第一项当选取较小 α 时，式(5-20)右边值较好地接近 $V_\pi(b_0)$，但增加式(5-20)右边第二项的外加误差。

定理二：设 π^* 为初始信念状态 b_0 时的最优策略，π 为来自初始信念状态 b_0 时由采样 K 组情节建立深度为 D 的 DESPOT 的策略。对于任意 τ, $\alpha \in (0, 1)$，如果源于 DESPOT 中的某策略 π 满足最大化

$$\frac{1-\alpha}{1+\alpha}\hat{V}_\pi(b_0) - b\tau \frac{R_{\max}}{(1+\alpha)(1-\gamma)} \frac{|\pi|\ln(KD|A||Z|)}{\alpha K}$$

$$(5-21)$$

则 $V_\pi(b_0) \geq \frac{1-\alpha}{1+\alpha}V_{\pi^*}(b_0) - \frac{R_{\max}}{(1+\alpha)(1-\gamma)}\left(\frac{\ln(8/\tau) + |\pi^*|\ln(KD|A||Z|)}{\alpha K}\right)$ 满足的概率不小于 $1-\tau$。

定理二表明如果小的最优策略树 π^* 存在，通过最大化式(5-21)能较高概率搜索到近似最优策略。

现在我们在上述两定理的基础上说明 R-DESPOT 的建立。它的建立主要分为两步完成，第一步使用 K 组采样情节建立深度为 D 的 DESPOT T；第二步自底向下执行动态规划以搜索最大化式(5-21)的策略树。

对于给定的源自 DESPOT T 的策略树 π，我们为策略树中节点 b 定义正则权重折扣效用：

$$\nu(b) = \frac{|\Phi_b|}{K}\gamma^{\Delta(b)}\hat{V}_{\pi_b}(b) - \lambda_c|\pi_b|$$

$$(5-22)$$

式中：γ 为折扣因子，$\Delta(b)$ 为策略树 π 中节点 b 的深度，π_b 为 π 中根节点为 b 的子策略树，λ_c 为常数。

我们可以基于动态规划方法最大化 $\nu(b)$ 递归搜索 R-DESPOT T 的最优策

略值。如果节点 b 为叶子节点，则 $\nu^*(b) = \dfrac{|\Phi_b|}{K}\gamma^{\Delta(b)}\hat{V}_{\pi_0}(b_0) - \lambda_c$，$\pi_0$ 为默认策略，否则

$$\nu^*(b) = \max\left\{\frac{|\Phi_b|}{K}\gamma^{\Delta(b)}\hat{V}_{\pi_0}(b_0) - \lambda_c,\ \max_a\Big\{\hat{R}(b,a) + \sum_{b' \in CH(b,a)}\nu^*(b')\Big\}\right\}$$

$$(5-23)$$

式中：$CH(b,a)$ 为分支行动下 b 的子节点集合。

5.3.2 前向启发式搜索法建立

为了进一步提高在线规划求解 POMDP 大规模问题的性能，我们应用启发式搜索和分支定界删除部分分支的方法来发现 DESPOT 中最有前景的部分分支，然后以最大化定理二中正则效用为目标搜索前面经剪枝而建立部分 DESPOT 的策略。下面就 Anytime R-DESPOT（简称 AR-DESPOT）建立的具体过程进行探讨。首先，T 仅包含根节点及其根节点初始信念状态 b_0 和 b_0 下采样情节集合 Φ_{b_0}。然后进行系列试验，每次试验通过跟踪顺沿 T 的根节点到叶子节点的路不断增加新的节点以扩张 T。对于每个 T 中的信念节点 b，我们需维护 $V_{\pi^*}(b)$ 的上界 $U(b)$ 和下界 $L(b)$。类似地，维护 $Q_{\pi^*}(b,a)$ 的上界 $U(b,a)$ 和下界 $L(b,a)$，其中

$$Q_{\pi^*}(b,a) = \frac{1}{\Phi_b}\sum_{\varphi \in \Phi_b} R(s_\varphi, a) + \gamma\sum_{b' \in CH(b,a)}\frac{|\Phi_{b'}|}{|\Phi_b|}\hat{V}_{\pi^*}(b')。$$

试验从树 T 根节点开始，每步选择最优行动分支 a^* 以最大化当前信念节点 b 下的 $U(b,a)$。随后选择最优观察分支 z^* 以最大化子节点 $b' = \tau(b,a^*,z)$ 的权重过盈不确定度（weighted excess uncertainty，简称 WEU）：

$$\text{WEU}(b') = \frac{|\Phi_{b'}|}{|\Phi_b|}\text{excess}(b') \tag{5-24}$$

式中：$\text{excess}(b') = U(b') - L(b') - \kappa\gamma^{-\Delta(b')}$[19]，$\kappa$ 为初始信念根节点 b_0 处的上界和下界期望差距常数。$\Delta(b')$ 为策略树 π 中信念 b 的深度。如当选择的节点 $\tau(b,a^*,z^*)$ 得到负数过盈不确定度，试验终止，否则，试验继续直到搜索到树 T 的叶子节点。然后展开叶子节点 b 的更深一层，将加入新的信念节点作为节点 b 的子节点。最后，顺沿路追踪到根节点并执行每个节点的上界和下界的存

储。下界 $L(b,a)$ 表示公式为：

$$L(b) = \max\left\{\frac{1}{\Phi_b}\sum_{\varphi\in\Phi_b} R(s_\varphi, a) + \gamma \sum_{\substack{z\in Z_{b,a}\\ a\in A}} \frac{|\Phi_{\tau(b,a,z)}|}{\Phi_b} L[\tau(b,a,z)]\right\}$$

$$(5-25)$$

式中：$Z_{b,a}$ 为在信念状态 b 的采样情节集合 Φ_b 下执行行动 a 后反馈的观察集合。上界保持不变。

因此，根据上述内容可将 AR-DESPOT 算法归纳如下：

Step 1：设定初始信念状态 b_0；

Step 2：建立确定性的稀疏部分可观察树，即 $T\leftarrow$BuildDESPOT(b_0)；

Step 3：利用式(5-23)求解树 T 的最优策略 π^*；

Step 4：执行策略 π^* 的第一个行动 a；

Step 5：获取观察变量 z；

Step 6：更新信念，即 $b_0\leftarrow\tau(b_0, a, z)$。

AR-DESPOT 算法中的 Step 2 的建立确定性的稀疏部分可观察树算法，即 BuildDESPOT(b_0)，具体描述如下：

Step 1：为信念 b_0 采样 K 组情节建立集合 Φ_{b_0}；

Step 2：将 b_0 插入树 T 作为根节点；

Step 3：运行试验程序，即 $b\leftarrow$RunTRIAL(b, T)；

Step 4：备份存储从 b 到 b_0 路上所有节点的上界和下界，允许时间终止条件满足则输出树 T，否则转到 Step 3。

上述算法中的运行试验算法，即 RunTRIAL(b, T)，具体描述如下

Step 1：如果 $\Delta(b)>D$，则返回 b；

Step 2：如果 b 为叶子节点，则向更深一层展开 b 且将所有新的节点作为 b 的子节点插入树 T；

Step 3：获得最优行动 $a^*\leftarrow\underset{a\in A}{\arg\max}\, U(b,a)$；

Step 4：获得最佳观察 $z^*\leftarrow\underset{z\in Z_{b,a^*}}{\arg\max}\,\text{WEU}[\tau(b,a^*,z)]$；

Step 5：获得信念 $b\leftarrow\tau(b,a^*,z^*)$；

Step 6：如果 $\text{WEU}(b)\geq 0$，继续运行试验，否则终点条件满足，输出 b。

由于公交车辆在服务线路上运行过程受到道路环境等外部因素干扰

（external disturbance），公交系统的原来估计设定的状态转移概率和实际状态转移概率存在某种偏差，如果静态地仅根据站点 k 处输出的最优控制策略支撑未来公交控制系统的长期运行可能会导致公交系统性能变坏甚至是系统失稳。因此，外部干扰和模型失配的影响表明我们在站点 k 处采取的控制策略作用于系统，在下一个站点或未来某个站点，需根据道路运行环境不确定性重新调整或估计公交实时控制 POMDP 模型中的状态转移概率和观察概率等系统参数并求解优化问题。也就是说我们不能将求解问题得到最优控制序列全部作用于系统，而是将每个采样时刻的优化解第一个分量作用于系统。因此，公交车辆在运行过程中实时控制问题是滚动优化的多阶段序贯决策问题。值得说明的是，本章探讨的滚动优化的滚动步长在实际运用中可根据道路运行环境合理选取。

　　因此，本章研究的公交实时控制算法与通常的离散最优控制不同，公交车辆运行控制不是采用一个不变的全局优化目标，而是采用时间向前滚动式有限时域优化策略。这意味着优化过程不是一次离线进行的，而是反复在线进行的[256]。

5.4　仿真实验

5.4.1　POMDP 模型中数据说明

1. POMDP 模型中状态

　　根据 5.2.2 小节定义，POMDP 模型中状态是对前向车头时距离散化得到的。前向车头时距数据的来源是以 Hickman 描述的公交系统实例为背景的[257]（公交系统具体参数见 5.4.2 小节），其运用蒙特卡罗法随机产生不受控条件下的公交系统运行数据，然后统计分析所有车辆在各站点车头时距，结果显示约 95% 车头时距属于区间 $[0.15H, 1.45H]$。根据前面公式 $\varphi H(\min) \geqslant T_{\mathrm{holding}}(\mathrm{s})/60$ 和参数 $T_{\mathrm{holding}}=30$ s 设定 $\varphi=0.1$。由此，连续的车头时距变量划分成 15 个离散的子区间，见表 5-2。

表 5-2　车头时距离散化后划分

状态序号	$h_{i,k}$ 变量划分区间	状态序号	状态的含义
1	$0 \leq h_{i,k} \leq 0.15H$	9	$0.85H < h_{i,k} \leq 0.95H$
2	$0.15H < h_{i,k} \leq 0.25H$	10	$0.95H < h_{i,k} \leq 1.05H$
3	$0.25H < h_{i,k} \leq 0.35H$	11	$1.05H < h_{i,k} \leq 1.15H$
4	$0.35H < h_{i,k} \leq 0.45H$	12	$1.15H < h_{i,k} \leq 1.25H$
5	$0.45H < h_{i,k} \leq 0.55H$	13	$1.25H < h_{i,k} \leq 1.35H$
6	$0.55H < h_{i,k} \leq 0.65H$	14	$1.35H < h_{i,k} \leq 1.45H$
7	$0.65H < h_{i,k} \leq 0.75H$	15	$1.45H < h_{i,k}$
8	$0.75H < h_{i,k} \leq 0.85H$		

2. 驻站行动

本章仿真实例中设驻站单位时间 $T_{holding} = 30 \text{ s}$，$\theta \in \{0, 1, 2, 3\}$，当 $\theta = 0$ 表示不进行驻站，即公交车完成乘客上下后直接驶出站点；$\theta = 1$ 表示车辆在该站点完成乘客上下后延时 30 s 后驶出站点。驻站单位时间应设计为离散值且 $T_{holding} = 30 \text{ s}$ 是考虑到低于 30 s 在公交调度控制实践中是不切实际的，因为公交车辆智能体在与其他智能体在采集实时数据和进行实时决策的通信需耗费一定时间。限制上车乘客数量当且仅当 $\theta = 0$ 时组合执行，在仿真实验中设定限制上车乘客比例为 $w = 0.25$。

3. 状态转移概率和观察函数

前面已经阐述了状态转移概率和观察函数在调度控制模型中的计算方法，由于本部分不是研究的重点，在仿真实验中我们采取蒙特卡罗方法给出具体转移概率和观察函数的矩阵。

5.4.2　仿真实验背景及数据说明

实验仿真过程运用了基于事件驱动和蒙特卡罗随机仿真方法。当公交车辆到达站点，驻站控制事件即被触发。公交车辆运行系统采集的道路车辆密度，站点乘客数量、公交车辆载客数量等输入观察变量，公交车辆位置信息（站点或路段）在每次事件触发中得到更新。POMDP 模型仿真系统中保存着包括状态、立即收益函数、状态转移概率和观察函数等模型数据。公交车辆运行仿真系统将观察变量输入 POMDP 模型仿真系统，然后 POMDP 模型仿真系统将输入的实时数据和自己已有的存档数据形成 POMDP 或 POMDPX 格式数据文件，并输入 AR-DESPOT 求解器，求解器经过在线规划求解，输出实时驻站控制行动并作用站点处停靠的公交车辆，如此重复，一边在线规划，一边在线执行。具体仿真实验中系统之间的数据交互关系如图 5-5 所示。本章实验中，我们计算运用 5.3 小节描述的 Anytime 正则确定性的稀疏部分可观察树（AR-DESPOT）的在线 POMDP 规划算法，仿真实验中算法程序是以新加坡国立大学计算机科学系开发的近似 POMDP 规划工具箱（approximate POMDP planning software）为基础开发的[255, 258, 259]。

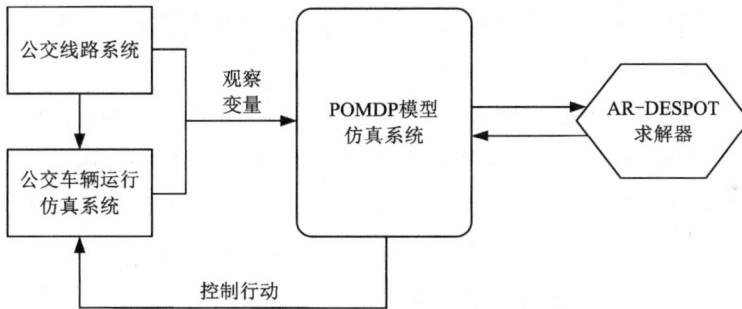

图 5-5　仿真系统与 POMDP 模型及求解器之间交互关系

为了使得验证模型和算法仿真实验的数据具有合理性，公交系统仿真数据主要参考了 Hickman 描述的公交算例[257]。算例中描述的线路有 10 个停靠站点，每个站点乘客到达满足平均到达率 λ_k 的泊松分布，公交车辆在任意站间运行时间 c_k 满足对数正太分布。表 5-3 给出了该分布中具体期望和方差参数，以及每个下车乘客比例系数 p_k 等参数在仿真实验中的具体取值。

表5-3 仿真实验中公交系统参数

站点	乘客到达率 λ_k /(pax/min)	到站乘客下车比例 p_k	乘客平均候车时间 $E(c_k)$ /min	方差 $Var[c_k]$
1	0.75	0.0	—	—
2	1.5	0.0	5.0	0.8
3	0.75	0.1	5.0	0.2
4	3.0	0.25	5.0	1.0
5	1.5	0.25	5.0	0.4
6	1.0	0.5	5.0	0.4
7	0.75	0.5	5.0	0.4
8	0.5	0.1	5.0	0.1
9	0.0	0.75	5.0	0.6
10	0.0	1.0	5.0	0.6

本实验仿真高频公交服务线路，高峰小时发车间隔为 $H=6$ min。乘客在站点上下车单位时间分别为 $t_a=3$ s，$t_b=1.8$ s。

仿真实验情景考虑来自两个方面的运行条件：（1）站点乘客到达强度；（2）公交车在站间运行时间。我们以表5-3中的两个运行条件为基础交叉上述两种运行条件形成如表5-4所示的四种情景（scenario），以此来测试评估和比较本章提出的驻站控制方法。需要说明的是，λ_k 为较低强度乘客需求，$1.5\lambda_k$ 则为较高强度乘客需求；$Var[c_k]$ 表明公交车的站间运行时间波动范围较大，$Var[c_k]/2$ 则表示公交车的站间运行时间波动范围较小。

表5-4 仿真实验中四种情景

情景	站点处乘客到达率	站间运行时间
1	λ_k	$Var[c_k]/2$
2	λ_k	$Var[c_k]$
3	$1.5\lambda_k$	$Var[c_k]/2$
4	$1.5\lambda_k$	$Var[c_k]$

为了分析本章提出的驻站策略控制效果，本章中对比分析如下三种控制策略：

（1）无控制策略（no-control，简写为 No-C）。即公交车辆到达站点完成乘客上下车服务后立即驶出车站，不实施驻站控制策略。在仿真平台上，车辆智能体与优化控制模块不进行交互；

（2）基于车头时距的阈值控制策略（threshold-holding，简写为 Threshold-H）[252]。控制车辆到达途中任意站点时感知的前向车头时距低于设定的阈值时，即满足 $h_{i,k} \leqslant cH_0$，则实施驻站控制策略；否则不实施驻站控制。本章阈值驻站控制强度参数为 $c = 0.8$，驻站时间为常量。该驻站策略具体描述可参见文献[252]；

（3）本章提出的基于 POMDP 公交驻站控制策略（简写为 POMDP-H）。

值得说明的是第二种基于车头时距的阈值控制策略是假设状态已知的，而本章提出的模型的状态局部是可观察的。

5.4.3　仿真实验结果及分析

三种控制策略在四种情景下仿真运行 100 运营趟次，我们选取了车头时距变异系数、乘客平均候车时间、运行时间、串车比例、大间隔比例和车头时距偏差幅度指标作为评价控制策略的性能指标。

（1）车头时距变异系数是车头时距的标准差和其期望的比值，如本章中式（5-1）所示；

（2）乘客平均候车时间计算方法如第 4 章中式（4-1）所示；

（3）运行时间（或行程时间）T_o 为时刻表上公交单元（TU）从起点站出发到终点站的时间，运行时间是所有车站的站间区间 i 行程时间的总和，计算公式为

$$T_o = \sum_i T_{si} = \sum_i (t_{ri} + t_{si}) \tag{5-26}$$

式中：T_{si} 为某站间区间行程时间，t_{ri} 为某站间行驶时间，t_{si} 为某站点停站时间[260]；

（4）串车比例 F_B，具体计算公式如下：

$$F_B = \frac{N_{0.5}}{N_H} \tag{5-27}$$

式中：$N_{0.5}$ 为小于 0.5 倍平均车头时距的实际车头时距的数目，N_H 为总的样本数；

（5）大间隔比例 F_G

$$F_G = \frac{N_{1.5}}{N_H} \qquad (5-28)$$

式中：$N_{1.5}$ 为大于 1.5 倍平均车头时距的实际车头时距的数目；

（6）车头时距偏差幅度指标（width index），计算公式为

$$WI = \frac{F^{-1}(0.95) - F^{-1}(0.05)}{\overline{H}} \qquad (5-29)$$

式中：$F^{-1}(p)$ 为 p 分位累计分布反函数（该分位下的车头时距值），该公式具体解释详见文献[261]。

1. 车头时距统计结果分析

表 5-5 和表 5-6 分别给出三种控制策略在四种情景下控制性能指标统计数据。本章提出的基于 POMDP 的驻站控制策略与第二种基于静态的车头时距阈值的控制策略在车头时距变异系数指标上进行对比，四种情景下均降低 30% 左右，这说明本书提出的控制策略在状态不可知的情况下依赖公交车辆的观察在动态环境中进行序贯决策是有效率的，它能较好均衡公交车辆在线路上的运行间隔，从而保证公交车辆的运行秩序和提高公交服务可靠性。

表 5-5　三种控制策略应用于 Scenario 1 和 Scenario 2 下控制性能指标

	Scenario 1			Scenario 2		
	No-C	Threshold-H	POMDP-H	No-C	Threshold-H	POMDP-H
车头时距变异系数	0.3385	0.2562	0.1599	0.4199	0.3586	0.2336
%/（减少）	—	−24.31	−52.76	—	−14.60	−44.36
乘客平均候车时间/min	3.4208	3.2118	3.1036	3.6314	3.4423	3.1860
%/（减少）	—	−6.11	−9.27	—	−5.21	−12.26
运行时间/min	48.948	49.228	49.301	49.092	49.834	50.154
%/（增加）	—	0.57	0.72	—	1.51	2.17
串车比例	3.11	0.67	0.00	8.67	4.00	0.22
大间隔比例	9.44	4.11	1.44	14.56	8.78	6.78
车头时距偏差幅度指标	1.2586	0.8500	0.6169	1.5379	1.3177	0.9725
%/（减少）	—	−32.46	50.98	—	14.32	36.76

表 5-6　三种控制策略应用于 Scenario 3 和 Scenario 4 下控制性能指标

	Scenario 3			Scenario 4		
	No-C	Threshold-H	POMDP-H	No-C	Threshold-H	POMDP-H
车头时距变异系数	0.3642	0.3067	0.1983	0.4901	0.3946	0.2644
%/(减少)	—	−15.78	−45.53	—	−19.50	−46.05
乘客平均候车时间/min	3.5098	3.3438	3.1322	3.8748	3.5346	3.2594
%/(减少)	—	−4.73	−10.76	—	−8.78	−15.88
运行时间/min	50.565	51.255	52.110	50.750	51.464	52.361
%/(增加)	—	1.37	3.06	—	1.41	3.17
串车比例	6.56	2.56	0.00	12.11	6.67	0.22
大间隔比例	11.33	7.56	2.78	15.56	10.56	7.33
车头时距偏差幅度指标	1.4753	1.0533	0.6487	1.9474	1.5299	0.9894
%/(减少)	—	28.60	56.03	—	21.44	49.19

车头时距偏差的演化过程在宏观上表明控制策略对于降低车头时距变异系数的效果,图 5-6、图 5-7、图 5-8、图 5-9 分别为四种情景下三种控制策略动态控制效果。图 5-6(a)、图 5-7(a)、图 5-8(a)、图 5-9(a)均可看出随着公交车辆远离起点站,车头时距偏差呈现逐渐放大的趋势,尤其是乘客需求和站间运行时间两种随机因素叠加的影响,该指标发散的幅度扩大趋势愈加明显。从图 5-6(b)、图 5-7(b)、图 5-8(b)、图 5-9(b)可以看到当采取 Threshold 控制后,车头时距偏差变化幅度有一定的缩减且车头时距变异系数有一定的下降,但均不能完全阻止车头时距偏差随运行过程放大的整体趋势。同时,对比图 5-7(b)、图 5-8(b)车头时距偏差控制效果表明第二种控制策略在应对和缓解乘客需求随机因素的影响要比在站间运行时间因素上稍好。图 5-6(c)、图 5-7(c)、图 5-8(c)、图 5-9(c)表明本章提出的实时控制方法有效预防了车头时距偏差的进一步传播和扩大,对偏差的放大趋势有显著的抑制作用,使得全线车头时距的负偏差绝大部分控制在 2.5 min 以内,全线车头时距的正偏差大部分控制在 4 min 以内。POMDP-H 在四种情况下均较显著缩小车头时距偏差幅度(车头时距的波动范围),与 No-C 相比,车头时距偏差幅度指标在四

种情况下分别缩小 50.98%，36.76%，56.03% 和 49.19%；与 Threshold-H 相比，车头时距偏差幅度指标在四种情况下分别缩小 18.52%，22.45%，27.42% 和 27.76%。以第四种情况的参数水平为例，车头时距偏差幅度指标从 1.9474 下降到 0.9894，图 5-10 表示的三种控制条件下的车头时距偏差累计概率分布函数也进一步说明了 POMDP-H 在减少车头时距的波动范围的效果。

2. 站点处乘客平均候车时间和运行时间

如表 5-5 和表 5-6 所示，本章提出的控制策略较为显著地降低了全线各站点处乘客平均候车时间，较第二种控制策略在四种情景下分别降低了 3.16%，7.05%，6.03%，7%，随着两种随机因素影响的加剧，控制性能仍然保持在一个稳定的水平。驻站控制策略存在实施过程中增加车上乘客等待时间的问题，在四种情景中较无控制情况下仅增加了约 3% 的车上乘客等待时间。换言之，驻站控制策略是以增加小部分公交车上乘客的等待时间为代价以换取全线所有站点乘客平均等待时间的降低。

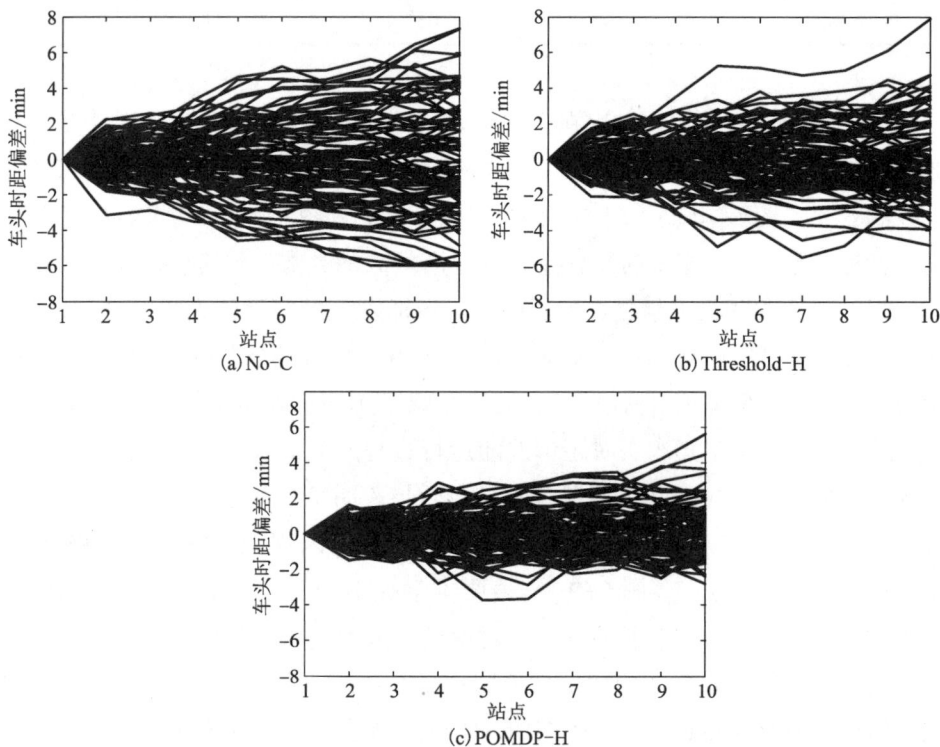

图 5-6　Scenario 1 下三种控制策略车头时距偏差控制效果图

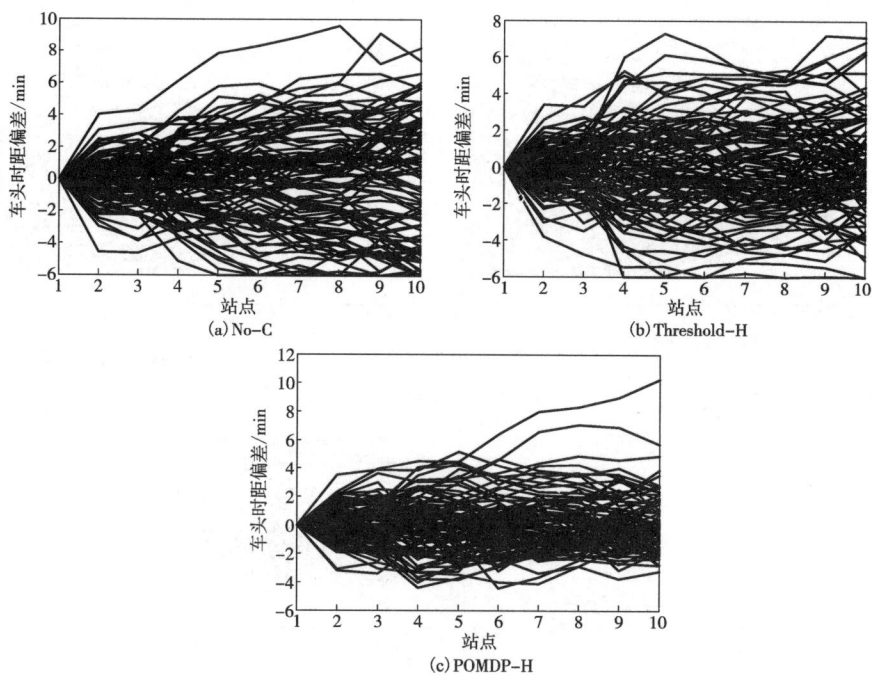

图 5-7　Scenario 2 下三种控制策略车头时距偏差控制效果图

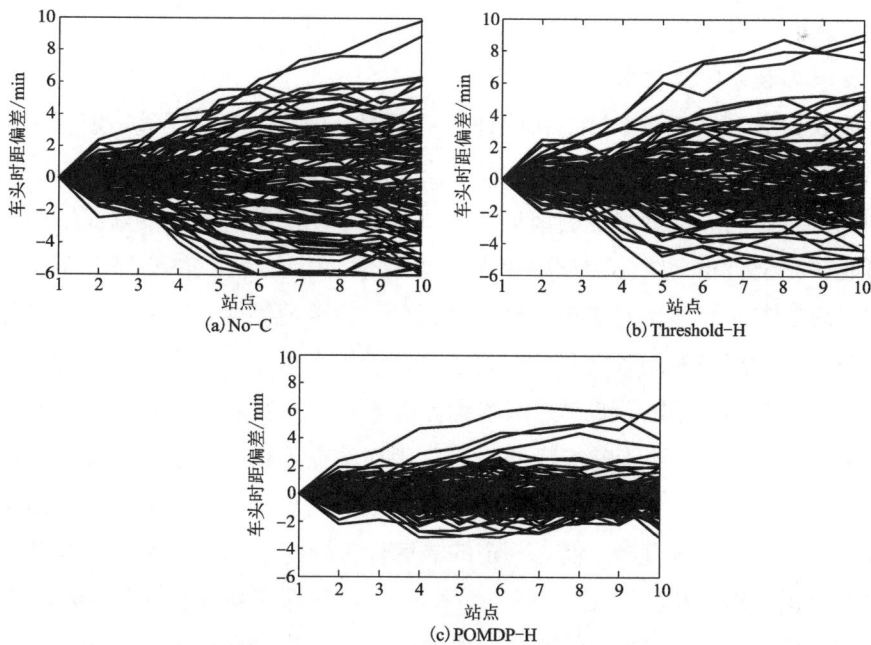

图 5-8　Scenario 3 下三种控制策略车头时距偏差控制效果图

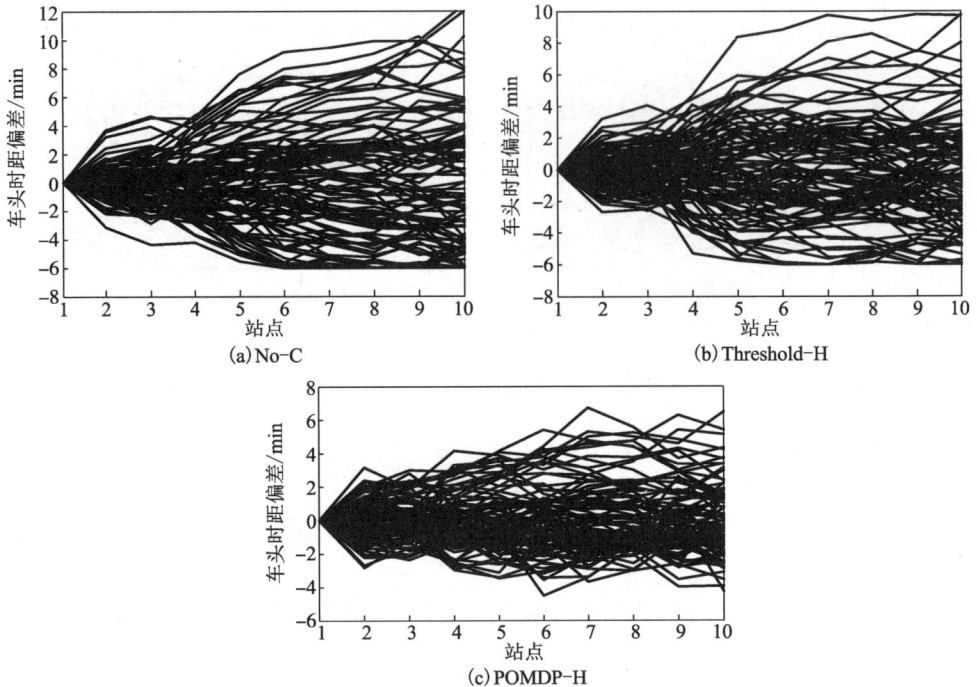

图 5-9　Scenario 4 下三种控制策略车头时距偏差控制效果图

3. 串车和大间隔现象

如表 5-5 和表 5-6 所示,在四种情景下第二种控制策略能够一定程度缓解全线公交车辆串车问题,使其降低到无控制情形时的 50% 水平,而对于防止大间隔现象方面能降低到无控制情形的 35% 左右;在四种情景下本章提出的控制策略能够完全防止全线公交车辆串车现象发生,均控制在 1% 以下,而在防止大间隔现象方面性能稍好于第二种控制策略。主要原因来自三个方面:①静态的车头时距的阈值控制和驻站控制是主动调整串车现象中的负偏差,而不能主动调整大间隔现象中的正偏差;②本章提出的驻站控制方法中结合了限制一定比例乘客上车策略,该策略能降低公交车辆在站点停留时间,一定程度上能缓解大间隔问题;③串车和大间隔两种不可靠服务现象是相互联系的,预防串车现象能够防止大间隔现象,但有一定的滞后性。同时串车比例和大间隔比例统计数据分析也进一步验证图 5-6(c)、图 5-7(c)、图 5-8(c)、图 5-9(c)车头时距偏差控制效果,即车头时距负偏差幅度较窄,而正偏差幅度比较宽。

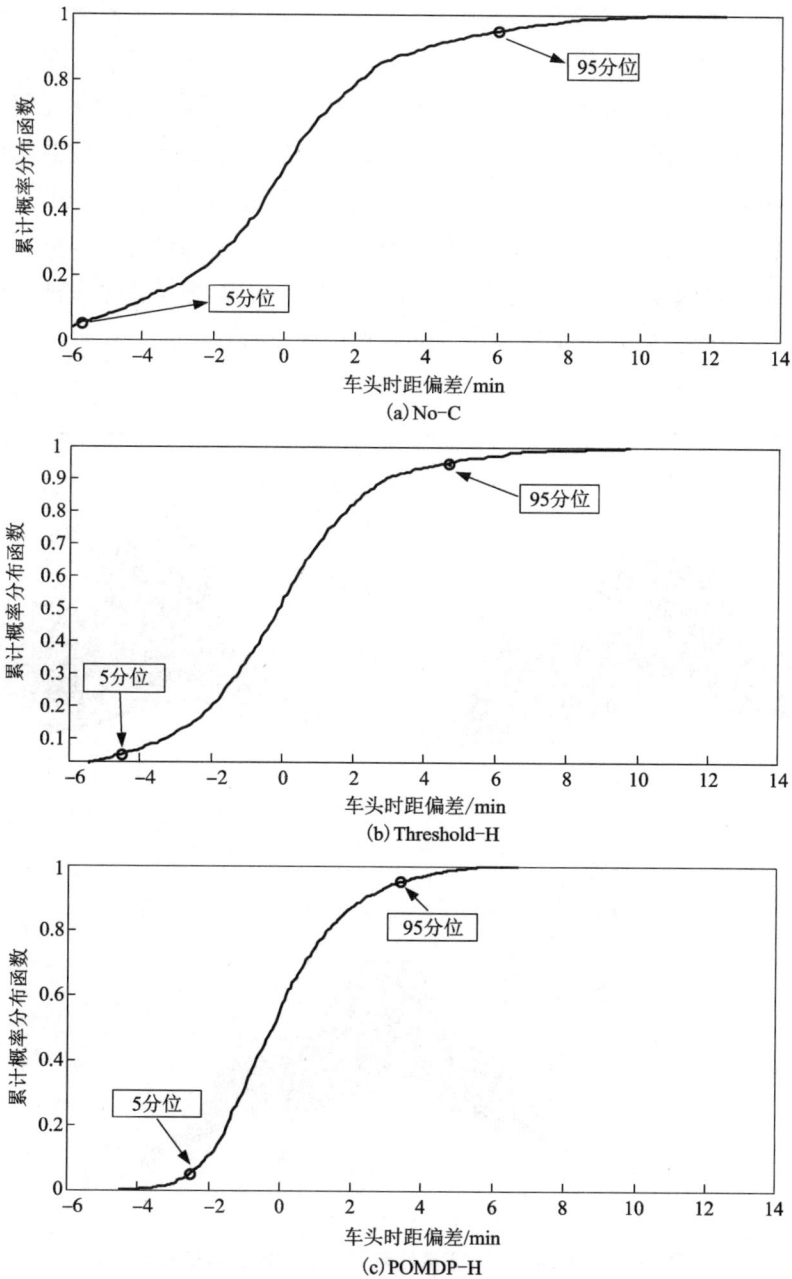

(a) No-C

(b) Threshold-H

(c) POMDP-H

图 5-10　Scenario 4 下车头时距偏差累计概率分布图

4.乘客装载量和运行时间分布

图5-11和图5-12在情形4中比较了三种控制策略下乘客装载量和运行时间分布。图5-11(a)显示公交车辆乘客装载量波动范围较大,存在一定比例的过度拥挤和过度空载情况;图5-11(b)表明第二种控制策略较大缓解了公交车辆的过度拥挤情况;图5-11(c)表明本章提出的驻站控制策略较前两种控制策略能很好地均衡全线车辆的载客量,从而提高了乘客的舒适性。图5-12表明本章提出的驻站控制策略较前两种控制策略能小幅度降低全线公交车辆的运行时间的标准差(Std. Dev),这也验证了驻站控制策略虽然增加车辆在全线的运行时间,但能有效减少全线各站点乘客平均候车时间。

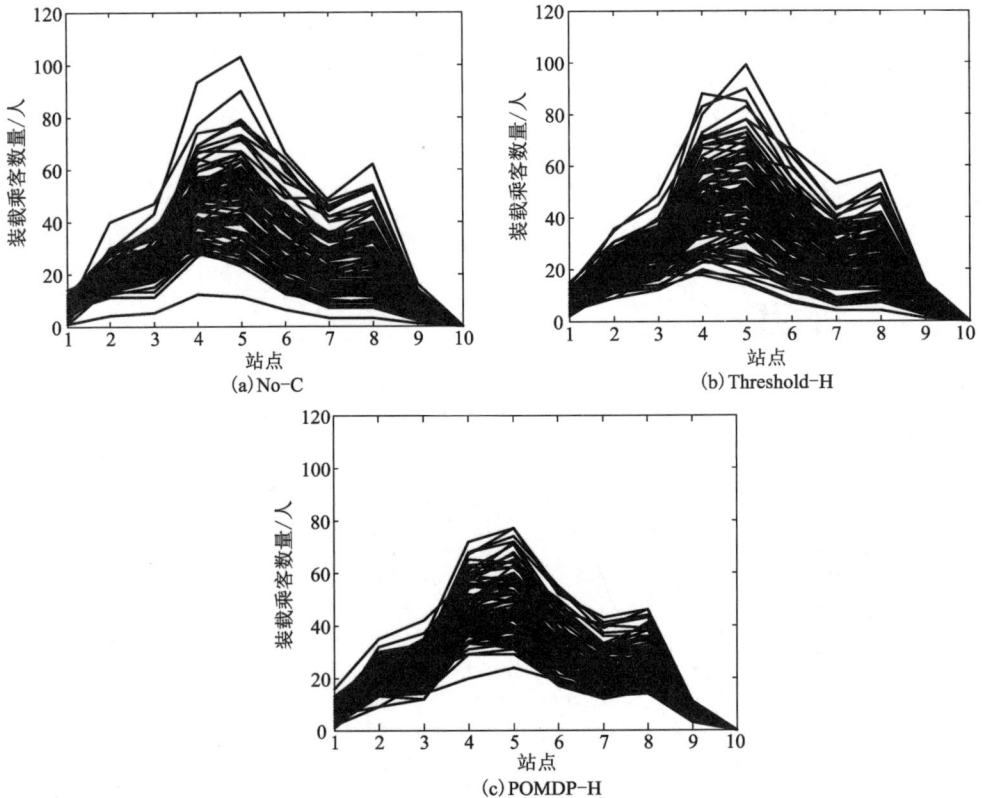

(a)No-C

(b)Threshold-H

(c)POMDP-H

图5-11　Scenario 4下各站点处公交车辆装载乘客数量

(a) No-C

(b) Threshold-H

(c) POMDP-H

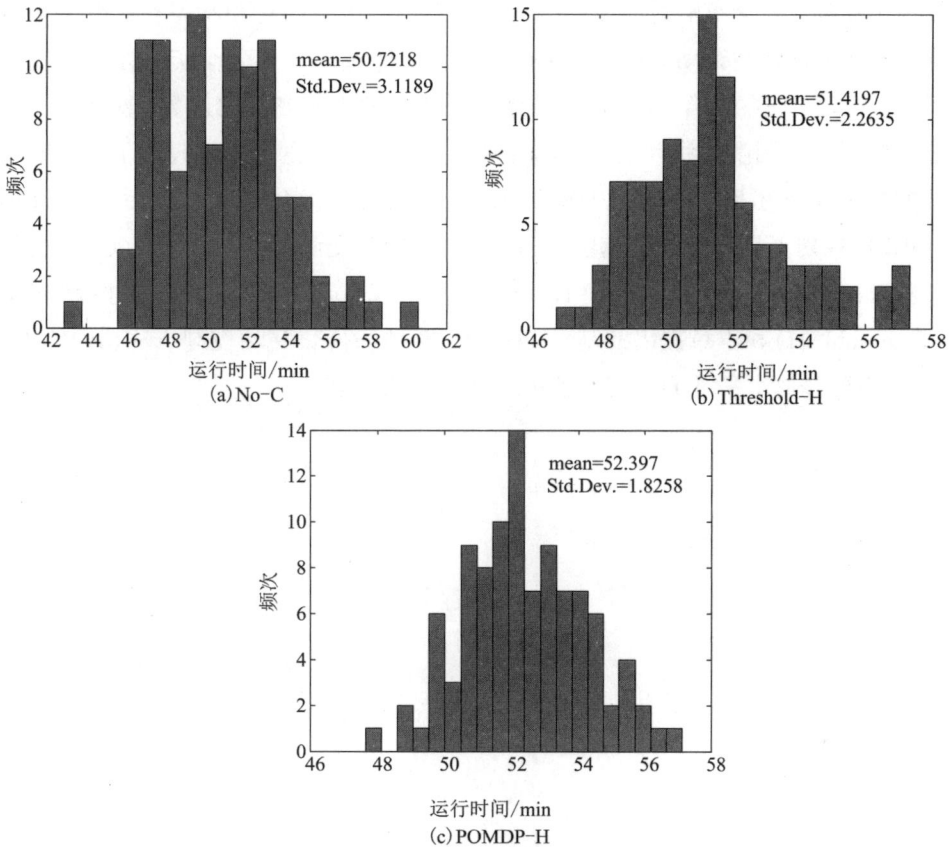

图 5-12　Scenario 4 下运行时间分布

5.5　本章小结

　　本章我们研究了基于 MAS 建模的自组织多智能体公交系统中公交车辆智能体相互独立且不能感知完全状态时的城市常规公交实时控制问题。我们在利用 POMDP 模型解决该问题上进行了有益的探讨，模型中考虑驻站和限制部分乘客上车辅助策略的组合控制方法。当公交车辆智能体不能感知完全状态时可对应公交实时调度控制实践过程中一些实际情况，如获取状态信息过程时与智能体交互通信中断或出现故障，此时我们可将它视为独立智能体，POMDP 模型为独立智能体组成的自组织多智能体系统的公交实时控制与决策问题的建模提供了途径，公交车辆智能体根据自身已存档的历史信息和状态转移概率等数据，滚动优化驻站行动。基于 POMDP 模型设计城市常规公交实时控制问题的状态、行动、观察集合、立即收益函数、状态转移概率和观察函数、初始信念状态。根据公交调度控制问题的实时性要求和采集数据的动态性设计了基于确定性的稀疏部分可观察树的 POMDP 在线规划滚动优化算法，最后基于近似 POMDP 规划工具箱设计了基于 POMDP 模型的公交调度控制的仿真实验，仿真实验对比分析了无控制方法（No-C）、基于车头时距阈值的驻站控制方法（Threshold-H）和本章提出的基于 POMDP 模型的公交驻站控制方法（POMDP-H）在四种参数水平下的公交服务可靠性评价指标。

第 6 章

基于模糊逻辑的公交实时驻站和调速组合控制模型研究

6.1 引言

随着先进的信息技术和自动控制理论及方法在城市常规公交调度控制中的广泛应用，公交运营管理研究中可测量过程的建模及大数据平台逐步搭建，这使得公交动态信息采集条件日趋成熟。然而，要达到公交实时动态调度控制决策的目的，仅仅依靠结构化的模型及算法的优化是不够的，因为影响城市常规公交调度控制的因素繁多，随机性和模糊性是研究公交实时调度控制的难点，因此考虑运用模糊数学的相关理论来探寻公交实时调度控制方法。在公交运营人员或公交调度控制专家启发的、不能精确表示的经验知识的支持下，通过建立相应模糊控制规则形成知识库并封装到公交车辆智能体中，这些公交车辆智能体通过交互、推理输出控制变量以实现自适应控制。

另一方面，近几年来，学者在研究过程逐步意识到单个公交调度控制策略的局限性，例如最常用的驻站策略延长了控制车辆上乘客的行程时间，越站调度虽然可减少下游站点乘客候车时间和车内乘客的出行时间，但这可能增加了被越过站点上乘客的候车时间和本应在被越站地点下车的乘客由于越站而提前下车并等待下一公交车所带来的额外成本。因此，学者开始研究将具有互补性的单策略形成组合策略，如驻站和越站[122, 253, 262]，驻站和限制站点处部分乘客上车（boarding limit）[16, 112]，短时掉头和放车调度[263]，驻站和调速[114, 115, 129]。本章基于模糊逻辑理论研究站间调速和站点处驻站组合控制模型。

6.2 基于模糊逻辑的实时驻站和调速的组合控制模型

本章从乘客视角将高频公交服务的可靠性描述为公交车辆在运行过程中到达各站点的车头时距的一致性。在此基础上，Welding 给出了在乘客随机到达的假设条件下单线路乘客平均等待时间模型[30]。该模型的优化一直被认为是高频公交调度研究的关键，具体计算见第 4 章中式(4-1)。

因此本章提出的单线路公交实时控制问题可概述为：智能公交环境下，每辆公交车嵌入模糊控制器，通过智慧公交技术环境下的 AVL 技术、APC 技术等设备自动采集公交车辆实时位置和行驶速度等实时数据，将上述数据输入模糊控制器并输出控制动作，动态控制公交车辆离站时刻和站间运行速度，以优化控制车辆与其前后车辆的行车间隔为目标，实现全线运行车辆车头时距变异系数最小化的优化问题。本章研究的实时控制策略为站间调速控制和站点驻站控制的组合策略，该优化问题求解是通过公交车辆嵌入的模糊控制器提供，因此本章讨论的基于模糊逻辑理论的公交实时调度控制系统含有驻站和调速两个模糊控制器，它的结构如图 3-10 所示。

为了研究的简便性和突出公交实时调度控制本质，本章作如下基本假设：

(1)排除突发事件所引起的服务不可靠性，重点关注日常的公交运行和常发性的系统内部因素和外部环境的扰动。

(2)公交车辆运行顺序不发生变化，即不存在超车现象。

(3)有公交专用道，公交车辆的区间行驶平均速度取低、中、高三个等级，分别由 $\bar{v}_0$、$\bar{v}_1$、$\bar{v}_2$ 表示。该假设目的是为调速控制提供保证，快速公交线路(BRT)具有相同的意义。

(4)站点间的运行时间服从对数正态分布。

为了建立合理的模糊推理规则，需根据实际调研和理论分析先获取并提炼基于公交调度专家的经验知识的控制规则。根据多个公交运营控制中心实地调研，公交调度研究的专家交流以及相关文献研究，选取公交车辆中心偏移位置、与前车的相对速度和瞬时速度三个参数作为公交系统实时调度模糊控制器的输入变量，系统的输出为实时的控制策略。

车辆自主决策过程可称为事件，记为 ℓ，触发自主控制事件的公交车辆需获取其前后公交车的实时运行位置，根据建模需要给出输入变量 $e_i(\ell)$，用于描述控制车辆与前车后车中心位置的距离偏差变量。具体公式如下：

$$e_i(\ell) = s_i(\ell) - \left[\frac{s_{i-1}(\ell) + s_{i+1}(\ell)}{2}\right], \quad 0 \leq s_i(\ell),\ s_{i-1}(\ell),\ s_{i+1}(\ell) \leq L \quad (6-1)$$

式中：$s_{i-1}(\ell)$，$s_i(\ell)$，$s_{i+1}(\ell)$ 分别为前车、控制车辆和后车在事件触发时的实时空间位置。上述三个参数关系如图 6-1 所示。

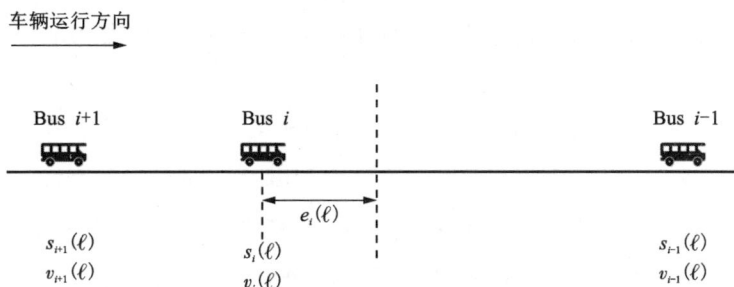

图 6-1　连续三辆公交车辆相对位置关系

$d_i(\ell)$ 表示控制车辆与前车和后车相对速度之和的变量值，计算公式为

$$d_i(\ell) = v_{\text{rel}}^{\text{p}} + v_{\text{rel}}^{\text{r}},\quad v_{\text{rel}}^{\text{p}} = v_i - v_{i-1},\quad v_{\text{rel}}^{\text{r}} = v_i - v_{i+1} \quad (6-2)$$

式中：$v_{\text{rel}}^{\text{p}}$ 为控制车辆 i 与前车 $i-1$ 的相对速度，$v_{\text{rel}}^{\text{r}}$ 为控制车辆 i 与后车 $i+1$ 的相对速度。

本章重点关注的公交服务系统的实时控制策略有两种：一种是驻站，是指当公交车辆超前与前车的时间间隔时，增长停留时间而延缓其在该站离站时间的调度控制方法；另一种是调速，是指基于运行车辆运行安全的前提通过改变车辆在区间平均行驶速度等级实时调整控制车辆与前车后车的间隔距离[264, 265]。

站点处驻站时间根据公交运营经验数据选取离散值，通过参数控制驻站时间大小，因此驻站控制策略集可定义为：

$$u_i^0(\ell) = n_i^{\text{h}}\tau_{\text{h}},\quad n_i^{\text{h}} \in \mathbf{Z}^+,\quad \tau_{\text{h}} > 0 \quad (6-3)$$

式中：n_i^{h} 为驻站控制参数，τ_{h} 为驻站步长常数，$n_i^{\text{h}} \in \{0,\ 1,\ 2,\ 3\}$。$n_i^{\text{h}} = 0$ 表示当车辆完成本站点乘客上下车服务后立即发车；如 $n_i^{\text{h}} = 1$ 表示待乘客上下车完成后停留一个驻站步长再从站点发出。公交调度控制规则是基于对智能交通控制专家的知识和公交调度人员的实际经验经分析得到的。先假设一种实际公交运营调度控制情况，当车辆 i 到达站点处，若其中心位置偏移量满足 $e_i(\ell)$ 大于某一常量，此时该车辆可接受 $n_i^h = 1$ 驻站控制策略减少其中心位置偏移量 $(v_{i-1} + v_{i+1})\tau_h/2$，考虑瞬时速度采集精确度和变化幅度较大两方面原因，前车和后车的瞬时速度可简化为公交车辆平均运营速度 $\bar{c}$。由于公交运行环境的动态性，如果忽视被控对象的前后车辆的瞬时行驶速度会造成控制策略滞后性，也影响其实时控制效果，故在规则中引入相对速度输入变量 $d_i(\ell)$。基于上述对公交调度控制专家的知识和经验分析，利用 If-then 规则格式给出如下一组驻站控制规则：

If $-\bar{c}\tau_h/2 \leq e_i(\ell) \leq \bar{c}\tau_h/2$ and $-2\bar{c} \leq d_i(\ell) \leq a_0\bar{c}$, then $u_i^0(\ell) = 0$ (6-4a)

If $\bar{c}\tau_h/2 \leq e_i(\ell) \leq 3\bar{c}\tau_h/2$ and $-2\bar{c} \leq d_i(\ell) \leq a_0\bar{c}$, then $u_i^0(\ell) = \tau_h$ (6-4b)

If $3\bar{c}\tau_h/2 \leq e_i(\ell) \leq 5\bar{c}\tau_h/2$ and $-2\bar{c} \leq d_i(\ell) \leq a_0\bar{c}$, then $u_i^0(\ell) = 2\tau_h$ (6-4c)

If $5\bar{c}\tau_h/2 \leq e_i(\ell)$ and $-2\bar{c} \leq d_i(\ell) \leq a_0\bar{c}$, then $u_i^0(\ell) = 3\tau_h$ (6-4d)

式中：a_0 为控制经验临界值。

根据中心位置偏移变量 $e_i(\ell)$ 和相对速度变量 $d_i(\ell)$ 组合可以将公交调度控制专家的知识和经验表达成多条类似式（6-4）的规则，在此不赘述。

调速控制策略集定义为

$$u_i^1 = n_i^v \tau_v, \quad n_i^v \in \{-1, 0, 1\}, \quad \tau_v > 0 \tag{6-5}$$

式中：n_i^v 为速度调整变化的类型变量，其中 0 表示未来运行路段保持现有平均行驶速度等级，1 和 -1 分别表明车辆在未来运行路段需提高或降低一个平均行驶速度等级；τ_v 为速度变化的幅度常量，仿真实验中该参数设置为 $\tau_v = 8$ km/h。考虑到频繁的加减速容易影响乘客舒适度，规定仅允许基于当前运行速度等级提高或降低一个等级。调速控制中的减速等同于驻站控制。调速控制规则主要考虑的是中心位置偏移量 $e_i(\ell)$、相对速度变量 $d_i(\ell)$ 和瞬时速度 $v_i(\ell)$ 三个变量。经分析可得到如下调速控制策略的模糊规则：

If $e_i(\ell) \leq -\dfrac{l}{\bar{v}}\tau_v$ and $\bar{v} \leq d_i(\ell) \leq 0$ and $c_0\bar{v} \leq v_i(\ell) \leq \bar{v}$,

then $u_i^1(\ell) = \tau_v$, $b_0 > 1$, $0 < c_0 \leq 1$ (6-6a)

If $-\dfrac{l}{\bar{v}}\tau_v \leq e_i(\ell) \leq \dfrac{l}{\bar{v}}\tau_v$ and $\bar{v} \leq d_i(\ell) \leq 0$ and $c_0\bar{v} \leq v_i(\ell) \leq \bar{v}$,

then $u_i^1(\ell) = 0$, $b_0 > 1$, $0 < c_0 \leq 1$ (6-6b)

$$\text{If } \frac{l}{\bar{v}}\tau_v \leqslant e_i(\ell) \text{ and } \bar{v} \leqslant d_i(\ell) \leqslant 0 \text{ and } c_0\bar{v} \leqslant v_i(\ell) \leqslant \bar{v},$$

$$\text{then } u_i^1(\ell) = -\tau_v, \ b_0 > 1, \ 0 < c_0 \leqslant 1 \tag{6-6c}$$

式中：l 为公交车在区间调整平均行驶速度的有效距离，b_0，c_0 均为参数。

前面讨论分析的基于布尔逻辑规则的公交调度控制策略，采用精确值描述控制规则，例如调速控制策略中的中心位置偏移变量 $e_i(\ell)$ 区间分割门限值（例如，$\frac{l}{\bar{v}}\tau_v$，$-\frac{l}{\bar{v}}\tau_v$）。若输入变量十分接近门限值时，控制器的性能会受到极大的影响。模糊逻辑控制策略是基于模糊逻辑理论，利用精确的模糊值来映射具体的控制规则，将门限值进行模糊化处理更加说明了在各种控制模式的交叉区域存在过渡区的客观事实，这种处理方法使得模糊控制良好的性能得以得到保证[266, 267]。

借助于 Matlab 软件提供的模糊逻辑工具箱设计公交实时模糊推理系统，设计的主要内容有输入输出变量的定义、模糊化和反模糊化设计（该部分由软件推理系统提供）、隶属度函数和控制规则选取等，结果分别如图 6-2 和图 6-3 所示。图 6-2 为公交车辆调速控制模糊推理系统结构。其有三个输入变量一个输出变量，分别是中心位置偏移距离 $e_i(\ell)$、相对速度 $d_i(\ell)$、瞬时速度 $v_i(\ell)$ 和调速控制策略。

$e_i(\ell)$ 模糊化为 3 个模糊子集，负大（NB）、零（ZE）、正大（PB）；$d_i(\ell)$ 分为 5 个模糊子集，为 $\{Q_0, Q_1, Q_2, Q_3, Q_4\}$；$v_i(\ell)$ 模糊化为 3 个模糊子集，分别为低速（L）、中速（M）、高速（H）；输出变量调速控制策略分为 3 个模糊子集，为 $\{V_0, V_1, V_2\}$。为了控制器的简单实用性，在满足控制策略能够动态均衡行车间隔要求的前提下对各输入、输出变量主要采用三角形和梯形隶属度函数，这种类型的隶属度函数在符合控制精确度的条件下，其简单的设计结构和计算方法对计算速度较为有利。

站点处驻站模糊控制系统包含两个输入变量和一个输出变量，具体的结构设计如图 6-3 所示。中心位置偏移距离 $e_i(\ell)$、相对速度 $d_i(\ell)$ 和驻站策略。$e_i(\ell)$ 分为 4 个模糊子集，为 $\{T_0, T_1, T_2, T_4\}$；$d_i(\ell)$ 分为 3 个模糊子集，为 $\{W_0, W_1, W_2\}$，驻站策略分为 4 个模糊子集，为 $\{H_0, H_1, H_2, H_3\}$。

根据上述模糊语言变量定义可修改式（6-4a）和式（6-6b）为：

$$\text{If } e_i(\ell) \text{ is } T_1 \text{ and } d_i(\ell) \text{ is } W_1, \text{ then } u_i^0(\ell) \text{ is } H_1 \tag{6-7a}$$

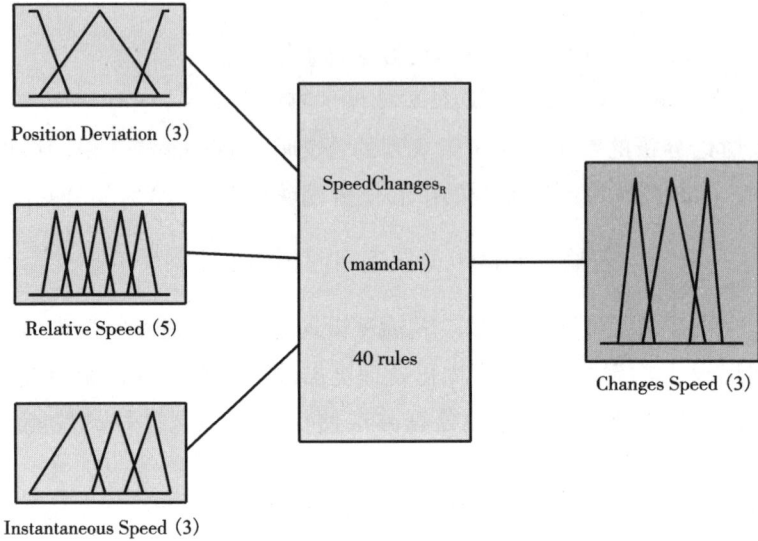

System Speed Changes$_R$：3 inputs，1 outputs，40 rules

图 6-2 调速控制模糊推理系统结构

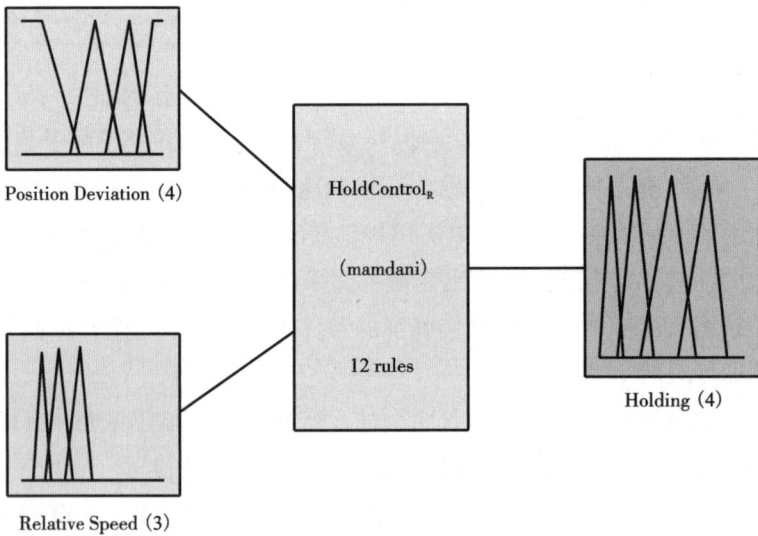

System Hold Control$_R$：2 inputs，1 outputs，12 rules

图 6-3 驻站控制模糊推理系统结构

If $e_i(\ell)$ is PB and $d_i(\ell)$ is Q_2 and $v_i(\ell)$ is M, then $u_i^1(\ell) = V_1$　(6-7b)

因此，站间的调速控制方法由输入变量组合形成 40 条模糊控制规则；站点的驻站控制方法由输入变量组合形成 12 条模糊控制规则。

6.3　基于遗传算法的隶属度函数参数优化

模糊控制器的设计是根据工程实践管理人员或相关领域专家提供的含糊语义知识或统计数据来确定模糊规则和隶属度函数，然后仿照人类的思考问题的方式进行模糊推理以实现对被控对象的控制[268, 269]。由此可见，模糊控制器的设计存在着较强的主观性，在控制过程中容易出现一些问题。模糊控制规则和隶属度函数是由其参数决定的，因此为了解决其设计的问题，将模糊控制器的优化问题转化为对模糊控制规则和隶属度函数的参数的寻优问题[270]。考虑到遗传算法适合模糊控制器的优化涉及大范围、多参数、复杂和不连续的搜索的特点，因此遗传算法成为模糊控制器参数寻优较多选择的一种途径。考虑优化对象的差异性质，目前的研究主要集中在如下四种情形：

（1）已知模糊控制规则，优化隶属度函数；

（2）已知隶属度函数，优化模糊控制规则；

（3）隶属度函数和模糊控制规则分阶段优化；

（4）同时交叉优化隶属度函数和模糊控制规则集。

本章优化问题属于第一种类型，在标准的遗传算法基础上根据具体涉及的问题差异进行了一定的合理的改进以提高模糊控制器性能。需要补充的是，本章优化目标是调节隶属度函数参数以改善两个具体模糊控制器的输出控制变量在被控对象公交系统的可靠性。

根据 6.2 小节建立的模糊规则，调速模糊控制器有三个输入变量、一个输出变量。$e_i(\ell)$ 模糊化为 3 个模糊子集，负大（NB）、零（ZE）、正大（PB）；$d_i(\ell)$ 分为 5 个模糊子集，为 $\{Q_0, Q_1, Q_2, Q_3, Q_4\}$；$v_i(l)$ 模糊化为低速（L）、中速（M）、高速（H）3 个模糊子集；输出变量调速策略分为 3 个模糊子集，为 $\{V_0, V_1, V_2\}$。驻站模糊控制器有两个输入变量和一个输出变量。中心位置偏移距

离 $e_i(\ell)$、相对速度 $d_i(\ell)$ 和驻站策略。$e_i(\ell)$ 分为 4 个模糊子集，为 $\{T_0, T_1, T_2, T_4\}$；$d_i(\ell)$ 分为 3 个模糊子集，为 $\{W_0, W_1, W_2\}$；驻站策略分为 4 个模糊子集，为 $\{H_0, H_1, H_2, H_3\}$。

本章中隶属度函数为三角形或梯形，对于两边的半梯形隶属度函数可采用两个顶点和宽度 w 三个参数来编码。为了说明隶属度函数中参数编码方法，以驻站策略中模糊输入变量 $e_i(\ell)$ 为例，它分为 4 个模糊子集，为 $\{T_0, T_1, T_2, T_4\}$，如图 6-4 所示，左半边梯形由 x_1，x_2，w_r^2 共同确定；三角形隶属度函数的形状可以由中心顶点，左右两边宽度 w_r 和 w_1 共同确定，并不要求 w_r 与 w_1 相等。为了在约束条件中满足隶属度函数的完备性和语义性的要求，本章在编码时加入重叠因子 β 参数。

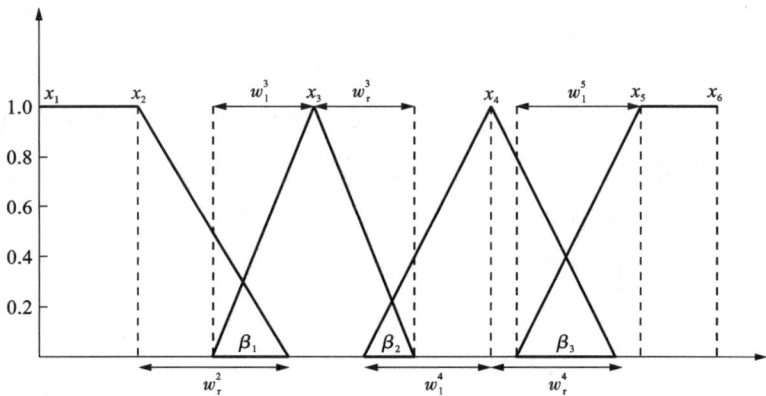

图 6-4　隶属度函数中优化参数说明的示意图

调速模糊控制器有三个输入变量、一个输出变量，它们的隶属度函数编码如表 6-1 所示。驻站模糊控制器的两个输入变量和一个输出变量隶属度函数参数编码如表 6-2 所示。由于参数较多，每个变量的划分的模糊语言值数量不一致且它们的取值范围有较大差异，在实际编码过程可将隶属度函数中的顶点、宽度和重叠因子三个参数归类。

表 6-1　调速模糊控制器中三个输入变量和一个输出变量的隶属度函数参数编码

编码的参数										二进制编码位数
$x^v_{1,1}$	$x^v_{1,2}$	$x^v_{1,3}$	$x^v_{1,4}$	$x^v_{1,5}$						11
$w^v_{1,2,r}$	$w^v_{1,3,1}$	$w^v_{1,3,r}$	$w^v_{1,4,1}$							9
$\beta^v_{1,1}$	$\beta^v_{1,2}$	$\beta^v_{1,3}$	$\beta^v_{1,4}$							8
$x^v_{2,1}$	$x^v_{2,2}$	$x^v_{2,3}$	$x^v_{2,4}$	$x^v_{2,5}$						7
$w^v_{2,1,1}$	$w^v_{2,1,r}$	$w^v_{2,2,1}$	$w^v_{2,2,r}$	$w^v_{2,3,1}$	$w^v_{2,3,r}$	$w^v_{2,4,1}$	$w^v_{2,4,r}$	$w^v_{2,5,1}$	$w^v_{2,5,r}$	6
$\beta^v_{2,1}$	$\beta^v_{2,2}$	$\beta^v_{2,3}$	$\beta^v_{2,4}$							8
$x^v_{3,1}$	$x^v_{3,2}$	$x^v_{3,3}$								7
$w^v_{3,1,1}$	$w^v_{3,1,r}$	$w^v_{3,2,1}$	$w^v_{3,2,r}$	$w^v_{3,3,1}$	$w^v_{3,3,r}$					6
$\beta^v_{3,1}$	$\beta^v_{3,2}$									8
$x^v_{4,1}$	$x^v_{4,2}$	$x^v_{4,3}$								6
$w^v_{4,1,1}$	$w^v_{4,1,r}$	$w^v_{4,2,1}$	$w^v_{4,2,r}$	$w^v_{4,3,1}$	$w^v_{4,3,r}$					6
$\beta^v_{4,1}$	$\beta^v_{4,2}$									8

表 6-2　驻站模糊控制器的两个输入变量和一个输出变量隶属度函数参数编码

编码的参数						二进制编码位数
$x^h_{1,1}$	$x^h_{1,2}$	$x^h_{1,3}$	$x^h_{1,4}$	$x^h_{1,5}$	$x^h_{1,6}$	10
$w^h_{1,2,r}$	$w^h_{1,3,1}$	$w^h_{1,3,r}$	$w^h_{1,4,1}$	$w^h_{1,4,r}$	$w^h_{1,5,1}$	9
$\beta^h_{1,1}$	$\beta^h_{1,2}$	$\beta^h_{1,3}$				8
$x^h_{2,1}$	$x^h_{2,2}$	$x^h_{2,3}$				7
$w^h_{2,1,1}$	$w^h_{2,1,r}$	$w^h_{2,2,1}$	$w^h_{2,2,r}$	$w^h_{2,3,1}$	$w^h_{2,3,r}$	6
$\beta^h_{2,1}$	$\beta^h_{2,2}$					8
$x^h_{3,1}$	$x^h_{3,2}$	$x^h_{3,3}$				7
$w^h_{3,1,1}$	$w^h_{3,1,r}$	$w^h_{3,2,1}$	$w^h_{3,2,r}$	$w^h_{3,3,1}$	$w^h_{3,3,r}$	6
$\beta^h_{3,1}$	$\beta^h_{3,2}$	$\beta^h_{3,3}$				8

为了保证 $0.2 \leqslant \beta \leqslant 0.8$，$\beta$ 的编码方法如下：定义 β 的论域为 $[0.2, 0.8]$，由

$$\beta = 0.2 + K \times (0.8 - 0.2)/(2^8 - 1) \tag{6-8}$$

可将 8 位二进制码 K 转换为区间 $[0.2, 0.8]$ 上的实数。

适应度函数是评价进化结果优劣的标准，它直接影响着遗传算法的演化过程，关系到优化结果的好坏。本章的适应度函数设计主要考虑两个模糊控制器输出变量给被控对象公交系统所得的乘客平均候车时间成本。同时为了兼顾到模糊控制器须满足系统的综合性能指标 IATE 的要求，可通过试验方法静态调整重叠因子参数。

本章给出的适应度函数如下：

$$f(t, i) = \frac{1}{CJ(t, i) + 1} \tag{6-9}$$

式中：$J(t, i)$ 如式（6-10）所示

$$J(t, i) = \frac{\sum_{t=1}^{Nd} (y^* - \bar{y}_t)^2}{Nd} \tag{6-10}$$

式中：$f(t, i)$ 表示第 t 次迭代中个体 i 的适应度函数，y^* 为输出控制变量的理想的指标值，$\bar{y}_t$ 表示第 t 次迭代中的指标实际的统计期望值，Nd 为设定的迭代次数。针对本章的随机仿真模拟问题，我们选取模糊控制器输出控制策略变量给公交运行系统所得的站点乘客平均候车时间作为性能评价指标，采样的周期为所有公交车辆访问了全部站点一次的时间。在此，为了便于分析，适应度函数需进行转换，将值域为 $[0, +\infty]$ 的 $J(t, i)$ 转换为值域为 $[0, 1]$ 的 $f(t, i)$，C 为灵敏度控制参数。此外，由于 $J(t, i)$ 取值较小，为了便于分析，避免大量浮点运算，经处理得到如下适应度函数：

$$f(t, i) = \frac{1}{CJ(t, i) + 1} \times 10^3 \tag{6-11}$$

遗传算子的选择包括选择算子、交叉算子、变异算子等三个算子的选择。

（1）选择算子

本章基于遗传算法优化模糊控制器中隶属度函数参数并不是大幅度改变原来根据专家知识建立的模糊规则，而是将参数进行较小范围的协调，这就要求群体产生的较大比例是根据原有隶属度函数衍生的，具体的操作是在原来隶属度函数的顶点随机修改其左右宽度（改变重叠因子）。因此在上述背景下提出

以下改进算法：

步骤 1：计算群体中各个体的适应度值；

步骤 2：采用轮盘赌法选择 M 个个体(M 为偶数)；

步骤 3：将选择出来的 M 个个体按照适应度值大小排序；

步骤 4：将适应度值排序在前面的 $\dfrac{M}{2}$ 个个体直接复制到下一代，形成新群体；

步骤 5：删除若干个(宜取 5 以下的数)适应度值最差的个体，随机产生若干个新个体加入到群体中。

(2)交叉算子

本章采用标准遗传算法中多点交叉算子，然而本章编码包括三个参数——顶点变量、宽度和重叠因子，而且这些参数相互之间存在约束条件限制。

(3)变异算子

由于遗传算法优化模糊控制中参数的特殊性，我们的优化目标是在依赖专家知识建立模糊规则推理系统的基础上对其参数根据输出策略在公交系统中的性能评价指标进行一定程度上的内部协调，因此在遗传算法的搜索广度上不需提出高的要求。本章采用标准遗传算法中均匀变异操作，即分别用符合某一范围内均匀分布的随机数，以某一概率来替换个体编码串中的各个基因座上原有的基因值。若设 X_k 为变异点，取值范围为 $[\,U_{\min}^k\,,\,U_{\max}^k\,]$，则新变异产生的基因值为：

$$X_k' = U_{\min}^k + r \cdot (\,U_{\max}^k - U_{\min}^k\,) \tag{6-12}$$

式中：r 为系数。

对于本问题如采用常规的遗传算法操作可能会得到极不合理的模糊控制规则，为增加群体的多样性保证进化的速度，采用了以下改进算法。

(1)种群规模

对于种群规模 M，若 M 取较小的值，由于种群多样度不够，遗传算法的优化性能一般不会太好，有可能引起遗传算法的早熟现象，但当 M 的取值较大时又意味着计算复杂度变高从而降低进化计算速度。综合两方面的因素，本章取 $M=50$。

(2)交叉概率

交叉操作是遗传算法中产生新个体的主要方法，结合遗传算法优化经验和初始阶段的试验，本仿真实验采用的交叉概率 P_c 设置为 0.8。

(3)变异概率

变异决定了物种的多样性。如选取较高的变异率虽然保证了样本模式的多样性,但容易引起不稳定,通常在算法开始阶段采用较小的变异率,而在结束阶段可以采用较大的变异率,如此可兼顾多样性和稳定性,在本算法中开始阶段为 $P_m=0.01$,后期调整为 $P_m=0.03$。

（4）终止迭代次数

在本例中,我们将初始进化代数设置为 $T=150$。

（5）约束条件

遗传算法高效、稳定运行过程还需根据具体问题设置必要的约束条件,如隶属度函数参数的搜索空间都有各自的约束范围,本章适应度函数中的性能指标 IATE 优化就是合理调整约束条件中的重叠因子 β。值得注意的是,约束条件满足性能指标 IATE 是静态的,但并不保证是最优的。

根据以上方法,遗传算法优化隶属度函数参数流程如图 6-5 所示。优化结果分别如表 6-3 和表 6-4 所示,其中调速模糊控制器中三个输入变量和一个输出变量的隶属度函数如图 6-6 所示,驻站模糊控制器的两个输入变量和一个输出变量的隶属度函数如图 6-7 所示。

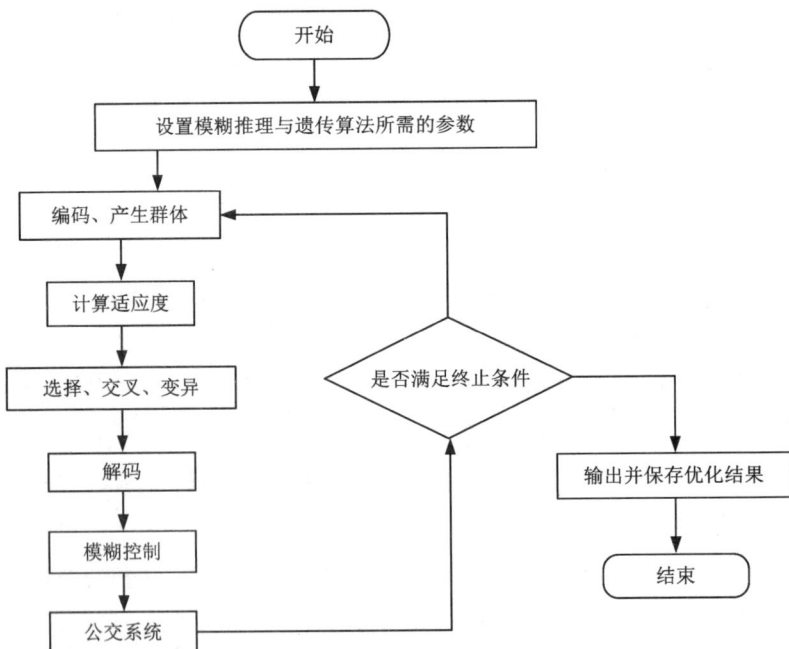

图 6-5　遗传算法优化隶属度函数参数流程

表 6-3　站间调速模糊控制语言变量及语言值与隶属度函数的类型、参数

语言变量	语言值	隶属度函数	
		类型 [trapmf(梯形); trimf(三角形)]	参数
中心位置 偏移距离	NB	trapmf	[−660 −404 −331 −172]
	ZE	trimf	[−320 12 337]
	PB	trapmf	[208 360 500 695]
相对速度	Q0	trimf	[−40 −30 −20]
	Q1	trimf	[−27 −15 −5]
	Q2	trimf	[−10 0 10]
	Q3	trimf	[5 15 25]
	Q4	trimf	[20 30 40]
瞬时速度	L	trimf	[0 15 21]
	M	trimf	[18 25 32]
	H	trimf	[27 35 40]
调速策略	V0	trimf	[−14 −10 −5]
	V1	trimf	[−8 0 9]
	V2	trimf	[5 10 14]

表 6-4　站点驻站模糊控制语言变量及语言值与隶属度函数的类型、参数

语言变量	语言值	隶属度函数	
		类型	参数
中心位置 偏移距离	T0	trapmf	[−300 −200 −83 83]
	T1	trimf	[50 166 301]
	T2	trimf	[216 333 427]
	T3	trapmf	[366 450 550 658]

续表6-4

语言变量	语言值	隶属度函数	
		类型	参数
相对速度	W0	trimf	[-70 -60 -50]
	W1	trimf	[-56 -40 -24]
	W2	trimf	[-32 -15 0]
输出变量 驻站策略	H0	trimf	[0 10 20]
	H1	trimf	[15 30 45]
	H2	trimf	[35 60 80]
	H3	trimf	[65 90 105]

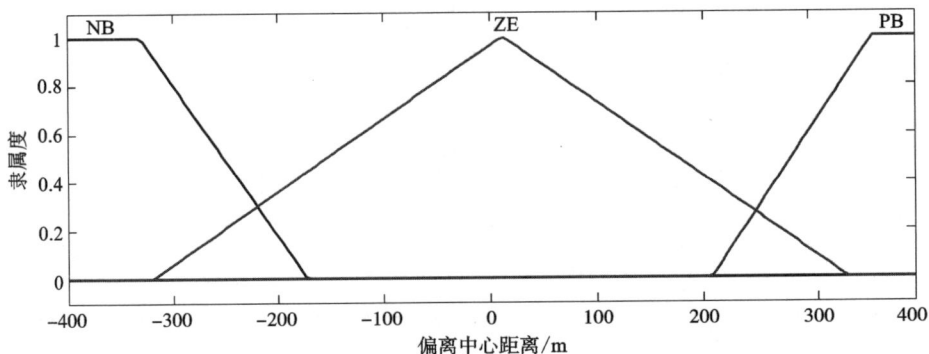

(a)输入模糊变量中心位置偏移距离的隶属度函数

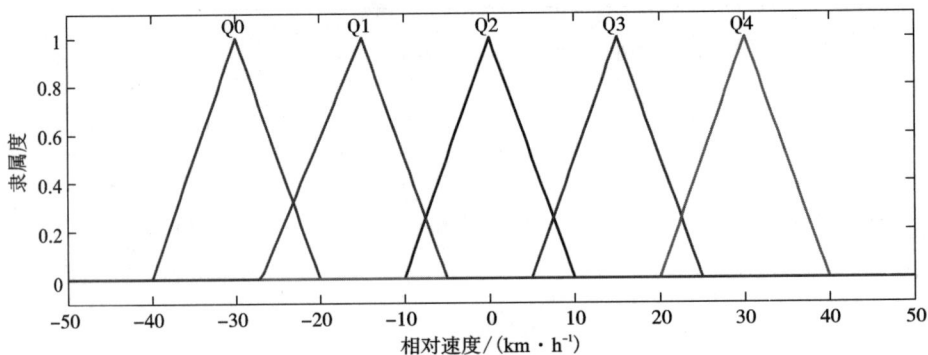

(b)输入模糊变量相对速度的隶属度函数

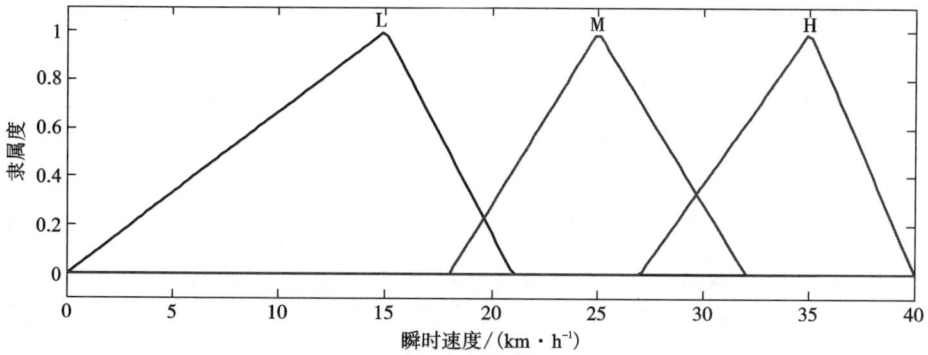

(c) 输入模糊变量瞬时速度的隶属度函数

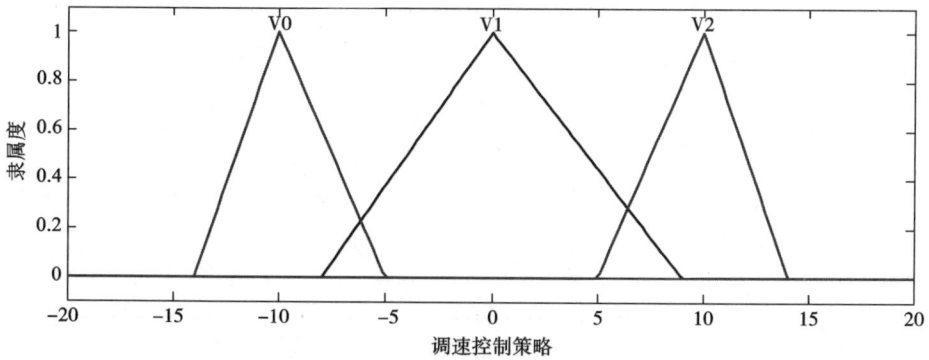

(d) 输出模糊变量调速策略的隶属度函数

图 6-6　调速模糊控制器中三个输入变量和一个输出变量的隶属度函数

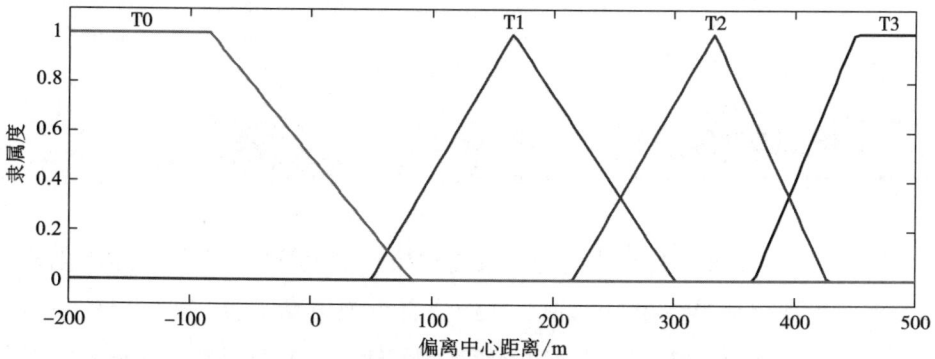

(a) 输入模糊变量中心位置偏移距离的隶属度函数

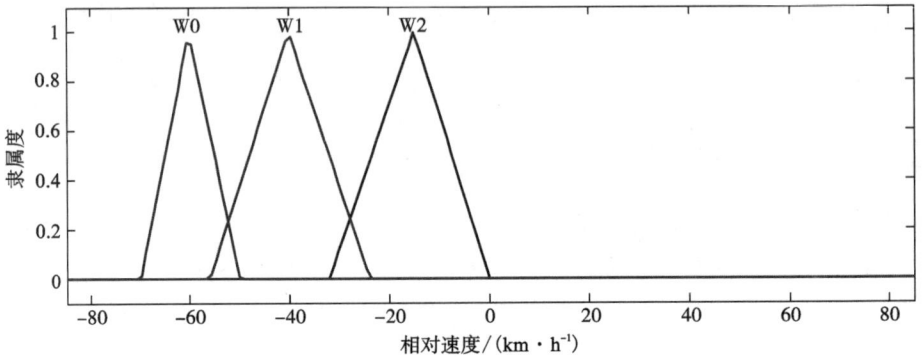

(b)输入模糊变量相对速度的隶属度函数

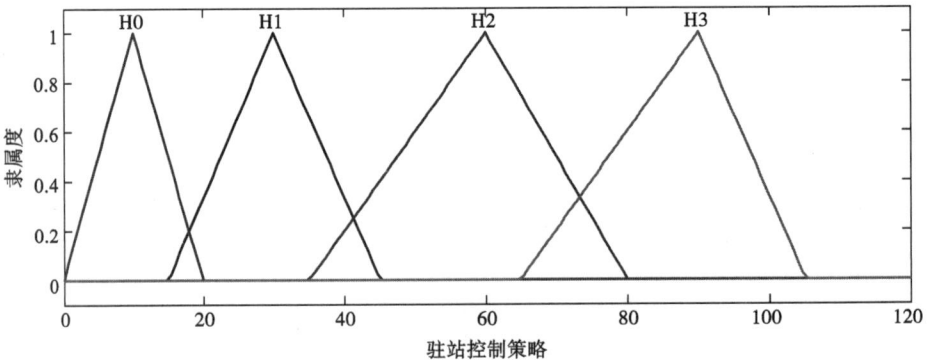

(c)输出模糊变量驻站策略的隶属度函数

图 6-7　驻站模糊控制器的两个输入变量和一个输出变量的隶属度函数

6.4　仿真实验

　　本章以 SX 市 808 公交线路为背景构建仿真实验算例，根据上述优化设计公交实时模糊控制器并在 Matlab 上进行公交系统仿真实验。该公交线路全长 12 km，总站点数 $K=10$，站点均匀分布在线路上，高峰时段共有 6 辆公共汽车循环参与公交运营服务，首站计划发车间隔为 $H=5$ min。每台车的最大载客量为 80 pax。各站点处的乘客平均到达率如图 6-8 所示。设乘客平均单人上车时间为 2 s，下车时间为 1.5 s。站间区间平均行驶速度设置 3 个运行等级，分别为 $\bar{v}_0 = 15$ km/h、$\bar{v}_1 = 25$ km/h、$\bar{v}_2 = 35$ km/h，线路平均运营速度为 20 km/h。

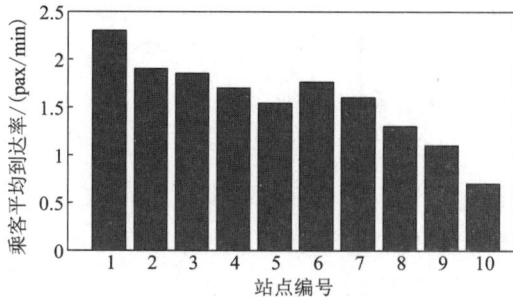

图 6-8　各站点处乘客平均到达率

为了分析策略实施效果，试验对三种策略进行测试和评估，三种策略分别为：

（1）无控制（No-C）策略，即车辆到达站点完成乘客上下车服务后立即离站；

（2）车头时距阈值控制（Threshold-H）策略，即车辆到达站点完成乘客上下车服务后，如该车头时距小于 $c \cdot H$，则实施驻站控制，否则不予实施，其中 c 为驻站控制强度参数，满足 $c \in [0, 1]$；

（3）本章提出的基于模糊逻辑的调度控制（FL-C）策略。

No-C 策略下的技术指标的统计结果是基于 KQ 公交有限公司智能调度中心服务器上的行车记录仪实时采集的 808 路公交车辆在某个时间段的存档离线行车数据。其他两个控制策略下统计结果来源于以该公交线路为背景在 Matlab 平台运用蒙特卡洛方法进行的仿真实验。每次仿真时间为 7200 s，为了预防仿真偶然误差对仿真结果的影响，取每类试验 15 次仿真平均值进行分析。

表 6-5 表示在三种控制条件下平均车头时距、车头时距标准差、车头时距变异系数、乘客平均候车时间、串车比率和大间隔比率 6 个技术指标的仿真结果。图 6-9（a）为三种控制方法下各站点平均车头时距的对比，该指标值均大于计划车头时距，FL-C 下该指标数值比前两种方法稍小，除了统计误差外，主要原因来源于第三种方法中变速控制能改变车辆在站间运行时间，值得说明的

是控制方法并不能改变平均时距，该指标主要由线路上运营公交车辆数量决定。各站点车头时距的标准差、变异系数以及乘客平均候车时间具有相似的变化趋势，分别见图 6-9(b)、图 6-9(c)和图 6-9(d)，与 No-C 和 Threshold-H 相比，总体来说在 FL-C 下上述指标值变化幅度范围变窄。FL-C 可较好动态均衡全线公交车辆运行间隔，降低公交系统中乘客总候车时间成本，相比于 No-C，车头时距变异系数降低 47.95%，乘客站点平均候车时间降低 21.52%；相比 Threshold-H，车头时距变异系数降低 12.16%，乘客站点平均候车时间降低 5.89%。表 6-5 中串车比率和大间隔比率统计结果表明 Threshold-H 和 FL-C 均能有效预防不可靠服务的串车现象，前者稍差于后者，但在预防大间隔现象的效果，FL-C 与 Threshold-H 相比显著降低了 24.77%，这也表明纯驻站控制策略在提高公交服务水平上的局限性。

表 6-5　三种控制条件下技术指标比较

指标	平均车头时距/min	车头时距标准差	车头时距变异系数	乘客平均候车时间/min	串车比率	大间隔比率
No-C	5.380	3.150	0.584	3.653	17.1%	15.22%
Threshold-H	5.382	2.013	0.375	3.082	1.59%	7.68%
FL-C	5.236	1.589	0.304	2.867	1.15%	3.91%

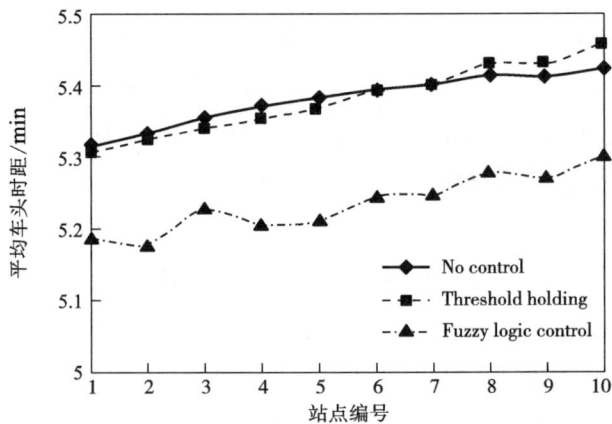

(a)三种控制条件下各站点平均车头时距比较

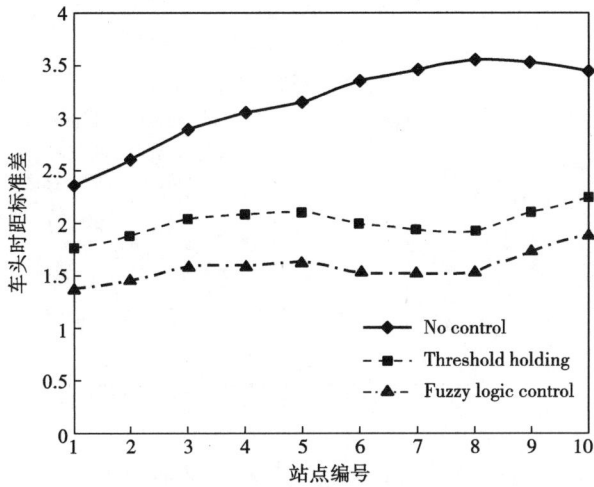

（b）三种控制条件下各站点车头时距标准差比较

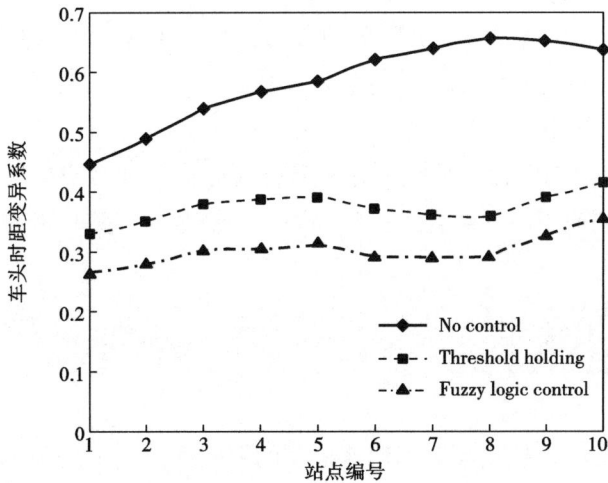

（c）三种控制条件下各站点车头时距变异系数比较

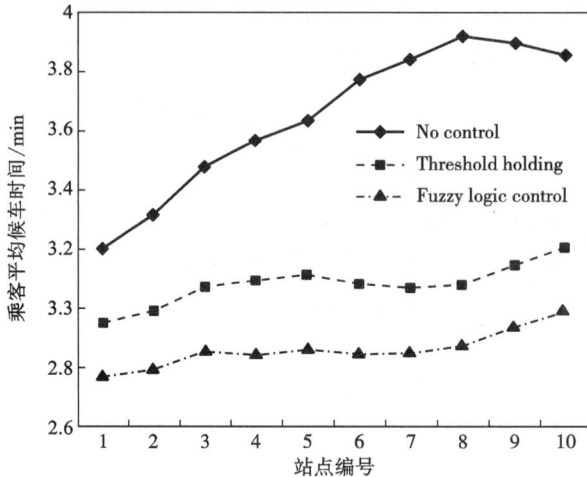

（d）三种控制条件下各站点乘客平均候车时间比较

图 6-9　三种控制条件下技术指标比较

综合上述分析，仿真结果归纳为：

（1）本章中提出的 FL-C 策略在动态均衡全线公交车辆运行间隔、保持均衡的行车秩序、减少车头时距变异系数和乘客平均候车时间成本，均比 No-C 和 Threshold-H 策略有较显著地提高。

（2）本章提出的组合实时控制方法能有效避免单种策略的局限性，站点驻站策略和站间调速策略的组合进一步提高了公交服务车头时距的一致性。

6.5　本章小结

站点处公交驻站控制与区间调速控制的统一性决定了交替实施二者控制方法能够更好地实现公交系统最优。首先界定了本章研究的单线路公交实时组合控制问题，将公交驻站控制与区间调速控制的目标统一为降低公交车辆在站点的车头时距的一致性，其实质就是减少站点乘客平均候车时间。其次考虑公交车辆位置和速度等实时数据，基于公交调度控制专家知识和经验提炼控制规则。再次根据模糊逻辑理论将控制规则转化为对应的模糊控制规则，并分别设计站间调速和站点处驻站两种模糊控制器，采用遗传方法优化模糊控制器中隶属度函数参数。最后以实际公交线路为背景基于 Matlab R2010b 软件平台进行仿真实验，对无控制（No-C）、基于车头时距阈值控制（Threshold-H）和本章提出的组合控制（FL-C）三种策略进行测试和评估，仿真结果表明，本章中提出的 FL-C 策略在动态均衡全线公交车辆运行间隔、保持均衡的行车秩序、减少车头时距变异系数和乘客平均候车时间成本，均比 No-C 和 Threshold-H 策略有较显著地提高。本章提出的组合实时控制方法能有效避免单种策略的局限性，站点驻站策略和站间调速策略的组合进一步提高了公交服务车头时距的一致性。该组合控制方法能有效改善公交车辆在线路上车头时距的均衡性，显著地减少公交车辆串车和大间隔不可靠现象的发生，进而降低了乘客平均候车时间。结果表明，该控制方法可以有效提升公交系统运行的可靠性。

第 7 章

考虑乘客感知的公交实时驻站和调速组合控制方法研究

本章首先扩展以往的研究以得到可用于公交运营控制的乘客感知等待时间计算方法，并对乘客感知等待时间进行分析和计算推导。基于乘客对高频公交发车间隔的认识设置乘客对于自身等待时间长度的容忍度，在等待时间超出容忍度时乘客主观感受到的等待时间将大于由时钟所记录的客观上流逝的时间。然后在乘客主观感知行为建模的基础上提出一种从公交服务供给方出发的驻站-调速组合控制策略。最后在不同客流需求特征的运营环境中对该策略进行实验以验证适应性和有效性。

7.1 基于容忍度的感知等待时间量化分析

7.1.1 感知等待时间定性分析

在心理学和行为学研究领域中，将等待时间分为客观等待时间和主观等待时间两种[271]。客观等待时间具有真实性，以实际等待时间的长度为依据。主观等待时间是指人们在等待状态下受个人习惯、经验、等候环境等多因素影响对所经历的时间所感知到的时间长度，也称为感知等待时间。公交乘客感知研究[83, 84, 272]中已经证明：不够优质的基础设施、较大的站台内乘客密度、过长的等待时间等因素会造成乘客所感知的等待时间大于客观等待时间，从而对公交的服务满意度下降。满意度的下降有可能导致乘客离开站台、趋向于选择其他交通方式。

本章关注的感知等待时间是对时间微分上的乘客等待时间进行分析、求和，以期得到站点内的乘客总等待时间。以客观等待时间的长度为基础，定义容忍度这一指标。当客观等待时间的长度未超出容忍度时，乘客的感知等待时间与客观等待时间一致；当客观等待时间的长度超出容忍度时，在超出容忍度的这段等待时间内乘客的感知等待时间为客观等待时间的$(1+b_2)$倍，b_2为大于零的常数。该感知等待时间量化方法可应用于高频线路。假定乘客对于发车间隔H具有一定认知，因此本研究将容忍度定义为与发车间隔H相关的参数：b_1H。b_1为大于零的常数。针对特定线路上的特定人群，经过实地调查可确认b_1和b_2的具体数值[273]，本研究中不涉及对这两个参数的标定。由以上对容忍度的定义过程可知，乘客感知等待时间是关于客观等待时间的分段线性函数。

根据公交车辆是否发生拒载行为，将感知等待时间计算方法的推导分为两个部分：无限容量下的乘客感知等待时间推导和有限容量下的乘客感知等待时间推导。再对有限容量下的乘客感知等待时间推导进行细化，划分为两个部分：无二次拒载下的乘客感知等待时间推导和有二次拒载下的乘客感知等待时间推导。在有限容量下的计算方法中，"有二次拒载"指在同一站点连续两辆及以上公交车发生拒载行为的情形；"无二次拒载"指在同一站点内仅一辆公交车发生拒载行为的情形。需要注意的是，本研究中，将"拒载"定义为：站点内乘客由于限流、越站控制，或由于容量上限无法上车的行为。本章对感知等待时间的分析以客观等待时间与容忍度的关系为基础，与乘客因何种原因无法登车无关，所以在此分析过程中由于容量上限无法上车的行为也归类为拒载。

在现实情况中，公交容量具有上限，本研究对无限容量下的乘客感知等待时间量化有两个目的：（1）作为有限容量下的乘客感知等待时间量化的推导前提；（2）用于计算未经历拒载的乘客的等待时间（对他们来说，容量是无限的）。无限容量下的计算方法适用于公交车未实施限流、越站控制手段及没有乘客因容量上限无法上车的情形。以无限容量下的感知时间计算方法为基础，考虑由容量限制导致部分乘客无法登上车的情形，并加入拒载限制（乘客最多被拒载一次），得到有限容量/无二次拒载下的感知时间计算方法。最后解除拒载限制，引入滞留传递的概念（发生二次拒载后，同一站点内乘客被后续到达的公

交车依次服务,直至二次拒载中首次被拒载的
乘客被后续到达的公交车完全接走),推导得到
有限容量/有二次拒载下的感知时间计算方法。
本节的量化逻辑如图 7-1 所示。无限容量和有
限容量下的感知时间计算方法涵盖了车辆无拒
载、仅有一次拒载和大于等于两次拒载的所有
情形,可用于公交运营控制的感知服务指标计
算。上述推导过程中所引入的概念汇总如下:

- 容忍度:乘客对公交服务感到满意的最
大等待时间。

- 拒载:站点内乘客由于限流、越站控制、
车厢内人数到达容量上限而无法上车的行为。

- 二次拒载:同一站点内连续两辆或以上
的公交车没有服务完站台上的所有乘客。

- 拒载限制:同一站点内某公交车发生拒载后,紧随而来的下一趟公交车
须服务完站台上所有的乘客。

- 滞留传递:发生二次拒载后,同一站点内乘客被后续到达的公交车依次
服务,直至二次拒载中首次被拒载的乘客被后续到达的公交车完全接走,这一
过程定义为滞留传递。

接下来推导考虑感知的总等待时间计算方法来定量描述站点乘客的心理变
化。以下为本章模型中所用到的符号及其意义说明。

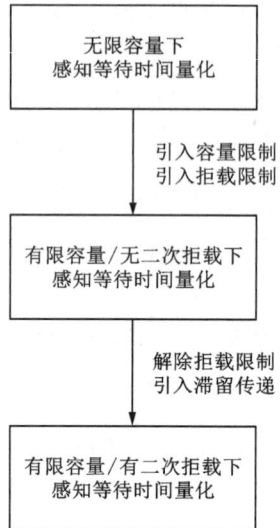

图 7-1 感知等待时间量化逻辑

表 7-1 符号及其意义

符号	意义	符号	意义
$a_{i,j}$	第 i 辆公交车到达第 j 站的时刻(s)	s_{i,j^*}	第 i 辆公交车到达第 j^* 站时的状态值(s)
$d_{i,j}$	第 i 辆公交车离开第 j 站的时刻(s)	f_v	效用函数
H	首站发车间隔(s)	$\hat{s}_{i,j^*}$	s_{i,j^*} 所处的状态区间的组中值
b_1	容忍度参数	N_s	离散状态区间的数量

续表7-1

符号	意义	符号	意义
b_2	感知参数	δ_s	离散状态步长(s)
λ_j	第j站的乘客到达率(人/s)	R	收益矩阵
$W_{i,j}$	不考虑滞留传递时第i辆车到达第j站时的总等待时间(s)	X	调速动作集
$n_{i,j}^1$	第i辆车离开第j站时被滞留的乘客数(人)	x	X中的元素(s)
$n_{i,j}^{11}$	在$a_{i,j}$之前到达且被第i辆车滞留的乘客数(人)	x^*	具有最大期望收益的策略(s)
$n_{i,j}^{12}$	在$a_{i,j}$之后到达且被第i辆车滞留的乘客数(人)	f_x	期望收益函数
$h_{i,j}$	第i辆车到达第j站时的车头时距(s)	$\vec{S}$	概率分布向量
$\widetilde{N}_{i,j}^1$	第i辆车到达第j站时站内总滞留乘客数(人)	$P_x^{j^*}$	概率转移矩阵
$\widetilde{n}_{i,j\to i+m,j}^1$	第i辆车在第j站向第$i+m$辆车传递的滞留乘客数(人)	t_j	第j站至第$j+1$站的站间行程时间(s)
$\widetilde{W}_{i,j\to i+m,j}$	第i辆车在第j站向第$i+m$辆车传递的总感知等待时间(s)	p_j^{alight}	第j站下车率(%)
$B_{i,j}$	在第j站登上第i辆车的乘客数(人)	t^{board}	单位乘客上车时间(s)
$\widetilde{W}_{i+m,j}$	第i辆车到达第j站时总滞留传递时间(s)	t^{alight}	单位乘客下车时间(s)
$\widehat{W}_{i,j}$	考虑滞留传递时第i辆车到达第j站时的总等待时间(s)	N	仿真试验中仿真的天数
α_1	控制强度参数	$O_{i,j}^d$	第i辆车离开第j站时乘客装载量
α_2	松弛时间(s)	O^d	仿真试验中一天受到控制策略影响的在车乘客数量
$f_{\alpha_2}(j)$	松弛时间函数(s)	W_s	加权站点乘客等待时间
$c_{i,j}$	驻站/调速控制时长(s)	W_v	加权车辆延误
j^*	可进行调速的站点序号	W	总行程成本

7.1.2 无限容量下的乘客感知等待时间推导

为了简化问题的描述，做如下假设：

(1)在高频线路上乘客随机到达站点，而不会参照时刻表。

(2)先到达的乘客先等待，越早到达的乘客等待时间越长。

(3)乘客对于发车间隔 H 具有一定认知，希望自身的候车时间在 b_1H 内（b_1H 即为容忍度）。b_1 是一个大于 0 的常数，它的意义是乘客期望的等待时间占发车间隔的比例。

(4)乘客的感知等待时间为客观等待时间的分段线性函数。若乘客等待时间过长，超出容忍度 b_1H，那么客观等待时间每过去 1 s，他所感知到的时间为 $(1+b_2)$ s。b_2 是一个大于 0 的系数。乘客个体所感知到的等待时间变化如图 7-2 所示。实线/虚线分别表示客观等待时间/感知等待时间与车头时距的函数关系。

(5)车厢容量无限，并且没有实施限流、越站等限制乘客上车的运营控制手段。

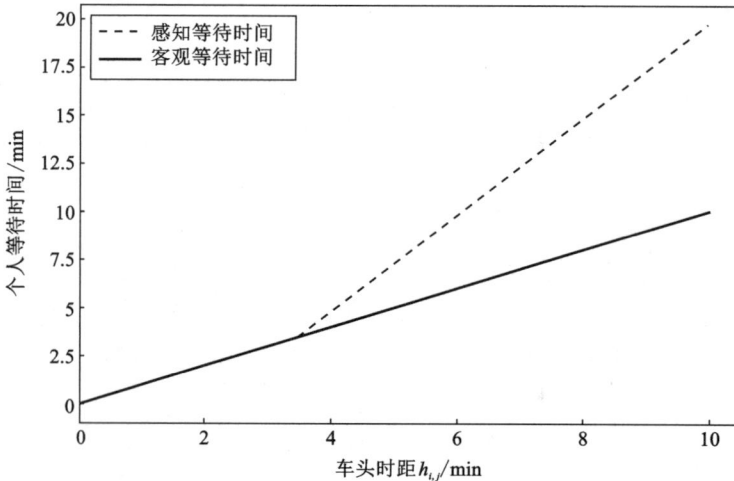

图 7-2 乘客个体的等待时间变化

接下来分为三种情况阐述无限容量下的乘客感知等待时间计算方法：

Case 1　若 $a_{i,j}-d_{i-1,j}<b_1H$，所有在站乘客客观等待时间均小于期望等待时间，w 为乘客到达站点的时刻。

此时总等待时间为：

$$W_{i,j}=\int_{d_{i-1,j}}^{a_{i,j}}\lambda_j(w-d_{i-1,j})\,\mathrm{d}w=\lambda_j\frac{(a_{i,j}-d_{i-1,j})^2}{2} \tag{7-1}$$

Case 2　若 $b_1H\leqslant a_{i,j}-d_{i-1,j}<2b_1H$ 时，一部分乘客的客观等待时间长于期望等待时间。以 b_1H 时间长度为标准，不存在一段长度为 b_1H 的时间段，在该时间段内到达的所有乘客的客观等待时间长于期望等待时间。

所有人的客观总等待时间为：

$$W_{i,j}^1=\lambda_j\frac{(a_{i,j}-d_{i-1,j})^2}{2} \tag{7-2}$$

在 $(d_{i-1,j},\ a_{i,j}-b_1H]$ 之间到达的乘客产生了感知等待时间，计算方法为：

$$W_{i,j}^2=b_2\int_{d_{i-1,j}}^{a_{i,j}-b_1H}\lambda_j(a_{i,j}-w-b_1H)\,\mathrm{d}w=b_2\int_{a_{i,j}-b_1H}^{d_{i-1,j}}\lambda_j(w+b_1H-a_{i,j})\,\mathrm{d}w$$

$$=b_2\lambda_j\frac{(d_{i-1,j}+b_1H-a_{i,j})^2}{2} \tag{7-3}$$

总之，考虑感知的总等待时间为：

$$W_{i,j}=W_{i,j}^1+W_{i,j}^2=\lambda_j\frac{(a_{i,j}-d_{i-1,j})^2}{2}+b_2\lambda_j\frac{(d_{i-1,j}+b_1H-a_{i,j})^2}{2} \tag{7-4}$$

b_2 的意义为：当乘客的客观等待时间超出期望等待时长 b_1H 时，乘客的情绪使感知等待时间为客观等待时间的 $1+b_2$ 倍。即每过去 1 s，乘客感知到的等待时间为 $(1+b_2)\times1$ s。

Case 3　若 $nb_1H\leqslant a_{i,j}-d_{i-1,j}<(n+1)b_1H$，$n\geqslant2$，将考虑感知的总等待时间分为三个部分。

客观总等待时间为：

$$W_{i,j}^1=\lambda_j\frac{(a_{i,j}-d_{i-1,j})^2}{2} \tag{7-5}$$

在 $(d_{i-1,j}+(n-1)b_1H,\ a_{i,j}]$ 内到达的乘客，一部分人的客观等待时间超过了 b_1H，这部分乘客的到达时刻为 $(d_{i-1,j}+(n-1)b_1H,\ a_{i,j}-b_1H]$；客观等待时间

未超过 b_1H 的乘客的到达时刻为 $(a_{i,j}-b_1H, a_{i,j}]$。因此感知总等待时间为：

$$W_{i,j}^2 = b_2 \int_{d_{i-1,j}+(n-1)b_1H}^{a_{i,j}-b_1H} \lambda_j(a_{i,j} - w - b_1H)\,\mathrm{d}w$$

$$= b_2 \frac{\lambda_j}{2}(a_{i,j} - d_{i-1,j} - nb_1H)^2 \tag{7-6}$$

在 $(d_{i-1,j}, d_{i-1,j}+(n-1)b_1H]$ 到达的乘客客观等待时间都大于 b_1H。对于到达时刻在 $(d_{i-1,j}+(k-1)b_1H, d_{i-1,j}+kb_1H]$，$k=1, 2, \cdots, n-1$ 的乘客，感知等待时间为：

$$W_{i,j}^3 = b_2 \int_{d_{i-1,j}+(k-1)b_1H}^{d_{i-1,j}+kb_1H} \lambda_j\big[d_{i-1,j} + (k + 1)b_1H - w - b_1H \big]\,\mathrm{d}w$$

$$+ b_2\lambda_j b_1H \cdot \big[a_{i,j} - d_{i-1,j} - (k + 1)b_1H \big]$$

$$= b_2 \frac{\lambda_j}{2}(b_1H)^2 + b_2\lambda_j b_1H \cdot \big[a_{i,j} - d_{i-1,j} - (k + 1)b_1H \big] \tag{7-7}$$

所以，感知总等待时间为：

$$W_{i,j} = W_{i,j}^1 + W_{i,j}^2 + \sum_{k=1}^{n-1} W_{i,j}^3 =$$

$$\sum_{k=1}^{n-1} \left[b_2 \frac{\lambda_j}{2}(b_1H)^2 + b_2\lambda_j b_1H \cdot \big[a_{i,j} - d_{i-1,j} - (k + 1)b_1H \big] \right]$$

$$+ b_2 \frac{\lambda_j}{2}(a_{i,j} - d_{i-1,j} - nb_1H)^2 = b_2\lambda_j \frac{(d_{i-1,j} + b_1H - a_{i,j})^2}{2} \tag{7-8}$$

综上，得到了考虑乘客感知的总等待时间计算方法，如式(7-9)所示。图 7-3 中虚线为式(7-9)中 $W_{i,j}$ 关于车头时距的函数，实线为客观总等待时间关于等待时间的函数。

$$W_{i,j} = \begin{cases} \lambda_j \dfrac{(a_{i,j}-d_{i-1,j})^2}{2}, & \text{if} \quad a_{i,j}-d_{i-1,j} < b_1H \\[3mm] \lambda_j \dfrac{(a_{i,j}-d_{i-1,j})^2}{2} + b_2\lambda_j \dfrac{(a_{i,j}-d_{i-1,j}-b_1H)^2}{2}, & \text{if} \quad a_{i,j}-d_{i-1,j} \geqslant b_1H \end{cases} \tag{7-9}$$

Fan 等[273]的研究表明，较好的站台设施在一定程度上可以减少乘客的感知等待时间。对应于本模型中的 b_1 和 b_2，在实际应用中和分析中可根据站点间的设施差异、不同人群对于等待时间的容忍度来设定不同的 $b_{1,j}$ 和 $b_{2,j}$。

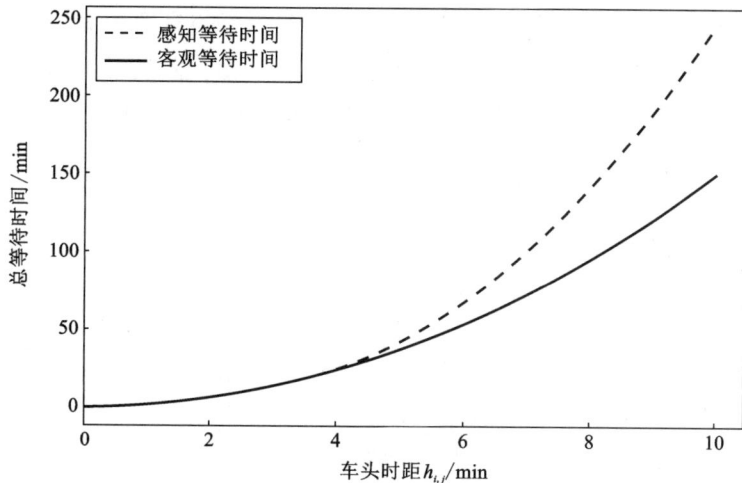

图 7-3　站点总等待时间变化

7.1.3　有限容量/无二次拒载下的乘客感知等待时间推导

同理为了简化问题的描述，做出一些假设，假设(1)(2)(3)(4)与 7.1.2 节相同，假设(5)修改为：

(5)车厢容量有限，但乘客最多只会被拒载一次。被拒载一次后的乘客在下一辆公交车到站时必然能全部登上车。

上一节考虑乘客感知的总等待时间推导是假设所有乘客都能登上所等待的车辆，但在实际运营过程中，部分乘客由于一些原因无法登上车辆，如容量限制、限流及越站策略的实施。而现有的关于限流、越站策略的研究大多数以客观等待时间作为优化目标，忽略了过长时间等待对于乘客的心理影响。因此需将该计算方法推广到乘客无法全部登上车辆的情况。

7.1.3.1　越站控制下的计算方法推导

若第 i 辆车在到达第 j 站之前决定执行越站($a_{i,j}=d_{i,j}$)，那么等待第 i 辆车的乘客只能登上第 $i+1$ 辆车。现假设被第 i 辆车跳过的乘客(即在 $(d_{i-1,j}, d_{i,j}]$ 到达的乘客)必然能全部登上第 $i+1$ 辆车。乘客在站台上的站立是无规则的，

不受到达时刻和第 $i-1$ 辆车离去时刻的差值 $w-d_{i-1,j}$ 影响。在 $(d_{i-1,j}, d_{i,j}]$ 到达的乘客与在 $(d_{i,j}, a_{i+1,j}]$ 到达的乘客登上第 $i+1$ 辆车的概率相等。为使前者全部能登上第 $i+1$ 辆车，第 $i+1$ 辆车到达第 j 站时不允许越站（不允许在同一站点连续越站），且车厢容量能够使所有乘客登上第 $i+1$ 辆车。所以考虑感知的总等待时间计算方法为：

$$W_{i,j}=0 \tag{7-10}$$

$$W_{i+1,j}=\begin{cases} \dfrac{\lambda_j}{2}(a_{i+1,j}-d_{i-1,j})^2, & \text{if } a_{i+1,j}-d_{i-1,j}<b_1H \\ \dfrac{\lambda_j}{2}\left[\begin{array}{c}(a_{i+1,j}-d_{i-1,j})^2\\ +b_2(a_{i+1,j}-d_{i-1,j}-b_1H)^2\end{array}\right], & \text{if } a_{i+1,j}-d_{i-1,j}\geq b_1H \end{cases} \tag{7-11}$$

7.1.3.2 限流控制下的计算方法推导

在现有的一些研究中，越站控制指的是：允许乘客下车，服务完下车乘客后立即离开站点。在服务下车乘客的过程中，允许乘客上车。在这种情况下，或者车厢容量有限，在站乘客并非所有人登上车辆时，等价于限流控制。在限流控制下，乘客登上第 i 辆车的概率同样与 $w-d_{i-1,j}$ 无关，在 $(d_{i-1,j}, a_{i,j})$ 到达的乘客与在 $(a_{i,j}, d_{i,j})$ 到达的乘客登上第 i 辆车的概率相等，数量分别为 $n_{i,j}^{l_1}=n_{i,j}^l(a_{i,j}-d_{i-1,j})/(d_{i,j}-d_{i-1,j})$ 和 $n_{i,j}^{l_2}=n_{i,j}^l(d_{i,j}-a_{i,j})/(d_{i,j}-d_{i-1,j})$。滞留总人数为 $n_{i,j}^l=n_{i,j}^{l_1}+n_{i,j}^{l_2}$。同样地，这 $n_{i,j}^l$ 名乘客与在 $(d_{i,j}, a_{i+1,j})$ 到达的乘客必须要全部能登上第 $i+1$ 辆车，第 $i+1$ 辆车到达第 j 站时不允许限流（即不允许在同一站点连续两辆车实行限流），且车厢容量能够使所有乘客登上第 $i+1$ 辆车（$n_{i,j}^l \cdot n_{i+1,j}^l=0$，$\forall i$）。乘客乘车的时间节点如图 7-4 所示。

在 $(d_{i,j}, a_{i+1,j}]$ 到达的乘客考虑感知的总等待时间为：

$$W_{i,j}=\begin{cases} \lambda_j\dfrac{(a_{i+1,j}-d_{i,j})^2}{2}, & \text{if } a_{i+1,j}-d_{i,j}<b_1H \\ \lambda_j\dfrac{(a_{i+1,j}-d_{i,j})^2}{2}+b_2\lambda_j\dfrac{(a_{i+1,j}-d_{i,j}-b_1H)^2}{2}, & \text{if } a_{i+1,j}-d_{i,j}\geq b_1H \end{cases} \tag{7-12}$$

对于被限制上车的 $n_{i,j}^{l_1}$ 名乘客：

Case 1 $a_{i,j}-d_{i-1,j}<b_1H$ 且 $h_{i+1,j}<b_1H-(a_{i,j}-d_{i-1,j})$

在 $(d_{i-1,j}, a_{i,j}]$ 内到达的所有乘客等待时间都没有超过 b_1H。现将客观等待时间分为两个部分：在 $(d_{i-1,j}, a_{i,j}]$ 这段时间一直有乘客到达，他们的客观总

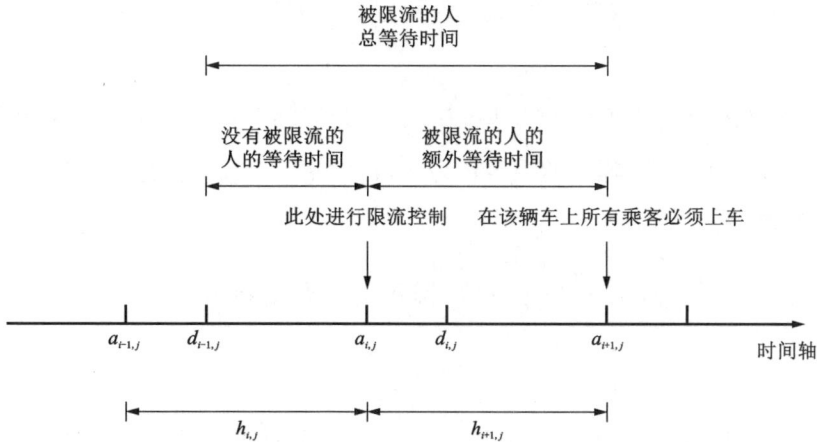

图 7-4　有限容量/无二次拒载下的乘客登车时间轴

等待时间为 $n_{i,j}^{1_1}/[\lambda_j(a_{i,j}-d_{i-1,j})] \cdot \lambda_j(a_{i,j}-d_{i-1,j})^2/2$。这 $n_{i,j}^{1_1}$ 名乘客将继续等待时间为 $h_{i+1,j}=a_{i+1,j}-a_{i,j}\mathrm{s}$。因此，这些乘客的总等待时间为：

$$W_{i+1,j}=n_{i,j}^{1_1}\left[\frac{a_{i,j}-d_{i-1,j}}{2}+h_{i+1,j}\right] \tag{7-13}$$

Case 2　$a_{i,j}-d_{i-1,j}<b_1H$ 且 $b_1H-(a_{i,j}-d_{i-1,j})\leqslant h_{i+1,j}<b_1H$，或 $a_{i,j}-d_{i-1,j}\geqslant b_1H$ 且 $h_{i+1,j}<b_1H$

乘客的客观总等待时间为：

$$W_{i+1,j}^1=n_{i,j}^{1_1}\left[\frac{a_{i,j}-d_{i-1,j}}{2}+h_{i+1,j}\right] \tag{7-14}$$

但在 $(d_{i-1,j}, a_{i+1,j}-b_1H]$ 内到达的乘客的真实等待时间至少为 b_1H。感知等待时间为：

$$W_{i+1,j}^2=b_2\frac{n_{i,j}^{1_1}}{(a_{i,j}-d_{i-1,j})}\cdot\frac{(a_{i+1,j}-d_{i-1,j}-b_1H)^2}{2} \tag{7-15}$$

所以考虑感知的总等待时间为：

$$W_{i+1,j}=W_{i+1,j}^1+W_{i+1,j}^2 \tag{7-16}$$

Case 3　$h_{i+1,j}\geqslant b_1H$：

这 $n_{i,j}^{1_1}$ 名乘客的等待时间都超过了 b_1H，真实等待时间计算方法与 Case 1、Case 2 相同。总等待时间为：

$$W_{i+1,j} = n_{i,j}^{l_1} \left[\frac{a_{i,j} - d_{i-1,j}}{2} + h_{i+1,j} \right] + b_2 n_{i,j}^{l_1} \frac{a_{i,j} - d_{i-1,j}}{2} + b_2 n_{i,j}^{l_1} \cdot (h_{i+1,j} - b_1 H)$$

$$(7-17)$$

其中，$b_2 n_{i,j}^{l_1} (a_{i,j} - d_{i-1,j})/2$ 通过在式（7-15）中代入 $a_{i+1,j} - a_{i,j} = b_1 H$ 求得。

在第 j 站登上第 i 辆车的乘客数为 $\lambda_j (a_{i,j} - d_{i-1,j}) - n_{i,j}^{l_1}$，他们的考虑感知的总等待时间 $W_{i,j}$ 为：

$$W_{i,j} = \begin{cases} (1 - \hat{n}_{i,j}^{l_1}) \left[\lambda_j \dfrac{(a_{i,j} - d_{i-1,j})^2}{2} \right], & \text{if } a_{i,j} - d_{i-1,j} < b_1 H \\[4mm] (1 - \hat{n}_{i,j}^{l_1}) \cdot \left[\begin{array}{c} \lambda_j \dfrac{(a_{i,j} - d_{i-1,j})^2}{2} \\[3mm] + b_2 \lambda_j \dfrac{(a_{i,j} - d_{i-1,j} - b_1 H)^2}{2} \end{array} \right], & \text{if } a_{i,j} - d_{i-1,j} \geq b_1 H \end{cases}$$

$$(7-18)$$

其中：

$$\hat{n}_{i,j}^{l_1} = \frac{n_{i,j}^{l_1}}{\lambda_j (a_{i,j} - d_{i-1,j})} \tag{7-19}$$

对于被限制上车的 $n_{i,j}^{l_2}$ 名乘客，他们等待乘车所用时间 $d_{i,j} - a_{i,j}$ 显然小于 $b_1 H$，所以计算等待时间时只需对 $h_{i+1,j}$ 的大小进行讨论，如下所示：

Case 1 $h_{i+1,j} < b_1 H$

$n_{i,j}^{l_2}$ 名乘客的总等待时间为：

$$W_{i,j} = n_{i,j}^{l_2} \frac{d_{i,j} - a_{i,j}}{2} + n_{i,j}^{l_2} (a_{i+1,j} - d_{i,j}) \tag{7-20}$$

Case 2 $b_1 H \leq h_{i+1,j} < b_1 H + d_{i,j} - a_{i,j}$

部分乘客产生了感知等待时间，他们的数量为 $n_{i,j}^{l_2} (h_{i+1,j} - b_1 H)/(d_{i,j} - a_{i,j})$，感知总等待时间为：

$$W'_{i,j} = n_{i,j}^{l_2} \frac{h_{i+1,j} - b_1 H}{d_{i,j} - a_{i,j}} b_2 \int_{a_{i,j}}^{a_{i+1,j} - b_1 H} \lambda_j (a_{i+1,j} - w - b_1 H) \, \mathrm{d}w$$

$$= \frac{n_{i,j}^{l_2} \dfrac{h_{i+1,j} - b_1 H}{d_{i,j} - a_{i,j}}}{n_{i,j}^{l_2}} b_2 \lambda_j \frac{(h_{i+1,j} - b_1 H)^2}{2} = b_2 \lambda_j \frac{(h_{i+1,j} - b_1 H)^3}{2(d_{i,j} - a_{i,j})} \tag{7-21}$$

所以 $n_{i,j}^{l_2}$ 名乘客考虑感知的总等待时间为

$$W_{i,j} = n_{i,j}^{l_2} \frac{d_{i,j} - a_{i,j}}{2} + n_{i,j}^{l_2}(a_{i+1,j} - d_{i,j}) + W_{i,j}' \tag{7-22}$$

Case 3　$b_1 H + d_{i,j} - a_{i,j} \leq h_{i+1,j}$

这 $n_{i,j}^{l_2}$ 名乘客的客观等待时间都超过了 $b_1 H$。所以考虑感知的总等待时间为：

$$W_{i,j} = n_{i,j}^{l_2} \left[\frac{d_{i,j} - a_{i,j}}{2} + (a_{i+1,j} - d_{i,j}) \right] + b_2 \left[\lambda_j \frac{(d_{i,j} - a_{i,j})^2}{2} + n_{i,j}^{l_2}(a_{i+1,j} - d_{i,j} - b_1 H) \right]$$

$$\tag{7-23}$$

7.1.4　有限容量/有二次拒载下的乘客感知等待时间推导

有限容量/有二次拒载下的乘客感知等待时间推导，假设(1)(2)(3)(4)与7.1.2 节相同，假设(5)修改为：

(5)车厢容量有限，乘客被拒载的次数不设上限，取决于实际运营情况。

若第 $i-1$ 辆车服务完了所有乘客，第 i 辆车发生了限流，且被第 i 辆车限制的乘客直至第 $i+m$ 辆车到达时才被全部服务完成，那么第 $i+1$, $i+2$, $\cdots$, $i+m-1$ 辆车必定存在拒载行为。当第 $i+k$ 辆车进站时，滞留的乘客总数为：

$$\tilde{N}_{i+k}^l = \tilde{n}_{i \to i+k}^l + \tilde{n}_{i+1 \to i+k}^l + \tilde{n}_{i+2 \to i+k}^l + \cdots + \tilde{n}_{i+k-2 \to i+k}^l + n_{i+k-1}^l$$

$$= \sum_{K=0}^{k-2} \tilde{n}_{i+K \to i+k}^l + n_{i+k-1}^l, \quad k = 2, 3, \cdots, m \tag{7-24}$$

式中：$\tilde{n}_{i+k \to i+m}^l$ 表示到达时刻在 $(d_{i+k-1}, d_{i+k}]$ 范围内被限制上车的乘客在经过第 $i+k+1$ 辆车、第 $i+k+2$ 辆车、$\cdots$、第 $i+m-1$ 辆车服务后，在第 $i+m$ 辆车进站时剩余的乘客数量，$k=0, 1, 2, \cdots, m-2$。在 $(d_i, d_{i+m-2}]$ 内到达且被拒载的乘客，至少经历了两次拒载。在 $(d_{i+m-2}, d_{i+m-1}]$ 内到达且被拒载的乘客，只经历了一次拒载。在 $(d_{i+m-1}, d_{i+m}]$ 内到达的乘客全部登上第 $i+m$ 辆车，即：

$$\tilde{N}_{i+1}^l = n_i^l \tag{7-25}$$

$$n_{i+m}^l = 0 \tag{7-26}$$

$$\tilde{N}_{i+m+1}^l = 0 \tag{7-27}$$

第 $i+1$, $i+2$, $\cdots$, $i+m-1$ 辆车必定产生了拒载行为，即 $n_{i+1}^l \cdot n_{i+2}^l \cdot \cdots \cdot n_{i+m-1}^l \neq 0$。而且，第 $i+1$, $i+2$, $\cdots$, $i+m-1$ 辆车被拒载的所有乘客，必定都是在

第 $i+m$ 辆车到达时被全部服务，所以有：

$$\begin{cases} \tilde{n}^1_{i\to i+2}\tilde{n}^1_{i+1\to i+3}\cdots\tilde{n}^1_{i\to i+m}\neq 0 \\ \tilde{n}^1_{i+1\to i+3}\tilde{n}^1_{i+1\to i+4}\cdots\tilde{n}^1_{i+1\to i+m}\neq 0 \\ \qquad\qquad\vdots \\ \tilde{n}^1_{i+m-2\to i+m-1}\tilde{n}^1_{i+m-2\to i+m}\neq 0 \\ n^1_i n^1_{i+1} n^1_{i+2}\cdots n^1_{i+m-1}\neq 0 \end{cases} \qquad (7\text{-}28)$$

图 7-5 展示了滞留传递过程，即历经二次拒载的站点内滞留乘客被车辆依次服务的过程。现在接着来分析，被二次拒载后这部分乘客的感知等待时间。

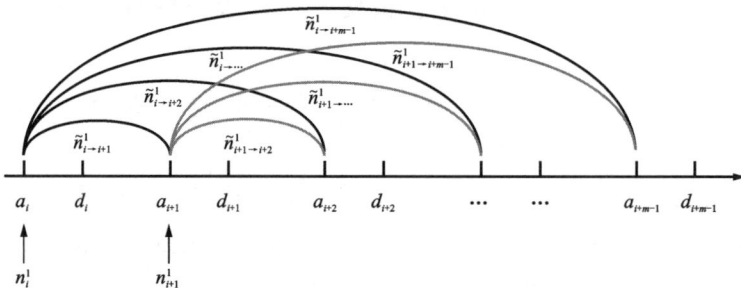

图 7-5　乘客的滞留传递时间轴

为了不使问题规模过大，本研究做出假设：被二次拒载的乘客，无论在被二次拒载前的客观等待时间是否超出 $b_1 H$，都会使感知等待时间大于客观等待时间。所以被二次拒载的乘客的感知总等待时间计算方法为：

$$\tilde{W}_{i\to i+2}=\tilde{n}^1_{i\to i+2}\cdot b_2(a_{i+2}-a_{i+1}) \qquad (7\text{-}29a)$$

$$\tilde{W}_{i\to i+3}=\tilde{n}^1_{i\to i+3}\cdot b_2(a_{i+3}-a_{i+2}) \qquad (7\text{-}29b)$$

$$\vdots$$

$$\tilde{W}_{i\to i+m}=\tilde{n}^1_{i\to i+m}\cdot b_2(a_{i+m}-a_{i+m-1}) \qquad (7\text{-}29c)$$

对于这个计算方法，只能用于计算被第 i 辆车、第 $i+1$ 辆车、…、第 $i+m-2$ 辆车的二次拒载感知等待时间计算。因为被第 $i+m-1$ 辆车拒载的乘客，全部登上了第 $i+m$ 辆车，没有被二次拒载的乘客。

第 i 辆车到达第 j 站时，成功登上车辆的人数为 B_i。所以可以作计算：

$$\tilde{n}^1_{i\to i+1}=n^1_i=\tilde{N}^1_{i+1} \qquad (7\text{-}30a)$$

$$\tilde{n}_{i\to i+2}^{l} = n_i^l \left[1 - \frac{B_{i+1}}{\lambda_j(d_{i+1}-d_i)+n_i^l} \right] \tag{7-30b}$$

$$\tilde{n}_{i\to i+3}^{l} = \tilde{n}_{i\to i+2}^{l} \left[1 - \frac{B_{i+2}}{\lambda_j(d_{i+2}-d_{i+1})+\tilde{N}_{i+2}^l} \right] \tag{7-30c}$$

$$\vdots$$

$$\tilde{n}_{i\to i+m}^{l} = \tilde{n}_{i\to i+m-1}^{l} \left[1 - \frac{B_{i+m-1}}{\lambda_j(d_{i+m-1}-d_{i+m-2})+\tilde{N}_{i+m-1}^l} \right] \tag{7-30d}$$

无论是否发生二次限流，7.1.3.2节的计算方法都能直接使用。考虑了二次限流后，需要计算额外的感知等待时间。

$$\tilde{n}_{i+1\to i+2}^{l} = n_{i+1}^l \tag{7-31a}$$

$$\tilde{n}_{i+1\to i+3}^{l} = n_{i+1}^l \left[1 - \frac{B_{i+2}}{\lambda_j(d_{i+2}-d_{i+1})+\tilde{N}_{i+2}^l} \right] \tag{7-31b}$$

$$\tilde{n}_{i+1\to i+4}^{l} = \tilde{n}_{i+1\to i+3}^{l} \left[1 - \frac{B_{i+3}}{\lambda_j(d_{i+3}-d_{i+2})+\tilde{N}_{i+4}^l} \right] \tag{7-31c}$$

$$\vdots$$

总结式(7-30a)至式(7-31c)，可为乘客的滞留传递关系建立滞留传递矩阵，如图7-6所示。行列数代表某时段或一天内运行的公交车的数量，从该图中可观察到，第1、2、3、4、5、7、8、9辆公交车为箭头的起点，表示这些公交车进行了拒载。

设 $\tilde{W}_{i,j}$ 为被二次拒载的乘客的感知总等待时间：

$$\tilde{W}_{i,j} = 0 \tag{7-32a}$$

$$\tilde{W}_{i+1,j} = 0 \tag{7-32b}$$

$$\tilde{W}_{i+2,j} = \tilde{n}_{i\to i+2}^{l} \cdot b_2(a_{i+2}-a_{i+1}) = \tilde{W}_{i\to i+2,j} \tag{7-32c}$$

$$\tilde{W}_{i+3,j} = \tilde{n}_{i\to i+3}^{l} \cdot b_2(a_{i+3}-a_{i+2}) + \tilde{n}_{i+1\to i+3}^{l} \cdot b_2(a_{i+3}-a_{i+2})$$
$$= \tilde{W}_{i\to i+3} + \tilde{W}_{i+1\to i+3} \tag{7-32d}$$

$$\vdots$$

$$\tilde{W}_{i+k,j} = \sum_{K=0}^{k-2} \tilde{W}_{i+K\to i+k}, \quad k = 2, 3, \cdots, m \tag{7-32e}$$

综上，考虑乘客感知的总等待时间计算方法为：

$$\hat{W}_{i,j} = W_{i,j} + \tilde{W}_{i,j} \tag{7-33}$$

至此，得到了有限容量/有二次拒载下的乘客感知等待时间计算方法。式

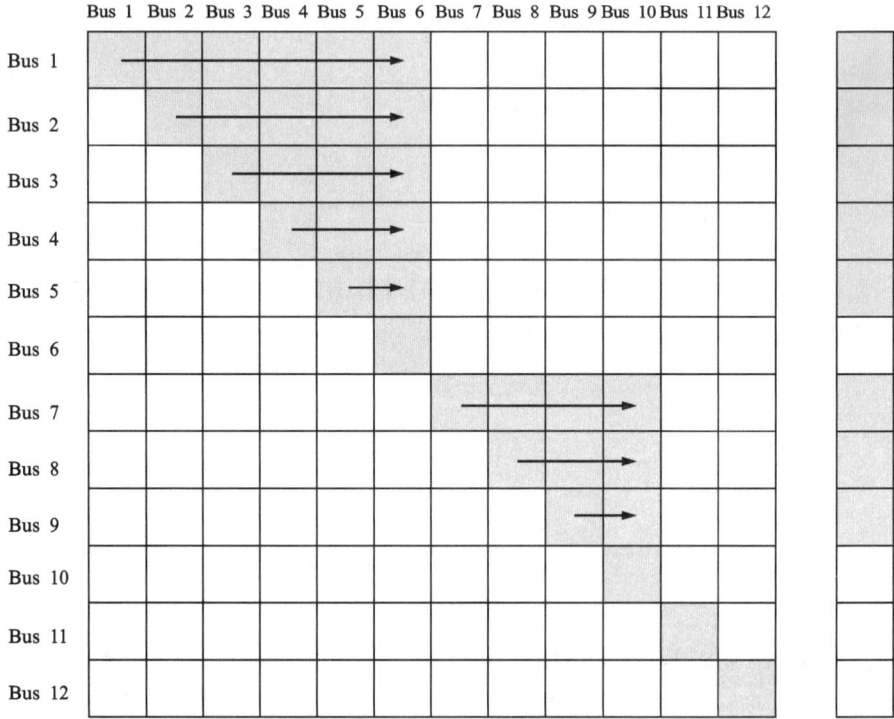

图 7-6 乘客的滞留传递矩阵

(7-33) 中的 $W_{i,j}$ 为在第 j 站等待第 i 辆公交车的乘客中经历拒载次数小于或等于 1 的乘客的总等待时间，而 $\tilde{W}_{i,j}$ 为在第 j 站等待第 i 辆公交车的乘客中经历拒载次数大于 1 的乘客的总等待时间。对于无限容量和有限容量/无二次拒载的情形，$\tilde{W}_{i,j}=0$，$\hat{W}_{i,j}=W_{i,j}$。

7.2 问题描述

驻站和调速这两种策略是对提供公交服务的主体（即公交车辆）进行调控的控制手段。驻站控制是指公交车辆在服务完站点内所有等待乘客后，额外在站点内停留一段时间，来拉大与前车的车头时距。调速控制是指对路面上行驶的公交车辆发出指令，给予公交驾驶员一个理想的指导行驶速度，来拉大或缩小与前车/后车的车头时距。驻站和调速策略已经被证明是提高公交服务可靠性的有效手段，这两种控制手段对于站台/道路空间都有一定的要求。

本章的组合控制策略的实施环境为：线路上所有站台的空间能够容纳公交车进行驻站控制，在特定路段能够为公交提供优先或专有路权以便公交车进行调速控制。本研究中的调速控制模型仅对驾驶员发出加速指令。减速通过驻站控制间接完成。

驻站和调速的触发都是基于实时车头时距阈值。本研究中的车头时距阈值是指：公交车头时距大于/小于某一阈值时，对车辆发出控制指令，使车辆实施驻站/调速控制。两种控制模型的阈值不同。驻站控制的阈值参数 α 通过枚举法确定；调速控制无显性的阈值参数，经过概率转移矩阵对路段交通状况的采集模型会自主决策出控制阈值。驻站-调速控制流程如图 7-7 所示。当第 j 站到 $j+1$ 站不可实施调速时，直接将 $h_{i,j}$、α、H 输入到驻站控制模型即可得到控制时间 $c_{i,j}$。

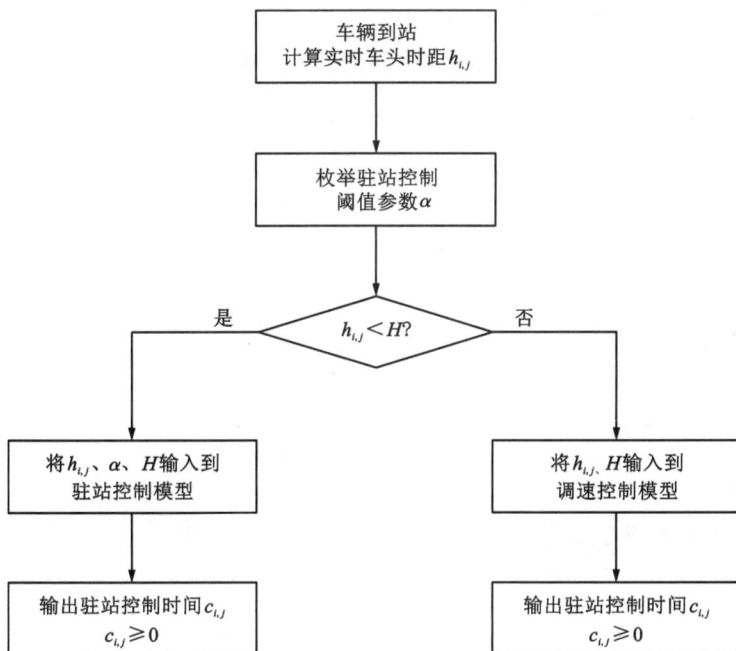

图 7-7　驻站-调速控制流程

7.3 驻站控制模型

采用基于阈值的驻站控制模型来计算驻站时长[103]，如式（7-34）、式（7-35）、式（7-36）所示。阈值控制的目标是：当车辆的车头时距小于所设定的阈值时，对车辆发出驻站控制指令，使车辆的车头时距纠正到发车间隔 H。当车辆 i 到达第 j 站的车头时距 $h_{i,j}$ 小于 $\alpha_1 H$ 时，车辆在服务完乘客后将额外停留一段时长 $c_{i,j}$，这段时长为车头时距与发车间隔的差值 $H-h_{i,j}$。α_1 为控制强度参数，范围为 $[0,1]$，α_1 越接近于 1，触发驻站的频率越高，在 7.6.3.1 节中将对该参数进行优化和讨论。$f_{\alpha_2}(j)$ 为松弛时间关于站点编号的函数，其中 α_2 是一个额外加入的、默认的驻站时长，加入松弛时间能够增加公交车运行的弹性（即落后车辆赶上前车的可能性），但过长的松弛时间会增加在车乘客的等待时间。松弛时间的设置方法见 7.6.3.4 节。离开 j^* 站的车辆可执行调速控制，不设置松弛时间，将 j^* 站称为调速控制点。由于驻站控制等效于降低公交运行速度，在本研究中调速控制仅限于提高公交运行速度，而不降低公交运行速度。

$$h_{i,j}=a_{i,j}-a_{i-1,j} \qquad (7-34)$$

$$c_{i,j}=\begin{cases} H-h_{i,j}+f_{\alpha_2}(j)\,,\ \text{if}\ h_{i,j}<\alpha_1 H \\ \max(H-h_{i,j}+f_{\alpha_2}(j)\,,\ 0)\,,\ \text{if}\ h_{i,j}>H \\ f_{\alpha_2}(j)\,,\ \text{else} \end{cases} \qquad (7-35)$$

$$f_{\alpha_2}(j)=\begin{cases} \alpha_2\,,\quad j\neq j^* \\ 0\,,\quad \text{else} \end{cases} \qquad (7-36)$$

其中，$0<\alpha_1\leqslant1$，$\alpha_2\geqslant0$。

7.4 调速控制模型

基于公交运行状态的无后效性建模假设，本研究为调速控制建立了马尔可夫决策模型，定义为四元组 $(S,\ X,\ P,\ R)$。车辆离开控制点（SCP）时，若落后于前方车辆（即 $h_{i,j}>H$），将有可能在道路速度限制下提高站间运行速度。在本研究中 4 个控制点分布在相邻的站点上。将公交车从 j^* 站点到达 j^*+1 站点间的"离散的站点演化"类比为随机过程中的"时间演化"[49]，在 j^*+1 站点的公交车的状态具有无后效性，仅与 j^* 所处的状态相关，如图 7-8 所示。这种公交运行建模方式是合理的——提早离开的车辆将在下游站点服务更少的乘客，这种超前趋势将在行驶方向上沿站点逐渐累积，最终导致串车，"大间隔"的现象也类似。

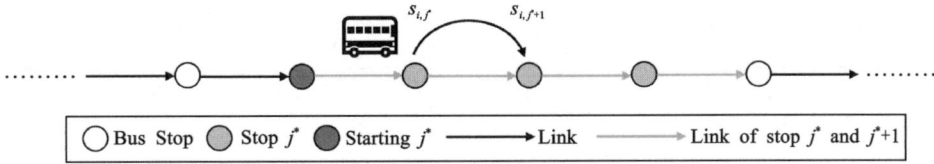

图 7-8　公交车到达站点生成状态值

7.4.1　状态定义

第 i 辆车到达第 j^* 站时，在车头时距 $h_{i,j^*}>H$ 的情况下车辆根据自身的状态决定加速控制的动作值，如图 7-8 所示。定义状态值 s_{i,j^*}：

$$s_{i,j^*}=a_{i,j^*}-a_{i-1,j^*}-H=h_{i,j^*}-H \tag{7-37}$$

s_{i,j^*} 的意义是第 i 辆车到达 j^* 站时前向车头时距与发车间隔的偏差，范围是 $[-H,\ +\infty]$。当 s_{i,j^*} 越接近于 0，运行稳定性越高。

7.4.2　收益矩阵

当 s_{i,j^*} 在 0 的右邻域内增大或左邻域内减小时，公交车运行的稳定性下降。将状态值对应的效用函数 f_v 定义为在 $s_{i,j^*}=0$ 取得极大值的函数，如下：

$$f_v(s_{i,j^*})=-|\hat{s}_{i,j^*}| \tag{7-38}$$

将 s_{i,j^*} 的取值按照一定步长划分为 $N_s=11$ 个离散状态区间（discrete interval），区间的步长值为 6 s，$\hat{s}_{i,j^*}$ 为 s_{i,j^*} 所在区间的组中值，如图 7-9 所示。可执行的加速控制值范围较大时，由于小幅度的状态转移对车辆运行稳定性影响较小，此时需要根据具体路段情况减少离散区间的数量、增大步长值。收益矩阵 R 是一个 N_s 阶方阵，表示离散状态转移而产生的效用变化，$f_v(\hat{s}_{i,j^*+1})-$

$f_v(\hat{s}_{i,j^*})$ 构成收益矩阵 R 的元素，行的序号表示车辆到 j^* 站时所处的状态编号，列的序号表示车辆到达 j^*+1 站所处的状态编号。由平稳的状态向不平稳的状态转移，效用值降低；反之则上升。如图 7-10（a）所示，每一行亮度最高的列都为第 6 列，即 s_{i,j^*} 在 $[-3，+3]$ 范围内所对应的状态。

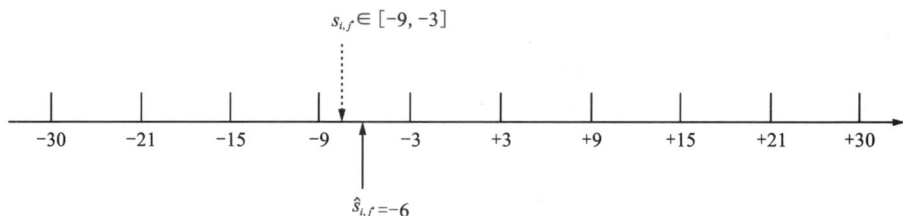

图 7-9　离散状态区间

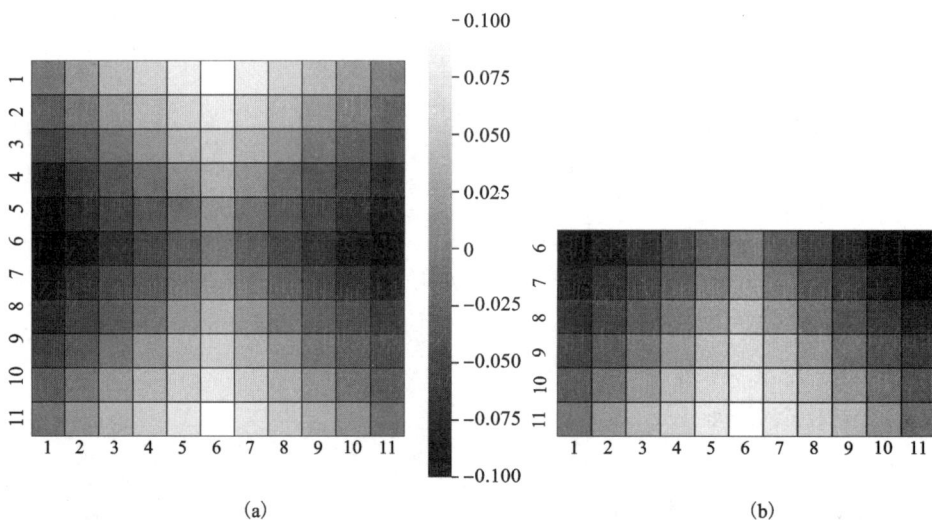

(a)　　　　　　　　　　　　(b)

图 7-10　收益矩阵热力图

7.4.3　最优决策

提高公交车运行速度的目标是缓解大间隔，即在动作集 $X=\{x_1，x_2，\cdots\}$ 下当前公交车能够尽可能追上前方公交车。但不合理动作将会使车头时距过分缩小从而可能诱发串车，因此需要在动作集中选取期望收益值 f_x 最大的动作

x^* 作为加速时长 c_{i,j^*}：

$$f_x = \vec{S} P_x^{j^*} (\vec{S}R)^{\mathrm{T}}, \ x = x_1, \ x_2, \ \cdots \tag{7-39}$$

$$c_{i,j^*} = x^* = \mathrm{argmax}(f_x) \tag{7-40}$$

$\vec{S}$ 为公交车到站时的概率分布向量。例如，当 $s_{i,j^*} \in [-9, -3]$ 时，车辆处于第 5 个状态，如图 7-9，那么 $\vec{S} = (0, 0, 0, 0, 1, 0, \cdots, 0)$，对应的效用值 $f_v = -|\hat{s}_{i,j^*}| = -|-9+(-3)|/2$。

$P_x^{j^*}$ 为动作 x 下站点 j^* 到 j^*+1 的概率转移矩阵，它也是一个 N_s 阶方阵。在给定的状态 s_{i,j^*} 下，概率转移矩阵的元素受三个因素的影响：（1）乘客的到达率 λ_{j^*}；（2）第 j^* 站到第 j^*+1 站的行程时间 t_{j^*}；（3）所采取的控制动作 $x \in X$。在公交车采取调速控制后，站间行程时间变为 $t_{j^*}+x$。$P_x^{j^*}$ 通过随机策略估计，本研究中在正式进行控制之前使车辆以随机策略运行 $2N$ 天。应该注意的是，随机策略的触发时机与 x^* 相同，即 $h_{i,j^*} > H$。然后在接下来的 N 天采取期望收益最大的策略 x^*，并以一天作为一个世代，以三元组 $(\hat{s}_{i,j^*}, \ x, \ \hat{s}_{i,j^*+1})$ 的形式继续更新矩阵 $P_x^{j^*}$。在该三元组中，$\hat{s}_{i,j^*}$ 和 $\hat{s}_{i,j^*+1}$ 的取值范围分别为 $[0, +\infty]$、$[-H, +\infty]$。$P_x^{j^*}$ 的行和列的意义与收益矩阵 R 相同。但 $P_x^{j^*}$ 的上半部分的 $(N_s-1)/2 \times N_s$ 个元素全部为 0，原因是第 1 到第 $(N_s-1)/2$ 个状态均为车辆超前所处的状态 $(h_{i,j} < H)$，在此状态下车辆显然无须触发加速控制。但在车辆落后不严重、随机策略采取了较大的加速动作时，车辆有可能从"落后"状态转移到"超前"状态，这是公交运营商不愿看到的。因此需要统计并在选择最优加速动作时考虑这种不利影响，体现在 $P_x^{j^*}$ 的下半部分 $(N_s+1)/2 \times N_s$ 个元素中，如图 7-10（b）所示。

7.5　驻站和调速的组合控制方法

在本研究中，当车辆具有向前车靠近时 $(h_{i,j} < \alpha_1 H)$，驻站控制可在所有站点执行（除了起点和终点站）；调速控制仅可在连续分布的四个站点出发且车辆滞后时 $(h_{i,j^*} > H)$ 才可以执行，并且调速控制只包括加速动作。组合策略的控制流程如下所示。本研究将在 7.6 节根据线路上的乘客需求变化讨论在哪些站点实施调速控制更有利于减低乘客感知时间、提高公交运行稳定性。

Step 1：

将 $\{0.2, 0.3, \cdots, 1.0\}$ 中的值依次赋给强度参数 α_1

Step 2：

所有公交车以发车间隔 H 从首站发出

When 第 i 辆公交车到达第 j 站时：

    计算前向车头时距 $h_{i,j}$

    If $j \neq j^*$：

        If $h_{i,j} < \alpha_1 H$：

            在服务完乘客后第 i 辆公交车停留 $H - h_{i,j} + f_{\alpha_2}(j)$ 秒

        Else if $h_{i,j} > H$：

            在服务完乘客后第 i 辆公交车停留 $\max(H - h_{i,j} + f_{\alpha_2}(j), 0)$ 秒

        Else：

            在服务完乘客后第 i 辆公交车停留 $f_{\alpha_2}(j)$ 秒

    Else：

        If $h_{i,j} < \alpha_1 H$：

            在服务完乘客后第 i 辆公交车停留 $H - h_{i,j} + f_{\alpha_2}(j)$ 秒

        Else if $h_{i,j} > H$：

            If 执行最优策略：

                计算状态值 s_{i,j^*} 及最优动作 $x^* = c_{i,j^*} = \mathrm{argmax}(f_x)$

                指导第 i 辆公交车向第 j^*+1 站行驶，行程时间为 $t_{j^*} + c_{i,j^*}$ 秒

                计算状态值 s_{i,j^*+1}，以三元组 $(\hat{s}_{i,j^*}, x^*, \hat{s}_{i,j^*+1})$ 的形式更新 $P_x^{j^*}$

            Else：

                计算状态值 s_{i,j^*} 并从动作集 X 中随机选择动作 x

                指导第 i 辆公交车向第 j^*+1 站行驶，行程时间为 $t_{j^*} + x$ 秒

                计算状态值 s_{i,j^*+1}，以三元组 $(\hat{s}_{i,j^*}, x, \hat{s}_{i,j^*+1})$ 的形式更新 $P_x^{j^*}$

        Else：

            在服务完乘客后第 i 辆公交车停留 $f_{\alpha_2}(j)$ 秒

End

166

When 所有公交车都已到达末站：

　　执行 Step 3

Step 3：

　　输出当前强度参数 α_1 下的服务评价指标

Step 4：

　　If {0.2, 0.3, …, 1.0} 中的所有元素都已被赋给强度参数 α_1：

　　　　End

　　Else：

　　　　将 $P_x^{j^*}$ 设为空矩阵，并从 {0.2, 0.3, …, 1.0} 中赋给 α_1 新的值

　　　　执行 Step 2~Step 4

7.6　实验设计与结果分析

7.6.1　仿真环境及相关参数

本研究的仿真对象是在高频线路上运行的、一小时内在始发站发出的所有公交车，该线路包括 24 个站点，站间距为 500 m。表 7-2 展示了各项仿真参数的具体数值。第 j^* 站至第 j^* +1 站的标准差为 0.1 min，即调速路段的行程时间波动更小，可理解为该路段设立了公交专用道、信号灯优先等手段来保障公交通行。

表 7-2　仿真环境参数

参数	值/特征	意义
N	50 天	仿真天数；调速模型中的随机策略将会执行 2N 天
t_j	均值：1.7(min) 标准差：0.3(min)	第 j 站到第 j+1 站的行程时间，服从对数正态分布

续表7-2

参数	值/特征	意义
t_{j^*}	均值：1.7(min) 标准差：0.1(min)	第 j^* 站到第 j^*+1 站的行程时间，服从对数正态分布
H	5(min)	首站发车间隔
p_j^{alight}	$p_1^{alight}=0$, $p_{24}^{alight}=1$, $p_j^{alight} \sim U[0.1, 0.3]$, $j=2, 3, \cdots, 23$	第 j 站乘客下车率
t^{board}	4(s/人)	单位乘客上车时间
t^{alight}	2(s/人)	单位乘客下车时间
b_1	0.7	容忍度参数
b_2	1.5	感知参数
λ_j	如图7-11	乘客到达率
N_s	11	离散状态区间的数量
δ_s	6(s)	离散状态区间的步长
X	$\{0, -10, -20, -30\}$(s)	调速控制的动作集；$t_{j^*}+\min(X)$ 需满足道路速度的限制

为该线路设计了四种客流模式：全低(AL)、全高(AH)、单峰(UM)和双峰(BM)，如图7-11实线所示。实线表示乘客在发车间隔 H 内的到达率，虚线为由到达率和下车率的平均值求得的平均过境乘客量。

在选择调速控制的站点位置时，考虑两种极端情况：若调速起点靠近首站，公交车到达调速起点时运行状况还比较稳定，外界对公交车运行的扰动尚未形成一定规模，调速模型无法充分发挥其性能。若调速起点设在靠近末站的位置，扰动在调速起点的上游站点无法被有效遏制。因此调速起点不能太靠近首站和末站。本章为四种客流模式选择了几个典型站点作为调速起点，具体位置如图7-11及表7-2所示。

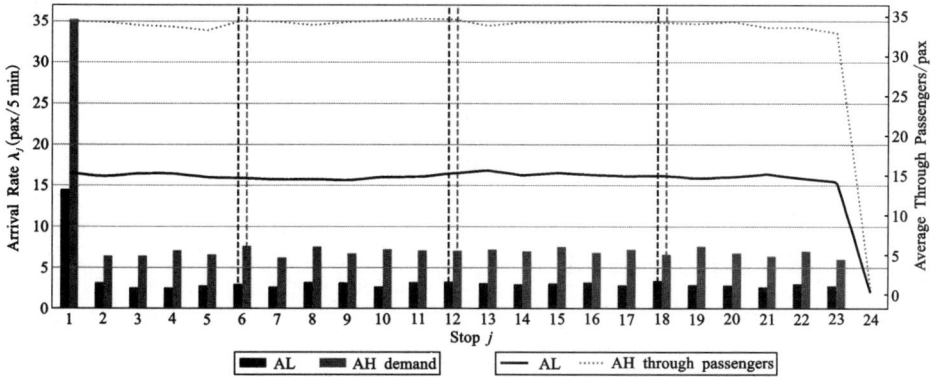

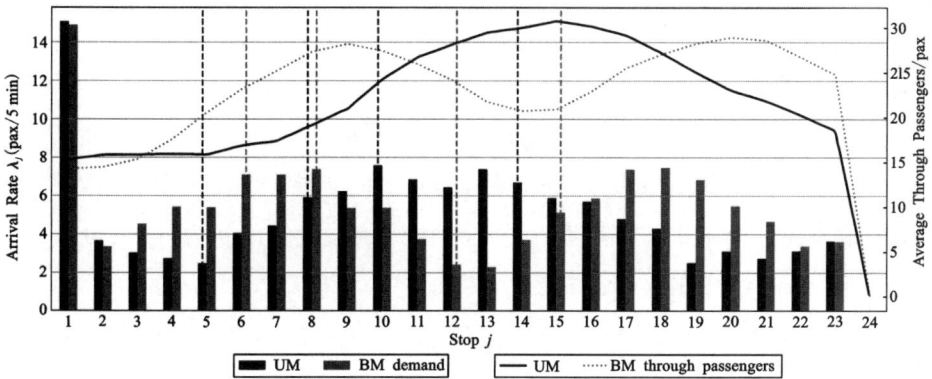

图 7-11　四种客流模式线路

7.6.2　评价指标

为了评价在当前控制强度参数 α_1、松弛时间 α_2 和调速起点下的控制效果，本章用以下两个评价指标来描述控制策略对乘客的影响。受运营控制影响的总上车人数 $B = \sum\limits_{i=1}^{12} \sum\limits_{j=2}^{23} B_{i,j}$，总承运量 $O^{\mathrm{d}} = \sum\limits_{i=1}^{12} \sum\limits_{j=2}^{23} O^{\mathrm{d}}_{i,j}$。平均总等待时间 W_{s}、平均总在车延误 W_{v}，分别以站点候车人数和车厢内乘客数为权重来求平均，W 为总延误，如式(7-41a)、式(7-41b)、式(7-41c)所示。平均总等待时间 W_{s} 通过7.1 节推导的感知等待时间计算方法来进行计算。

$$W_{\mathrm{s}} = \sum_{i=1}^{12} \sum_{j=2}^{23} \frac{B_{i,j}}{B} \hat{W}_{i,j} \qquad (7\text{-}41\mathrm{a})$$

$$W_{\mathrm{v}} = \sum_{i=1}^{12} \sum_{j=2}^{23} \frac{O_{i,j}^{\mathrm{d}}}{O^{\mathrm{d}}} c_{i,j} O_{i,j}^{\mathrm{d}} \qquad (7\text{-}41\mathrm{b})$$

$$W = W_{\mathrm{s}} + W_{\mathrm{v}} \qquad (7\text{-}41\mathrm{c})$$

7.6.3 性能分析

7.6.3.1 控制强度对服务可靠性的影响

如无特殊说明，7.6.3 节涉及时间的单位均为秒，W_{s}、W_{v}、W 为 $N = 50$ 天内的平均值。从表 7-3 中可以得到，随着控制强度参数 α_1 增大，车辆更频繁地触发驻站控制，平均总等待时间 W_{s} 和车头时距标准差 σ_h 减小。当 $\alpha_1 \geqslant 0.9$ 时，平均总在车延误 W_{v} 显著增加，抵消了更严格的控制为乘客降低的等待时间。事实上，最优控制强度 α_1 在一定区间内，而非某一固定的值。例如，当调速起点的位置 $j^* = 8$ 时，单峰客流线路最优控制强度的区间为 $[0.5, 0.8]$，在表中呈现了 $\alpha_1 = 0.5$ 的运行指标统计结果。

表 7-3 不同控制强度下的性能指标(单峰客流模式，调速控制起点为 $j^* = 8$，无松弛)

α_1	$W_{\mathrm{s}}/\mathrm{s}$	$W_{\mathrm{v}}/\mathrm{s}$	W/s	σ_h/s	$n_{h>H}$	$E(h>H)/\mathrm{s}$	$\sigma_{h>H}/\mathrm{s}$
0.2	1282	−63	1219	97.2	6947	371.5	75.5
0.3	1227	−60	1167	91.3	6921	369.2	69.8
0.4	1231	−44	1187	83.1	6879	362.7	61.4
0.5	1161	−28	1133	82.2	6830	363.7	66.8
0.6	1113	−14	1099	73.5	6685	359.3	58.9
0.7	1085	23	1108	63.7	6875	351.4	52.1
0.8	1064	57	1121	54.5	7277	344.8	44.2
0.9	1049	100	1149	47.4	7810	339.8	40.3
1.0	1059	127	1186	45.7	8149	338.4	40.5

表 7-4 各客流模式最优控制强度(无松弛)

客流模式	调速控制起点	α_1	W_s/s	W_v/s	W/s
AL	—	0.6	751	48	799
	6	0.5	644	−23	621
	12	0.5	660	−28	632
	18	0.7	661	1	662
AH	—	0.8	2866	387	3253
	6	0.7	1728	63	1791
	12	0.8	1932	159	2091
	18	0.9	2981	266	3247
UM	—	0.7	1345	153	1498
	5	0.5	1147	19	1166
	8	0.5	1161	−28	1133
	10	0.7	1138	−3	1135
	14	0.7	1243	−15	1228
BM	—	0.7	1535	174	1709
	6	0.6	1271	−13	1258
	8	0.7	1248	15	1263
	12	0.6	1315	28	1343
	15	0.7	1321	7	1328

如表 7-3，α_1 增大会提高公交车运行的车头时距规律性。同时可以观察到，当 α_1 增大至 1.0 时平均总等待时间 W_s 增加了。比较不同 α_1 下的落后频数 $n_{h>H}$(滞后于发车间隔 H 的频数)、落后车头时距均值 $E(h>H)$、落后车头时距标准差 $\sigma_{h>H}$，尽管更严格的驻站控制能降低车头时距的波动性，带来的问题是落后频数 $n_{h>H}$ 的增加。结合 7.1 节推导的主观感知计算方法，该现象可以理解为：尽管车头时距规律性得到了改善，过于严格的控制强度使得车辆更容易滞后，而这种滞后(大间隔)是在站乘客感知等待时间增加的直接原因。在本研究中公交车的容量是无限的，若考虑有限容量，在客流需求较大的情况下将有

部分乘客无法登上车只能选择下一趟车，因此感知等待时间会更长。改变客流模式和调速的位置都能观察到类似的现象，这里不一一呈现。此外，从表7-4中可以观察到，各种客流模式下加入调速控制对最优驻站控制强度的影响很小。

7.6.3.2 调速控制的有效性

以单峰客流模式为例（调速起点的位置 $j^* = 8$）。表7-5中第一列的 X 表示在 j^* 出发且滞后的公交车所采用的策略。x^* 为经过 $2N$ 天的随机策略计算出的期望收益最大的策略。0代表整条线路上没有设置调速控制点，-10、-20、-30为车辆到达调速控制点且在滞后的情况下采取的单一加速策略。W_s、W_s^* 分别为全线、所有调速控制点下一路段的乘客等待时间（全局成本、局部成本），其他带有 * 的符号同理。p_{x^*} 这一列代表 x^* 在 N 天内分别采取了 0、-10、-20、-30控制动作的比例。

表 7-5　不同加速策略下的性能指标（单峰客流模式，调速控制起点为 $j^* = 8$）

$X(s)$	W_s/s	W_v/s	W/s	W_s^*/s	W_v^*/s	W^*/s	σ_h/s	σ_h^*/s	$\bar{v}$/(km/h)	$\bar{v}^*$/(km/h)	p_{x^*}
0	1530	104	1634	—	—	—	107.39	—	13.91	—	3%
-10	1390	53	1443	1620	-86	1534	98.83	82.08	14.24	14.06	17%
-20	1281	10	1291	1505	-227	1278	91.26	70.34	14.47	14.75	13%
-30	1217	-33	1184	1432	-335	1097	85.37	63.72	14.65	15.33	67%
x^*	1134	-32	1102	1348	-292	1056	75.80	53.55	14.71	15.06	100%

从表7-4及表7-5的结果可得到：在各种加速策略下，平均总等待时间 W_s、平均总在车延误 W_v、车头时距一致性 σ_h、全线运行速度 $\bar{v}$(km/h) 均有一定程度的改善。组合策略的控制效果显著优于单一的驻站策略。-30这一加速策略使公交车在离开SCP后的路段上的运行速度是最快的，区段在车成本 W_v^* 优于其他控制策略。但在整个线路上 x^* 与-30加速策略下的速度以及在车成本 W_v 基本相同，但全局平均总等待时间 W_s、车头时距一致性 σ_h 得到了更好的改善。比起单一的加速策略，x^* 加速策略避免了部分不良的追赶行为，提高了

在站乘客的服务可靠性。适当地减少加速策略没有使全线运营速度和在车延误恶化。

表 7-5 中的所有策略均是在车辆滞后的状态下执行的（$s_{i,j*} > 0$），如果解除该限制，使公交车自由进行加速，那么更快的车速将可能加剧引发串车的追赶行为。这对我们的启示是，仅仅保证公交车的优先通行权，使公交车在道路上车速尽可能高，在抢占其他社会车辆道路空间的同时也无法充分发挥公交车优先措施的潜在效用。

现在改变离散状态区间的数量 N_s 和离散状态步长 δ_s，得到在不同 N_s 和 δ_s 下的运营性能，如图 7-12。全高（AH）客流模型线路是四种线路中运营情况最不稳定的（因为客流压力最大），因此选择该线路作为实验线路来探究调速模型的潜在特征（$\alpha_1 = 0.7$）。将除首末站外所有站点都作为调速控制点，它们共用同一概率转移矩阵 P_x^{i*}。表 7-6 中展示了 5 组新参数（第 3 组为参数未改变的参照组）。因为加速动作是有上限的，本实验在增加离散状态步长 δ_s 的同时也要减少离散状态区间的数量 N_s，以此避免在状态值 $s_{i,j*}$ 远离 0 时出现很多同质的离散状态。图 7-6 中的 n_h' 是各个实验下的驻站控制频数，n_h 为参照组的驻站控制频数。当初始参数改变后，调速控制模型较好的鲁棒性使公交车运营指标没有产生较大的波动。然而，在最大可执行的调速值增大时（即在路段上公交车有更大的可供加速的空间），建议增大离散状态步长 δ_s 来减低离散状态区间之间的同质性。

表 7-6　对照实验的参数（$\alpha_1 = 0.7$）

实验编号	1	2	3	4	5	6
δ_s / s	4	5	6	7	9	11
N_s	15	13	11	11	7	7

本研究引入了 Daganzo 和 Xuan 的线性控制模型来进行调速控制，如式（7-42）。表 7-7 中展示了该线性控制模型的参数标定过程，其中 n_h' 表示线性控制模型下的驻站频数，n_h 表示表 7-6 中第 3 组实验参数下的驻站频数。将 β_1 命名为 $c_{i,j*}$ 对状态值 $s_{i,j*}$ 的比例参数，β_2 为补偿参数。在表 7-7 的左上角中，线性控制模型的评价指标较差，驻站控制频数较低，表明该模型还未充分发挥其

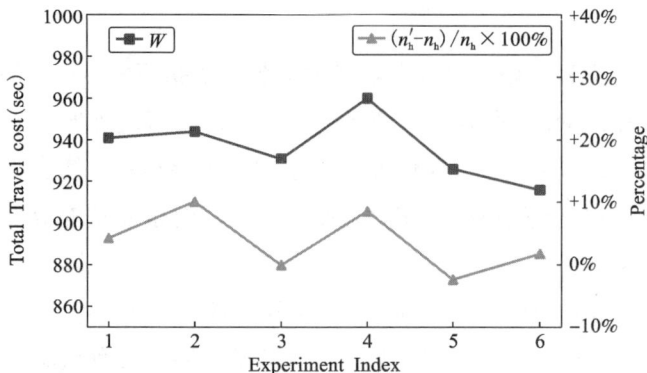

图 7-12　调速控制鲁棒性（$\alpha_1 = 0.7$）

控制效果。相反，在表 7-7 的右下角中，过度的加速控制使驻站控制频数显著增加，因此造成公交车容易发生串车。在本研究所提出的调速模型中，对于概率转移矩阵 P_{x^*} 的估计能够省去线性控制模型的参数标定过程，自动收集现实线路的运营特征。这意味着该控制模型甚至可以在不必得知路段行程时间的分布函数的情况下（这在 Daganzo 的工作中是需要的）得到理想的控制效果。

$$c_{i,j^*} = \max[-(\beta_1 s_{i,j^*} + \beta_2), \ \min(X)] \tag{7-42}$$

表 7-7　线性控制的参数标定（$\alpha_1 = 0.7$）

β_1 \ β_2	0	5	10	15	20
0.4	1128/−9.3 %	1043/−5.5%	988/−6.3%	936/+11.6%	934/+25.7%
0.8	989/−9.1%	961/−1.8%	926/+16.6%	911/+19.4%	921/+30.2%
1.2	960/+6.3%	918/+3.0%	932/+4.3%	911/+21.7%	900/+28.5%
1.6	950/+9.1%	921/+13.6%	915/+22.4%	926/+33.5%	928/+39.8%
2	935/+10.6%	941/+8.3%	913/+25.4%	898/+16.9%	889/+24.4%

* ■：不充分的控制；　■：理想的控制；　■：过度的控制。

＊＊表格中的元素为 $W(\mathrm{s})$ 和 $(n_h' - n_h)/n_h \times 100\%$。

7.6.3.3　调速控制点的位置选择

全低(AL)和全高(AH)客流模式下的全线需求、过境交通量基本保持不变,根据表 7-4,它们的最优调速起点位置在线路的中间站点的位置且不超过中点。此时选择调速起点位置只需要考虑离首站和末站的距离。单峰(UM)客流模式的最优调速起点位置在第 8 站和第 10 站,接近于站点需求和过境乘客量的峰值点。第 14 站同样位于过境乘客的峰值上游,在车成本 W_v 同样取得了较好的改善,但该点离末站的距离更近,且其下游的站点需求逐渐降低,等待成本 W_s 低于前两者。

双峰(BM)客流模式下的最优控制点位于第 6 站和第 8 站,这两个站点位于第一个峰值的上游站点。若第二个峰值远大于第一个,那么与第二个峰值相比第一个峰值的站点需求和过境乘客量较低,类比单峰(UM)客流模型,调速起点的最佳位置将前移。

若调速起点的位置选择得当,在某些情况下加速控制降低的在车成本甚至可以抵消驻站控制增加的在车成本,如表 7-4 中全高(AL)客流模式中调速起点位于第 6 站、第 12 站,单峰(UM)客流模式中调速起点位于第 8 站、第 10 站、第 14 站,双峰(BM)客流模式中调速起点位于第 6 站。

现实线路上的客流可能不仅仅包含一种客流模式,可能由以上几种模式组合而成。同时,在现实线路上设定调速控制点可能会遇到限制,无法在连续多个站间路段上进行调速控制。本节的参考意义在于:为现实线路选择调速控制点时,可以将整个公交线路按照客流模式分为多个子区段,为每个区段选择最优控制点。

7.6.3.4　调速控制点位置对松弛时间的影响

本实验中 α_2 的优化原则为:加入尽可能多的松弛时间来降低总延误 W。寻优方法及终止条件见式(7-43a)、式(7-43b)、式(7-43c),共进行 k 次寻优。

$$\alpha_2 = \mathrm{argmin}(W) \tag{7-43a}$$

$$\alpha_2^k - \alpha_2^{k-1} = \alpha_2^{k-1} - \alpha_2^{k-2} = \cdots = \alpha_2^2 - \alpha_2^1 = 1 \tag{7-43b}$$

$$W^k - \min(W^1, W^2, \cdots, W^{k-1}) \geqslant 10\% \tag{7-43c}$$

如表 7-8 所示,若能够加入足够多的松弛时间,不加入调速控制以及调速起点在各个位置下的等待成本 W_s' 差异很小,但在车延误 W_v' 具有显著区别。如果站台和道路空间能够充分容纳驻站控制的实施，即驻站控制的时长不设上限时，调速控制的主要作用是降低在车延误，而驻站控制的主要作用是抑制公交车在站间运行的不稳定性，从而降低乘客的等待成本。所以由表7-8中的单峰和双峰客流模式得知，此时选择调速控制点时，仅需考虑过境乘客量即可。

对比全低和全高两种客流模式在加入松弛时间前后的总延误 W 和 W'，当调速控制点设置在第6站和第12站时，即使不加入松弛时间也能得到较好的运营效果。这意味着如果调速控制点设置在合适的位置，公交系统对于松弛时间的需求会降低，这一点在单峰和双峰客流模式中也能观察到。由于松弛时间的降低，驻站控制将占用更少的站台和道路空间，这对于现实中无法实施全站驻站的线路是有利的。

我们注意到，在全低客流模式的线路上，当调速控制点位于第18站时，即使加入松弛时间，出行延误 W' 仍然无法有效降低。这种现象在全高客流模式的线路上没有出现过。在客流需求较高的线路上串车和大间隔更容易发生，而根据7.1节推导的乘客主观感知计算方法，过长的等待时间（车头时距）或较高的到达率会使乘客的客观等待时间与感知等待时间的差异增大。所以在需求较高的线路或子线路上加入松弛时间能够更大程度上降低乘客的感知等待时间。

表7-8 加入松弛时间后的性能指标

客流模式	调速控制起点	α_1	α_2/s	W'_s/s	W'_v/s	W'/s	$\dfrac{W'-W}{W} \times 100\%$
AL	—	0.6	10	607	88	695	13%
	6	0.5	7	587	15	602	3%
	12	0.5	7	589	5	594	6%
	18	0.7	15	563	101	664	0%
AH	—	0.8	18	1424	467	1891	42%
	6	0.7	13	1339	188	1527	15%
	12	0.8	13	1404	228	1632	22%
	18	0.9	17	1405	338	1743	46%

续表7-8

客流模式	调速控制起点	α_1	α_2/s	W'_s/s	W'_v/s	W'/s	$\dfrac{W'-W}{W} \times 100\%$
UM	—	0.7	15	1023	257	1280	15%
	5	0.5	10	998	103	1101	6%
	8	0.5	12	979	86	1065	6%
	10	0.7	10	999	71	1070	6%
	14	0.7	10	1029	69	1098	11%
BM	—	0.7	10	1168	202	1370	20%
	6	0.6	12	1060	105	1165	7%
	8	0.7	10	1085	99	1184	6%
	12	0.6	12	1099	122	1221	9%
	15	0.7	8	1115	74	1189	10%

7.7 本章小结

本章首先基于容忍度的感知等待时间进行量化分析。将登车乘客细分为三部分：到达站点后能够直接登上车辆、仅被拒载一次、被拒载两次及以上。通过乘客等待时间的长度以及被拒载的次数确定乘客感知时间超出客观等待时间的时间边界，为这三部分乘客分别建立了无限容量下的、有限容量/无二次拒载下的、有限容量/有二次拒载下的乘客感知等待时间计算公式。所得到的乘客感知等待时间计算方法能够在一定程度上刻画乘客的真实感受，可用于已实施了各种运营控制策略的线路上的服务评价指标计算。然后提出一种驻站和调速组合策略模型，考虑到调速控制的实施受到道路空间的限制，只在有限的路段上实施调速控制，并将推导得到的乘客主观感知行为用于本章的服务评价指标计算中。将驻站和调速分别作为车辆在超前和滞后时的控制策略，设计马尔可夫决策模型决策出调速动作，采用基于阈值驻站模型决策驻站时长。实验结果表明加入调速控制模型的组合策略相较于单一的驻站控制策略能有效降低乘客的在车延误，提高公交站间运行稳定性。同时证明所提出的调速控制模型具有较好的鲁棒性，能够自发收集路段运行不稳定性特征数据并给出理想的速度调整方案。

第8章 结论与展望

8.1 主要研究工作与结论

提高常规公交运行可靠性是提高公交吸引力的重要手段，在先进公交系统和智能公交技术环境下，研究和运用实时控制的理论和方法来提高常规公交服务可靠性具有重要意义。本书以城市常规公交车为研究对象，面向服务可靠性对公交实时控制关键问题进行了研究，以实现运行过程公交实时控制的自动化和智能化。本书主要研究工作可归纳为如下五个方面：

（1）构建了基于自组织多智能体系统的分布式公交实时控制与决策框架。

可靠性是目前城市常规公交最薄弱的方面，一直是近年来关注的焦点。公交运行过程的实时控制理论与方法对于提高线路层面公交服务可靠性具有重要的理论意义和实践价值。本书首先分析总结现有的国内外城市常规公交实时控制理论与方法相关研究成果，从调度控制方式、调度人员工作方式、站点乘客获取信息和调度中心获取信息四个方面对比分析四个智能公交技术发展阶段下常规公交实时动态调度控制技术特点。本书认为前三代公交实时控制理论与方法是基于集中式控制思想建立的，这种集中式的优化控制的结果在许多情况下是不符合实际的。尤其是当公交系统中公交车数量的增加，以及通讯能力的限制和特殊复杂的地理环境下要求所有模型的参数和实时数据都获取的情况下才能进行，这对智能公交系统网络的通讯能力和公交调度控制中心服务器的计算能力提出很高的要求，是难以实现的。为了提高智能公交实时控制系统的鲁棒性和效率，结合当前智能公交信息技术环境，并着眼车路协同、车载自组网等为代表的新一代车-车交互技术，构建了基于自组织多智能体系统的分布式公交实时控制与决策框架。该框架将智能公交复杂系统中的组成实体按照 Agent 方式来建模，通过定义反映多智能体系统的语义和应用逻辑的智能体，规则和交互关系等框架元素，构建微观到宏观的联系进而得到整个智能公交系统的行为表现。这种研究思路较好地克服了智能公交复杂系统难于自顶向下建立传统数学规划模型的困难，有利于研究智能公交控制系统具有的非线性和复杂关联性等特点，具有明显优势。

根据自组织多智能体系统中智能体数量、智能体获取信息的完备情况以及通信场景三个方面交叉形成多种情形，考虑其中三类重要的情形分别建立面向公交实时控制与决策过程的多智能体增强学习（MARL）概念化模型，基于智能体部分可观察的马尔可夫决策过程（POMDP）概念化模型和模糊逻辑控制概念化模型，并分析了上述模型中公交车辆智能体的结构，与其他智能体交互关系以及系统运行模型。基于自组织的多智能体系统建模公交系统实时控制问题的核心是团队的协作问题，以往的文献主要倾向运用协商模式来研究，这种逻辑协议的合作机制的劣势在于很难定量地对智能体行为进行评估，而且合作协议的通用性较差。本书基于马尔可夫决策理论的通用数学模型建模常规公交实时控制问题，是马尔可夫决策理论结合公交实时控制具体问题的实例，为其他类似控制策略建模提供借鉴意义，具有一定的通用性。

（2）基于单线全程多车协同运营的控制理念和实时运营数据的可获得性，研究了基于多智能体增强学习的公交驻站控制模型。

基于单线全程多车协同运营的控制理念和实时运营数据的可获得性是在理论上考虑自组织的多智能体系统中智能体是多个且每个智能体能感知到完备的状态信息的情形。在该模型中，结合驻站问题的数学规划模型定义了公交智能体增强学习框架的状态、行动集、立即收益函数和学习目标等元素。每个智能体的状态和行动集组合形成联合状态和联合行动导致多智能体增强学习问题是一个 NP-难问题。然而结合具体的公交实时控制问题，由于公交车辆之间依赖关系的稀疏性且固定性，因此构建环形拓扑结构协同图并基于此设计稀疏性 Q -学习算法对模型进行求解，将全局状态和联合行动对的 Q -值函数线性分解成有限个两个前后关联的公交车辆智能体对的 Q -值函数，从而有效地降低了全

局状态和联合行动空间的数量，其时间计算复杂度为 $O(n^2|S|^2 \cdot n^2|A|^2 + n \cdot |S||A|)$（多项式时间），有效地减少其时间计算复杂度。同时，通过仿真实验对比分析了四种参数水平下本书提出实时驻站控制方法与其他三种控制方法的计算结果。仿真实验结果表明本书提出实时控制方法能显著地均衡全线公交车辆行车间隔，降低了全线乘客平均候车时间，提高了常规公交服务的可靠性。

（3）考虑到自组织多智能体公交系统中公交车辆智能体相互独立且不能感知到完全状态的情形，建立了基于 POMDP 的公交实时驻站控制模型。

该模型考虑了驻站和限制部分乘客上车辅助方法的组合控制策略，定义了状态、行动、观察集合、立即回报函数、状态转移概率和观察分布函数、初始信念状态等元素。根据实时性要求和采集数据的动态性，设计了基于确定性的稀疏部分可观察树的 POMDP 在线规划滚动优化算法，并设计仿真实验对模型算法效果进行验证。该模型与方法为智能信息支撑环境下公交车辆因某种原因导致不能与调度中心或其他公交车辆通讯的情形下提供了可行的控制与决策的理论方法支持。

（4）考虑公交车辆与其前后车辆局部协同控制的情形，建立基于模糊逻辑理论的实时驻站和调速的组合控制模型。

以均衡控制车辆与其前后相邻公交车辆的行车间隔为目标，建立基于模糊逻辑理论的站点处实时驻站和站间调速的组合控制模型。考虑公交车辆位置和速度等实时数据，基于公交调度控制专家知识和经验提炼控制规则，其次根据模糊逻辑理论将控制规则转化为对应的模糊控制规则，并分别设计站间调速和站点处驻站两种模糊控制器，采用遗传方法优化模糊控制器中隶属度函数参数。以实际公交线路为背景基于 Matlab R2010b 软件平台进行仿真实验，对无控制（No-C），基于车头时距阈值控制（Threshold-H）和本书提出的组合控制（FL-C）三种策略进行测试和评估，仿真结果表明，本书中提出的 FL-C 在动态均匀全线公交车辆运行间隔、保持均衡的行车秩序、减少车头时距变异系数和乘客平均候车时间成本等方面，均比 No-C 和 Threshold-H 策略都有较显著地提高。本书提出的组合实时控制方法能有效避免单种策略的局限性，站点处驻站策略和站间调速策略的组合进一步提高了公交服务车头时距的一致性。该组合控制方法能有效改善公交车辆在线路上车头时距的均衡性，显著地减少公交车辆串车和大间隔不可靠现象的发生，进而降低了乘客平均候车时间。结果表明，该控制方法可以有效提升公交系统运行的可靠性，对公交局部车组协同控制决策具有一定的实用价值。

(5)基于乘客感知提出一种驻站和调速组合策略模型。

将感知等待时间处理为客观等待时间的分段线性函数，并以此为基础推导得到了站点内所有乘客的总等待时间计算方法。将登车乘客细分为三部分：到达站点后能够直接登上车辆、仅被拒载一次、被拒载两次及以上。通过乘客等待时间的长度以及被拒载的次数确定乘客感知时间超出客观等待时间的时间边界，为这三部分乘客分别推导了无限容量下的乘客感知等待时间计算方法、有限容量/无二次拒载下的乘客感知等待时间计算方法、有限容量/有二次拒载下的乘客感知等待时间计算方法。所得到的感知时间计算方法能够在一定程度上刻画乘客的真实感受，可用于已实施了各种运营控制策略的线路上的服务评价指标计算。将驻站和调速分别作为车辆在超前和滞后时的控制策略，设计马尔可夫决策模型决策出调速动作，采用基于阈值驻站模型决策驻站时长。实验结果表明加入调速控制模型的组合策略相较于单一的驻站控制策略能有效降低乘客的在车延误，提高公交站间运行稳定性。同时证明所提出的调速控制模型具有较好的鲁棒性，能够自发收集路段运行不稳定性特征数据并给出理想的速度调整方案。

8.2　研究展望

本书针对面向运行可靠性的常规公交运行间隔实时控制进行了研究并取得了一些成果。本书涉及公交实时控制理论与方法还太不全面，一方面公交实时控制问题具有复杂性、灵活性和多样性等特点，另一方面支持公交实时控制的智能公交技术环境随着科技发展日新月异。受笔者学识水平、时间和精力等方面的限制，所取得成果可能存在诸多不足之处，本书涉及的部分内容有待进一步扩展和深入研究，为此提出以下研究展望：

(1)虽然我们的结果表明所提出方法的有效性，但仍然有许多现实公交运行过程涉及的因素和复杂性在模型中无法完全考虑到。例如，笔者做了一些假设以简化公交系统的数学描述，考虑其他车辆，公交信号都可以进一步深化研究。此外，考虑一些外部因素(天气)影响下的鲁棒智慧公交实时控制也是未来重点研究的一个方向。

（2）本书主要围绕常用的调度控制方法——驻站策略，对于其他控制策略，例如快速过站、区间车、空驶补点，却并未涉及。尤其是将公交信号优先控制策略与驻站，或驻站与快速过站形成组合协同控制方法。类似的公交动态组合调度控制策略是未来公交调度控制的一个重要研究方向。

（3）本书研究的线路及调度控制策略，假设客流需求方面的不确定因素来自本线路上站点，其实公交线路运营的实际情况是有些站点如换乘枢纽站点乘客需求不仅来自本线路，还有部分客流需求来源于其他线路，并不是简单地增加到达强度参数可以描述的，如此一来，该站点候车乘客数量与驻站控制方法的关系变得复杂了。因此，今后研究可从枢纽站点驻站协调控制进行。因此，仍然有较大的空间提高建模效率以更接近真实的公交运行系统。

（4）分布式部分可观察的马尔可夫决策过程（DEC-POMDP）是马氏决策理论中 POMDP 在多智能体协作问题上的自然扩展。因此，基于 DEC-POMDP 建立公交调度控制模型应是下一步研究的重点。

（5）本书研究的基于线路级实时控制问题。然而，单线路最优并不能保证整个公交系统的优化目标实现。而多线路协调调度更能保障全局效益最大化，是未来常态化的运营调度形式。基于 MAS 技术建模区域调度问题，如何解决不同线路上公交车辆智能体组成的团队的分布式控制问题，开展此类研究是具有重要的实际意义。

（6）目前很多城市已经建成智能公交系统，如何基于这个平台开发智能化和自动化调度控制软件为驾驶员或调度人员提供决策支持是未来重要的应用课题。

（7）本书研究强调常规公交实时控制的理论与方法探讨，并设计较为简单的算例验证模型有效性和合理性。目前基于 Agent 技术建模公交问题较难收集到大量实例，随着大数据技术在智能公交系统上的应用，在今后的研究可与公共交通管理部门合作采集实际公交系统运行数据来进一步深入研究。

（8）本书中在站乘客的候车时间超出一定阈值时，乘客的感知候车时间假设为客观等待时间的线性函数，事实上可将其考虑为其他非线性函数。此外没有考虑电子站牌、移动终端等设备提供的实时信息对乘客候车容忍度的影响。

参考文献

［1］Khatoun R, Zeadally S. Smart cities: concepts, architectures, research opportunities［J］. Communications of the ACM, 2016, 59(8): 46-57.

［2］Mayer-Schonberger, Viktor, Cukier, et al. Big Data: A Revolution That Will Transform How We Live, Work, and Think.［M］. Boston: Eamon Dolan/Houghton Mifflin Harcourt, 2013.

［3］Zhu F, Li Z, Chen S, et al. Parallel Transportation Management and Control System and Its Applications in Building Smart Cities［J］. IEEE Transactions on Intelligent Transportation Systems, 2016, 17(6): 1576-1585.

［4］徐猛, 刘涛, 钟绍鹏, 等. 城市智慧公交研究综述与展望［J］. 交通运输系统工程与信息, 2022, 22(2): 91-108.

［5］李文权, 陈茜, 李爱增. 城市常规公共交通智能化运营调度关键技术［M］. 北京: 科学出版社, 2015.

［6］Strathman J, Kenneth D, Thomas K, et al. Automated bus dispatching, operations control, and service reliability［J］. Transportation Research Record, 1999, 1666: 28-36.

［7］Runhua Q, Hua C, Ruiling Z, et al. Design Scheme of Public Transport Comprehensive Dispatching MIS based on MAS［J］. Procedia - Social and Behavioral Sciences, 2013, 96: 1063-1068.

［8］Dessouky M, Hall R, Nowroozi A, et al. Bus dispatching at timed transfer transit stations using bus tracking technology［J］. Transportation Research Part C: Emerging Technologies, 1999, 7(4): 187-208.

［9］Adamski A, Turnau A. Simulation support tool for real-time dispatching control in public transport[J]. Transportation Research Part A: Policy and Practice, 1998, 32(2): 73-87.

[10] Hall R W. Dispatching regular and express shipments between a supplier and manufacturer [J]. Transportation Research Part B: Methodological, 1989, 23(3): 195-211.

[11] Berrebi S J, Watkins K E, Laval J A. A real-time bus dispatching policy to minimize passenger wait on a high frequency route [J]. Transportation Research Part B: Methodological, 2015, 81: 377-389.

[12] Eberlein X J. Real-time Control Stategies in Transit Operations: Models and Analysis[D]. Massachusetts Institute of Technology, 1995.

[13] Eberlein X J, Wilson N H M, Bernstein D. Modeling Real-Time Control Strategies In Public Transit Operations: International workshop on computer-aided scheduling of public transport [C]. Berlin, Heidelberg: Springer Berlin Heidelberg, 1999.

[14] Ding Y, Chien S. Improving Transit Service Quality and Headway Regularity with Real-Time Control[J]. Transportation Research Board, 2001(1760): 161-170.

[15] Dessouky M, Hall R, Zhang L, et al. Real-time control of buses for schedule coordination at a terminal[J]. Transportation Research Part A: Policy and Practice, 2003, 37(2): 145-164.

[16] Delgado F, Muñoz J, Giesen R, et al. Real-Time Control of Buses in a Transit Corridor Based on Vehicle Holding and Boarding Limits[J]. Transportation Research Record: Journal of the Transportation Research Board, 2009, 2090: 59-67.

[17] Hernández D, Muñoz J C, Giesen R, et al. Analysis of real-time control strategies in a corridor with multiple bus services[J]. Transportation Research Part B: Methodological, 2015, 78: 83-105.

[18] Sánchez-Martínez G E, Koutsopoulos H N, Wilson N H M. Real-time holding control for high-frequency transit with dynamics[J]. Transportation Research Part B: Methodological, 2016, 83: 1-19.

[19] 黄溅华, 葛芳, 张国伍. 公共交通实时控制模型研究[J]. 系统工程理论与实践, 2001, 21(5): 129-131.

[20] 黄溅华, 关伟, 张国伍. 公共交通实时调度控制方法研究[J]. 系统工程学报, 2000 (03): 277-280.

[21] 过秀成, 严亚丹. 地面公共交通运行可靠性分析与调度控制[M]. 南京: 东南大学出版社, 2013.

［22］严亚丹. 基于运行可靠性的公交调度控制研究［D］. 南京：东南大学，2012.

［23］马万经. 公交专用道信号优先控制理论研究［D］. 上海：同济大学，2007.

［24］王文思. 面向不同运营环境的城市公共交通实时调度策略研究［D］. 大连：大连海事大学，2021.

［25］杨富社. 大城市常规公交动态调度理论与方法研究［D］. 西安：长安大学，2015.

［26］吴丽荣. 考虑乘客等待行为的柔性路径公交车实时调度方法［D］. 大连：大连理工大学，2014.

［27］滕靖，杨晓光. APTS 下快速公交实时控制–调度方法研究［J］. 系统工程理论与实践，2006(02)：138–143.

［28］张飞舟，晏磊，范跃祖，等. 智能交通系统中的公交车辆动态调度研究［J］. 公路交通科技，2002，19(03)：123–126.

［29］Ceder Avishai. 公共交通规划与运营：理论，建模及应用［M］. 关伟，译. 北京：清华大学出版社，2010.

［30］Welding P I. The Instability of a Close–Interval Service［J］. Journal of the Operational Research Society，1957，8(3)：133–142.

［31］Sterman B P，Schofer J L. Factors Affecting Reliability of Urban Bus Services［J］. Transportation Engineering Journal of ASCE，1976，102(1)：147–159.

［32］Turnquist M A，Blume S W. Evaluating potential effectiveness of headway control strategies for transit systems［J］. Transportation Research Record，1980，746(1)：25–29.

［33］Polus A. Modeling and measurements of bus service reliability［J］. Transportation Research，1978，12(4)：253–256.

［34］Silcock D T. Measures of operational performance for urban bus services［J］. Traffic Engineering & Control，1981，22(12)：645–648.

［35］Abkowitz M，Slavin H，Waksman R，et al. Transit service reliability［R］. United States. Urban Mass Transportation Administration，1978.

［36］Abkowitz M D，Engelstein I. Temporal and spatial dimensions of running time in transit system［J］. Transportation Research Record，1982(877)：64–67.

［37］Abkowitz M D，Engelstein I. Factors affecting running time on transit routes［J］. Transportation Research Part A：General，1983，17(2)：107–113.

［38］Abkowitz M，Engelstein I. Empirical methods for improving transit scheduling：World Conference on Transport Research：Research for Transport Policies in a Changing World［C］，

Hamburg, Germany, 1983.

[39] Abkowitz M, Engelstein I. Methods for maintaining transit service regularity [J]. Transportation Research Record, 1984, 961: 1-8.

[40] Abkowitz M, Tozzi J. Transit route characteristics and headway-based reliability control[J]. Transportation Research Record, 1986, 1078: 11-16.

[41] Abkowitz M, Eiger A, Engelstein I. Optimal control of headway variation on transit routes [J]. Journal of Advanced Transportation, 1986, 20(1): 73-88.

[42] Abkowitz M, Josef R, Tozzi J, et al. Operational feasibility of timed transfer in transit systems[J]. Journal of transportation engineering, 1987, 113(2): 168-177.

[43] Abkowitz M, Tozzi J. Research contributions to managing transit service reliability [J]. Journal of advanced transportation, 1987, 21(1): 47-65.

[44] Abkowitz M D, Lepofsky M. Implementing Headway - Based Reliability Control on Transit Routes[J]. Journal of Transportation Engineering, 1990, 116(1): 49-63.

[45] Turner R P, White P R. Operational Aspects of Minibus Services[R]. Transport and Road Research Labortory, 1990.

[46] Levinson H S. Supervision trategies for improved reliability of bus routes. [J]. Transportation Research Board, 1991, 15: 80.

[47] Henderson G, Adkins H, Kwong P. Subway reliability and the odds of getting there on time [J]. Transportation Research Record, 1991, 1297: 10-13.

[48] Strathman J G, Hopper J R. Empirical analysis of bus transit on-time performance[J]. Transportation Research Part A: Policy and Practice, 1993, 27(2): 93-100.

[49] Nakanishi Y J. PART 1: bus: bus performance indicators: on-time performance and service regularity[J]. Transportation Research Record, 1997, 1571(1): 1-13.

[50] Yin Y, Lam W H, Miller M A. A simulation - based reliability assessment approach for congested transit network[J]. Journal of advanced transportation, 2004, 38(1): 27-44.

[51] Program T C R. Transit capacity and quality of service manual, Second Edition [M]. Transportation Research Board, 2003.

[52] Camus R, Longo G, Macorini C. Estimation of transit reliability level-of-service based on automatic vehicle location data[J]. Transportation research record, 2005, 1927(1): 277-286.

[53] Junsik P, Seung-Yonung K. A New Method to Determine Level-of-Service Criteria for

Headway Adherence[J]. Transportation Research Record, 2005, 1927: 277-286.

[54] Furth P G, Muller T H. Service reliability and hidden waiting time: Insights from automatic vehicle location data[J]. Transportation Research Record, 2006, 1955(1): 79-87.

[55] Liu R, Sinha S. Modelling Urban Bus Service and Passenger Reliability: The Third International Symposium on Transportation Network Reliability [C], The Hague, Netherlands, 2007.

[56] Sorratini J, Liu R, Sinha S. Assessing bus transport reliability using micro-simulation[J]. Transportation Planning and Technology, 2008, 31(3): 303-324.

[57] Tahmasseby S. Reliability in urban public transport network assessment and desig[D]. Delft University of Technology, 2009.

[58] van Oort N, Wilson N H, van Nes R. Reliability improvement in short headway transit services: Schedule - and headway - based holding strategies [J]. Transportation research record, 2010, 2143(1): 67-76.

[59] Hassan M N, Hawas Y E, Ahmed K. A multi-dimensional framework for evaluating the transit service performance[J]. Transportation Research Part A: Policy and Practice, 2013, 50: 47-61.

[60] Saberi M, Ali Z K, Feng W, et al. Definition and properties of alternative bus service reliability measures at the stop level[J]. Journal of Public Transportation, 2013, 16(1): 97 -122.

[61] Gittens A, Shalaby A. Evaluation of bus reliability measures and development of a new composite indicator[J]. Transportation Research Record, 2015, 2533(1): 91-99.

[62] Diab E I, Badami M G, El-Geneidy A M. Bus Transit Service Reliability and Improvement Strategies: Integrating the Perspectives of Passengers and Transit Agencies in North America [J]. TRANSPORT REVIEWS, 2015, 35(3): 292-328.

[63] 毛林繁. 城市公交网络可靠性的双层规划模型[J]. 中国公路学报, 2002, 15(3): 88 -91.

[64] 金键. 城市道路交通网络可靠性探讨[J]. 交通运输工程与信息学报, 2004, 2(2): 76 -81.

[65] 赵航, 宋瑞. 公共交通系统营运可靠性研究[J]. 公路交通科技, 2005, 22(10): 132 -135.

[66] 陆奇志, 艾力·斯木吐拉. 基于 Matlab 仿真的公交系统运行时间可靠性评价方法[J].

城市交通, 2006, 4(04): 70-75.

[67] 范海雁, 杨晓光, 严凌, 等. 蒙特卡罗法在公交线路运行时间可靠性计算中的应用 [J]. 上海理工大学学报, 2006, 28(01): 59-62.

[68] 戴帅, 陈艳艳, 魏中华. 复杂公交网络的系统可靠性分析[J]. 武汉理工大学学报(交通科学与工程版), 2007(03): 412-414.

[69] 高桂凤, 魏华, 严宝杰. 城市公交服务质量可靠性评价研究[J]. 武汉理工大学学报(交通科学与工程版), 2007, 31(01): 140-143.

[70] 戴帅, 朱晨, 陈艳艳. 城市公交系统的时间可靠度研究[J]. 武汉理工大学学报(交通科学与工程版), 2008, 32(05): 869-871.

[71] 魏华. 城市公交服务质量与可靠性评价研究[D]. 西安: 长安大学, 2005.

[72] 张宇石. 大城市常规公共交通运行可靠性的研究与实例评价[D]. 北京: 北京交通大学, 2008.

[73] 宋晓梅, 于雷. 影响公交运行可靠性的因素分析及改善措施[J]. 综合运输, 2009, 03: 59-62.

[74] Chen X, Yu L, Zhang Y, et al. Analyzing urban bus service reliability at the stop, route, and network levels[J]. Transportation research part A: policy and practice, 2009, 43(8): 722-734.

[75] Chen W, Chen Z. Service reliability analysis of high frequency transit using stochastic simulation[J]. Journal of transportation systems engineering and information technology, 2009, 9(5): 130-134.

[76] 陈维亚. 基于智能技术的城市公交服务可靠性研究[D]. 长沙: 中南大学, 2010.

[77] Lin J J, Ruan M. Probability-based bus headway regularity measure[J]. IET Intelligent Transport Systems, 2009, 3(4): 400-408.

[78] 宋晓梅. 常规公交网络运行可靠性多层次评价模型与算法[D]. 北京: 北京交通大学, 2010.

[79] 司徒炳强. 公交网络时刻表编制的理论建模及可靠性控制方法研究[D]. 广州: 华南理工大学, 2011.

[80] 安健, 杨晓光, 刘好德, 等. 基于乘客感知的公交服务可靠性测度模型[J]. 系统仿真学报, 2012, 24(05): 1092-1097.

[81] 严亚丹, 过秀成, 李岩, 等. 基于车辆自动定位系统数据的地面公共交通运行时间可靠性分析(英文)[J]. Journal of Southeast University(English Edition), 2012, 28(01):

100-105.

[82] 陈敏. 信息环境下的常规公交运行可靠性研究[D]. 上海: 同济大学, 2013.

[83] 吕慎, 陶流洋, 莫一魁. 通勤出行公交候车时间的服务等级划分和度量[J]. 交通运输系统工程与信息, 2015, 15(03): 190-195.

[84] 冯树民, 张桂娥. 基于乘客感知的常规公交候车时间可靠性研究[J]. 重庆交通大学学报(自然科学版), 2016, 35(06): 105-108.

[85] Chen W, Zhang H, Chen C, et al. An Integrated Bus Holding and Speed Adjusting Strategy Considering Passenger's Waiting Time Perceptions [J]. Sustainability, 2021, 13 (10): 5529.

[86] Osuna E E, Newell G F. Control strategies for an idealized public transportation system[J]. Transportation Science, 1972, 6(1): 52-72.

[87] Newell G F. Control of pairing of vehicles on a public transportation route, two vehicles, one control point[J]. Transportation Science, 1974, 8(3): 248-264.

[88] Barnett A. On controlling randomness in transit operations [J]. Transportation Science, 1974, 8(2): 102-116.

[89] Barnett A I. Control strategies for transport systems with nonlinear waiting costs [J]. Transportation Science, 1978, 12(2): 119-136.

[90] Koffman, David. A simulation study of alternative real-time bus headway control strategies [J]. Transportation Research Record, 1978, 663: 41-46.

[91] Turnquist M A. Strategies for improving reliability of bus transit service[J]. Transportation Research Record, 1981, 818: 7-13.

[92] Vandebona U, Richardson A J. Effect of checkpoint control strategies in a simulated transit operation[J]. Transportation Research Part A: General, 1986, 20(6): 429-436.

[93] Senevirante P N. Analysis of on-time performance of bus services using simulation[J]. Journal of Transportation Engineering, 1990, 116(4): 517-531.

[94] Turnquist M A. Strategies for improving bus transit service reliability[R]. 1982.

[95] Wilson N H M, Macchi R A, Fellows R E, et al. Improving Service on The MBTA Green Line Through Better Operations Control[J]. Transportation Research Record, 1992, 1361: 296-304.

[96] Eberlein X J, Wilson N H, Bernstein D. The holding problem with real – time information available[J]. Transportation science, 2001, 35(1): 1-18.

[97] O'Dell S W, Wilson N H M. Optimal Real - Time Control Strategies for Rail Transit Operations During Disruptions [M] //Computer - Aided Transit Scheduling. Berlin, Heidelberg: Springer Berlin Heidelberg, 1999: 299-323.

[98] Shen S, Wilson N H M. An Optimal Integrated Real-time Disruption Control Model for Rail Transit Systems [M] //Vob S, Daduna J R. Computer - Aided Scheduling of Public Transport. Berlin, Heidelberg: Springer Berlin Heidelberg, 2001: 335-363.

[99] Ding Y, Chien S I. Improving transit service quality and headway regularity with real-time control[J]. Transportation Research Record, 2001, 1760(1): 161-170.

[100] Hickman M D. An analytic stochastic model for the transit vehicle holding problem[J]. Transportation Science, 2001, 35(3): 215-237.

[101] Hall R, Dessouky M, Lu Q. Optimal holding times at transfer stations[J]. Computers & industrial engineering, 2001, 40(4): 379-397.

[102] Chandrasekar P, Long Cheu R, Chin H C. Simulation Evaluation of Route-Based Control of Bus Operations[J]. Journal of Transportation Engineering, 2002, 128(6): 519-527.

[103] Fu L, Yang X. Design and implementation of bus - holding control strategies with real-time information[J]. Transportation Research Record, 2002, 1791(1): 6-12.

[104] Zhao J, Bukkapatnam S, Dessouky M M. Distributed architecture for real-time coordination of bus holding in transit networks [J]. IEEE Transactions on Intelligent Transportation Systems, 2003, 4(1): 43-51.

[105] Zolfaghari S, Azizi N, Jaber M Y. A model for holding strategy in public transit systems with real-time information[J]. International Journal of Transport Management, 2004, 2 (2): 99-110.

[106] Puong A, Wilson N H M. A Train Holding Model for Urban Rail Transit Systems[M] // Hickman M, Mirchandani P, Vob S. Lecture Notes in Economics and Mathematical Systems. Berlin: Springer Berlin Heidelberg, 2008: 319-337.

[107] Sun A. AVL-based transit operations control[D]. The University of Arizona, 2005.

[108] Spaan M T, Vlassis N. Perseus: Randomized point-based value iteration for POMDPs[J]. Journal of artificial intelligence research, 2005, 24: 195-220.

[109] Sun A, Hickman M. The holding problem at multiple holding stations[M] //Computer-aided systems in public transport. Springer, 2008: 339-359.

[110] Bellei G, Gkoumas K. Threshold-and information-based holding at multiple stops[J]. IET

Intelligent Transport Systems, 2009, 3(3): 304-313.

[111] Delgado F, Muñoz J C, Giesen R, et al. Real-Time Control of Buses in a Transit Corridor Based on Vehicle Holding and Boarding Limits[J]. Transportation Research Record, 2009, 2090(1): 59-67.

[112] Delgado F, Munoz J C, Giesen R. How much can holding and/or limiting boarding improve transit performance? [J]. Transportation Research Part B: Methodological, 2012, 46(9): 1202-1217.

[113] Lizana P, Muñoz J C, Giesen R, et al. Bus Control Strategy Application: Case Study of Santiago Transit System[J]. Procedia Computer Science, 2014, 32: 397-404.

[114] Daganzo C F. A headway-based approach to eliminate bus bunching: Systematic analysis and comparisons[J]. Transportation Research Part B: Methodological, 2009, 43(10): 913-921.

[115] Daganzo C F, Pilachowski J. Reducing bunching with bus-to-bus cooperation[J]. Transportation Research Part B: Methodological, 2011, 45(1): 267-277.

[116] Xuan Y, Argote J, Daganzo C F. Dynamic bus holding strategies for schedule reliability: Optimal linear control and performance analysis[J]. Transportation Research Part B: Methodological, 2011, 45(10): 1831-1845.

[117] He S. An anti-bunching strategy to improve bus schedule and headway reliability by making use of the available accurate information[J]. Computers & Industrial Engineering, 2015, 85: 17-32.

[118] Bartholdi III J J, Eisenstein D D. A self-coördinating bus route to resist bus bunching[J]. Transportation Research Part B: Methodological, 2012, 46(4): 481-491.

[119] Koehler L A, Kraus W, Camponogara E. Iterative quadratic optimization for the bus holding control problem[J]. IEEE Transactions on Intelligent Transportation Systems, 2011, 12(4): 1568-1575.

[120] Cats O, Larijani A N, Koutsopoulos H N, et al. Impacts of holding control strategies on transit performance: Bus simulation model analysis[J]. Transportation Research Record, 2011, 2216(1): 51-58.

[121] Cortés C E, Sáez D, Milla F, et al. Hybrid predictive control for real-time optimization of public transport systems' operations based on evolutionary multi-objective optimization[J]. Transportation Research Part C: Emerging Technologies, 2010, 18(5): 757-769.

[122] Sáez D, Cortés C E, Milla F, et al. Hybrid predictive control strategy for a public transport system with uncertain demand[J]. Transportmetrica, 2012, 8(1): 61–86.

[123] Lo S, Chang W. Design of real–time fuzzy bus holding system for the mass rapid transit transfer system[J]. Expert Systems with Applications, 2012, 39(2): 1718–1724.

[124] Milla F, Sáez D, Cortés C E, et al. Bus–stop control strategies based on fuzzy rules for the operation of a public transport system[J]. IEEE Transactions on Intelligent Transportation Systems, 2012, 13(3): 1394–1403.

[125] van Oort N, Boterman J W, van Nes R. The impact of scheduling on service reliability: trip –time determination and holding points in long–headway services[J]. Public Transport, 2012, 4(1): 39–56.

[126] Chen Q, Adida E, Lin J. Implementation of an iterative headway–based bus holding strategy with real–time information[J]. Public Transport, 2013, 4(3): 165–186.

[127] Ji Y, Zhang H M. Dynamic holding strategy to prevent buses from bunching[J]. Transportation research record, 2013, 2352(1): 94–103.

[128] Muñoz J C, Cortés C E, Giesen R, et al. Comparison of dynamic control strategies for transit operations[J]. Transportation Research Part C: Emerging Technologies, 2013, 28: 101–113.

[129] Argote–Cabanero J, Daganzo C F, Lynn J W. Dynamic control of complex transit systems [J]. Transportation Research Part B: Methodological, 2015, 81: 146–160.

[130] Sánchez–Martínez G E, Koutsopoulos H N, Wilson N H. Real–time holding control for high –frequency transit with dynamics[J]. Transportation Research Part B: Methodological, 2016, 83: 1–19.

[131] Moreira–Matias L, Cats O, Gama J, et al. An online learning approach to eliminate Bus Bunching in real–time[J]. Applied Soft Computing, 2016, 47: 460–482.

[132] Nesheli M M, Ceder A, Gonzalez V A. Real–Time Public–Transport Operational Tactics Using Synchronized Transfers to Eliminate Vehicle Bunching[J]. IEEE Transactions on Intelligent Transportation Systems, 2016, 17(11): 3220–3229.

[133] Andres M, Nair R. A predictive – control framework to address bus bunching[J]. Transportation Research Part B: Methodological, 2017, 104: 123–148.

[134] Asgharzadeh M, Shafahi Y. Real–Time Bus–Holding Control Strategy to Reduce Passenger Waiting Time[J]. Transportation Research Record, 2017, 2647(1): 9–16.

[135] Berrebi S J, Hans E, Chiabaut N, et al. Comparing bus holding methods with and without real-time predictions[J]. Transportation Research Part C: Emerging Technologies, 2018, 87: 197-211.

[136] Gkiotsalitis K, Cats O. Multi-constrained bus holding control in time windows with branch and bound and alternating minimization[J]. Transportmetrica B: Transport Dynamics, 2019, 7(1): 1258-1285.

[137] Li S, Liu R, Yang L, et al. Robust dynamic bus controls considering delay disturbances and passenger demand uncertainty[J]. Transportation Research Part B: Methodological, 2019, 123: 88-109.

[138] Gkiotsalitis K, van Berkum E C. An analytic solution for real-time bus holding subject to vehicle capacity limits[J]. Transportation Research Part C: Emerging Technologies, 2020, 121: 102815.

[139] Laskaris G, Cats O, Jenelius E, et al. A holding control strategy for diverging bus lines [J]. Transportation Research Part C: Emerging Technologies, 2021, 126.

[140] Wang J, Sun L. Dynamic holding control to avoid bus bunching: A multi-agent deep reinforcement learning framework [J]. Transportation Research Part C: Emerging Technologies, 2020, 116: 102661.

[141] Wang J. Multi-agent Deep Reinforcement Learning for Public Transport Vehicle Fleet Control[D]. McGill University, 2023.

[142] Wang J, Sun L. Robust Dynamic Bus Control: a Distributional Multi-Agent Reinforcement Learning Approach[J]. IEEE Transactions on Intelligent Transportation Systems, 2023, 24 (4): 4075-4088.

[143] Wang J, Sun L. Multi-objective multi-agent deep reinforcement learning to reduce bus bunching for multiline services with a shared corridor[J]. Transportation Research Part C: Emerging Technologies, 2023, 155: 104309.

[144] 张飞舟. 公交车辆智能调度研究[J]. 交通运输系统工程与信息, 2001(01): 73-80.

[145] 张飞舟, 晏磊, 范跃祖, 等. 智能交通系统中的公交车辆调度方法研究[J]. 中国公路学报, 2003(02): 83-86.

[146] 张飞舟, 耿嘉洲, 程鹏. 基于云遗传算法的公交车辆智能调度[J]. 武汉大学学报(信息科学版), 2010, 35(08): 905-908.

[147] 杨兆升. 城市智能公共交通系统理论与方法[M]. 北京: 中国铁道出版社, 2004.

[148] 吴海涛. 基于 ITS 技术的城市公交运营调度系统优化研究[D]. 成都：西南交通大学，2005.

[149] 于滨. 城市公交系统模型与算法研究[D]. 大连：大连理工大学，2006.

[150] Yu B, Yang Z. A dynamic holding strategy in public transit systems with real–time information[J]. Applied Intelligence, 2009, 31(1)：69-80.

[151] 滕靖，杨晓光. APTS 下公共汽车单线路实时控制方法[J]. 同济大学学报(自然科学版)，2006(06)：744-747.

[152] 滕靖，杨晓光. 面向换乘枢纽的公共汽车驻站协调优化[J]. 系统工程理论与实践，2008(05)：156-163.

[153] 汪洋，陈小鸿，杨超，等. 道路快速公交运营调度目标研究[J]. 城市轨道交通研究，2009, 12(03)：25-29.

[154] 丁建勋，黄海军. 基于巡航控制的公交运输系统元胞自动机模型[J]. 交通运输系统工程与信息，2010, 10(01)：38-44.

[155] Chen W, Yang C, Feng F, et al. An Improved Model for Headway–Based Bus Service Unreliability Prevention with Vehicle Load Capacity Constraint at Bus Stops[J]. Discrete Dynamics in Nature and Society, 2012, 2012(Special Issue)：313518.

[156] 李杰. 改进城市公交服务可靠性的关键技术研究[D]. 南京：东南大学，2011.

[157] Li J, Muller T H J, van Zuylen H J, et al. Improving the Reliability of Transit Service：Stochastic Modeling of Holding Strategies, 11-1736[R]. Washington DC：Transportation Research Board, 2011.

[158] 姚宝珍. 城市公交枢纽布局与运营调度方法研究[D]. 北京：北京交通大学，2011.

[159] 姚宝珍，于滨，杨忠振. 基于公交车到站时间预测的动态滞站调度模型[J]. 北京工业大学学报，2011, 37(06)：869-875.

[160] 王宁，张利国，陈阳舟. 基于信号优先和滞站调度的 BRT 组合控制策略[J]. 交通运输系统工程与信息，2011, 11(03)：144-150.

[161] 李大铭，于滨. 公交运营的协控准点滞站调度模型[J]. 系统工程学报，2012, 27(02)：248-255.

[162] 龙琼，胡列格，张谨帆，等. 突发事件下公交车辆快速动态滞站调度算法[J]. 中国公路学报，2013, 26(02)：154-159.

[163] 陈春晓，陈治亚，陈维亚. 基于多智能体增强学习的公交驻站控制方法[J]. 计算机工程与应用，2015, 51(17)：8-13.

[164] Chen C X, Chen W Y, Chen Z Y. A Multi-Agent Reinforcement Learning approach for bus holding control strategies[J]. Advances in Transportation Studies, 2015, 2(Special issue): 41-54.

[165] 滕靖, 金威敏. 基于区间车速引导的公交运行控制方法[J]. 同济大学学报(自然科学版), 2015, 43(08): 1194-1199.

[166] 杨振宇. 城市公交服务可靠性改善方法研究[D]. 北京: 北京交通大学, 2015.

[167] 安实, 张昕明, 王健. 基于随机决策的公交车辆滞站策略[J]. 科学技术与工程, 2016, 16(28): 115-119.

[168] 张昕明. 城市常规公共交通实时站内调度策略研究[D]. 哈尔滨: 哈尔滨工业大学, 2018.

[169] 巫威眺. 不确定环境下公交网络协同调度的鲁棒性及控制策略[D]. 广州: 华南理工大学, 2015.

[170] Wu W, Liu R, Jin W. Modelling bus bunching and holding control with vehicle overtaking and distributed passenger boarding behaviour[J]. Transportation Research Part B: Methodological, 2017, 104: 175-197.

[171] Wu W, Liu R, Jin W. Integrating Bus Holding Control Strategies and Schedule Recovery: Simulation-Based Comparison and Recommendation[J]. Journal of Advanced Transportation, 2018.

[172] 张虎. 公交多模式组织优化及动态控制策略研究[D]. 长春: 吉林大学, 2018.

[173] 黄青霞, 贾斌, 强生杰, 等. 基于驻站和限流的组合公交控制策略研究[J]. 交通运输系统工程与信息, 2018, 18(04): 103-109.

[174] 黄青霞. 基于微观仿真的公交运行特性分析与管控策略设计[D]. 北京: 北京交通大学, 2019.

[175] Liu S, Luo X, Jin P J. Improving Bus Operations through Integrated Dynamic Holding Control and Schedule Optimization[J]. Journal of Advanced Transportation, 2018, 2018(Pt. 5).

[176] 刘硕智. 公交运行过程建模与自适应驻站控制策略分析评估方法[D]. 成都: 西南交通大学, 2019.

[177] Liang S, Zhao S, Lu C, et al. A self-adaptive method to equalize headways: Numerical analysis and comparison[J]. Transportation Research Part B: Methodological, 2016, 87: 33-43.

[178] 梁士栋. 随机环境下公交系统鲁棒性优化方法研究[D]. 长春：吉林大学, 2017.

[179] Liang S, He S, Zhang H, et al. Optimal holding time calculation algorithm to improve the reliability of high frequency bus route considering the bus capacity constraint[J]. Reliability Engineering & System Safety, 2021, 212.

[180] Liang S, Ma M, He S, et al. Coordinated control method to self-equalize bus headways：an analytical method[J]. Transportmetrica B：Transport Dynamics, 2019, 7(1)：1175-1202.

[181] Zhang S, Lo H K. Two-way-looking self-equalizing headway control for bus operations [J]. Transportation Research Part B：Methodological, 2018, 110：280-301.

[182] Dai Z, Liu X C, Chen Z, et al. A predictive headway-based bus-holding strategy with dynamic control point selection：A cooperative game theory approach[J]. Transportation Research Part B：Methodological, 2019, 125：29-51.

[183] 代壮, 陈汐, 马晓磊. 基于合作博弈的公交滞站点优化模型[J]. 交通运输系统工程与信息, 2019, 19(05)：135-141.

[184] 陈维亚, 卫晓帆, 李耀通, 等. 考虑乘客感知的公交驻站和限流组合策略研究[J]. 交通运输系统工程与信息, 2019, 19(06)：92-98.

[185] He S, Liang S, Dong J, et al. A holding strategy to resist bus bunching with dynamic target headway[J]. Computers & Industrial Engineering, 2020, 140：106237.

[186] 张晓峰. 基于数据驱动的公交串车预测及控制策略研究[D]. 北京：北京交通大学, 2022.

[187] 欧诗琪, 俞春辉, 马万经. 干线信号协调背景下的网联公交实时优先控制方法[J]. 同济大学学报(自然科学版), 2022, 50(03)：339-350.

[188] 周雪梅. 公交运行健康诊断及改善方法研究[M]. 上海：同济大学出版社, 2022.

[189] 李利华, 曹慧琪, 邓亚军, 等. 基于站点群体聚集性客流的公交串车调度优化[J]. 中国公路学报, 2023, 36(02)：203-215.

[190] Shi H, Nie Q, Fu S, et al. A distributed deep reinforcement learning-based integrated dynamic bus control system in a connected environment[J]. COMPUTER-AIDED CIVIL AND INFRASTRUCTURE ENGINEERING, 2022, 37(15)：2016-2032.

[191] He S, He J, Liang S, et al. A Dynamic Holding Approach to Stabilizing a Bus Line Based on the Q-Learning Algorithm with Multistage Look-Ahead[J]. Transportation Science, 2022, 56(1)：31-51.

[192] Liu D, Xiao F, Luo J, et al. Deep Reinforcement Learning-Based Holding Control for Bus

Bunching under Stochastic Travel Time and Demand［J］. SUSTAINABILITY, 2023, 15（14）.

［193］杨明. 基于鲁棒优化的多类型公交运营调度问题研究［D］. 北京：北京化工大学, 2023.

［194］Sterling L, Taveter K. The Art of Agent-oriented Modeling［M］. MA：MIT Press, 2009.

［195］史忠植. 高级人工智能［M］. 科学出版社, 2006.

［196］van Liedekerke M H, Avouris N M. Debugging multi-agent systems［J］. Information and Software Technology, 1995, 37（2）：103–112.

［197］Hewitt C, Bishop P, Steiger R. A Universal Modular ACTOR Formalism for Artificial Intelligence：IJCAI'73［C］, San Francisco, CA, USA, 1973.

［198］Wooldridge M, Jennings N R. Intelligent agents：theory and practice［J］. The Knowledge Engineering Review, 1995, 10（2）：115–152.

［199］Jennings N R, Sycara K, Wooldridge M. A Roadmap of Agent Research and Development［J］. Autonomous Agents and Multi-Agent Systems, 1998, 1（1）：7–38.

［200］Jennings N R, Norman T J, Faratin P, et al. Autonomous agents for business process management［J］. Applied Artificial Intelligence, 2000, 14（2）：145–189.

［201］Wooldridge M. An Introduction to MultiAgent Systems［M］. John Wiley & Sons, 2009.

［202］张洁. 基于 Agent 的制造系统调度与控制［M］. 北京：国防工业出版社, 2013.

［203］Ingrand F F, Georgeff M P, Rao A S. An architecture for real-time reasoning and system control［J］. IEEE Expert, 1992, 7（6）：34–44.

［204］Genesereth M R, Ketchpel S P. Software Agents［J］. Communication of the ACM, 1994, 37（7）：48–53.

［205］Watkins C. Learning From Delayed Rewards［D］. England：University of Cambridge, 1989.

［206］Sutton R S, Barto A G. Reinforcement Learning：An Introduction［M］. MIT Press, 1998.

［207］Watkins C J C H, Dayan P. Q-Learning［J］. Machine Learning, 1992, 8：279–292.

［208］Busoniu L, Babuska R, De Schutter B. A Comprehensive Survey of Multiagent Reinforcement Learning［J］. IEEE Transactions on Systems, Man, and Cybernetics, Part C（Applications and Reviews）, 2008, 38（2）：156–172.

［209］段勇, 徐心和. 基于多智能体强化学习的多机器人协作策略研究［J］. 系统工程理论与实践, 2014, 34（05）：1305–1310.

［210］Matignon L, Laurent G J, Le Fort – Piat N. Independent reinforcement learners in cooperative Markov games: a survey regarding coordination problems［J］. The Knowledge Engineering Review, 2012, 27(1): 1-31.

［211］Littman M L. Value – function reinforcement learning in Markov games［J］. Cognitive systems research, 2001, 2(1): 55-66.

［212］Claus C, Boutilier C. The dynamics of reinforcement learning in cooperative multiagent systems: Proceedings of the fifteenth national/tenth conference on Artificial intelligence/Innovative applications of artificial intelligence［C］, Madison, Wisconsin, USA, 1998. American Association for Artificial Intelligence.

［213］Bredenfeld A, Jacoff A, Noda I, et al. Using the Max – Plus Algorithm for Multiagent Decision Making in Coordination Graphs［M］//Bredenfeld A, Jacoff A, Noda I, et al. RoboCup 2005: Robot Soccer World Cup IX. Springer Berlin Heidelberg, 2006: 1-12.

［214］Kok J R, Vlassis N. Collaborative Multiagent Reinforcement Learning by Payoff Propagation［J］. The Journal of Machine Learning Research, 2006, 7: 1789-1828.

［215］Åström K J. Optimal control of Markov processes with incomplete state information［J］. Journal of Mathematical Analysis and Applications, 1965, 10(1): 174-205.

［216］Smallwood R D, Sondik E J. The Optimal Control of Partially Observable Markov Processes over a Finite Horizon［J］. Operations Research, 1973, 21(5): 1071-1088.

［217］Sondik E J. The optimal control of partially observable Markov processes［D］. Stanford, CA: Stanford University, 1971.

［218］Monahan G E. State of the Art—A Survey of Partially Observable Markov Decision Processes: Theory, Models, and Algorithms［J］. Management Science, 1982, 28(1): 1-16.

［219］Cheng H. Algorithms for partially observable Markov decision processes［D］. University of British Columbia, 1988.

［220］Kaelbling L P, Littman M L, Cassandra A R. Planning and acting in partially observable stochastic domains［J］. Artificial intelligence, 1998, 101(1-2): 99-134.

［221］Pineau J, Gordon G, Thrun S. Point – based value iteration: an anytime algorithm for POMDPs: Proceedings of the 18th international joint conference on Artificial intelligence［C］, Acapulco Mexico, 2003. Morgan Kaufmann Publishers Inc. .

［222］Spaan M T J, Vlassis N. Perseus: Randomized Point-based Value Iteration for POMDPs

［J］. Journal of Artificial Intelligence Research, 2005, 24: 195-220.

［223］Smith T, Simmons R. Heuristic Search Value Iteration for POMDPs: UAI '04［C］, Arlington, Virginia, United States, 2004.

［224］Brock O, Trinkle J, Ramos F. SARSOP: Efficient Point-Based POMDP Planning by Approximating Optimally Reachable Belief Spaces［M］//MIT Press, 2009: 65-72.

［225］章宗长, 陈小平. 杂合启发式在线 POMDP 规划［J］. 软件学报, 2013, 24(07): 1589-1600.

［226］章宗长. 部分可观察马氏决策过程的复杂性理论及规划算法研究［D］. 合肥: 中国科学技术大学, 2012.

［227］仵博. 动态不确定环境下的智能体序贯决策方法及应用研究［D］. 长沙: 中南大学, 2013.

［228］仵博, 吴敏, 佘锦华. 基于点的 POMDPs 在线值迭代算法［J］. 软件学报, 2013, 24(01): 25-36.

［229］Ross S, Pineau J, Paquet S, et al. Online planning algorithms for POMDPs［J］. Journal of artificial intelligence research, 2008, 32: 663-704.

［230］李国勇, 杨丽娟. 神经. 模糊. 预测控制及其 MATLAB 实现［M］. 北京: 电子工业出版社, 2013.

［231］Babuška R. Fuzzy Modeling for Control［M］. New York: Springer Science+Business Media, 1998.

［232］莫露全, 刘毅, 蓝祖格. 城市公共交通运营管理［M］. 北京: 机械工业出版社, 2007.

［233］张健, 李文权, 冉斌. 常规公交车辆行车计划智能化编制及优化方法［M］. 常规公交车辆行车计划智能化编制及优化方法, 2014.

［234］Baiocchi A, Cuomo F, De Felice M, et al. Vehicular Ad-Hoc Networks sampling protocols for traffic monitoring and incident detection in Intelligent Transportation Systems［J］. Transportation Research Part C: Emerging Technologies, 2015, 56: 177-194.

［235］Yang H, Jin W. Instantaneous communication throughputs of vehicular ad hoc networks［J］. Transportation Research Part C: Emerging Technologies, 2015, 53: 19-34.

［236］魏达, 王沿锡, 王健, 等. 车载自组网移动模型综述［J］. 计算机学报, 2013, 36(04): 677-700.

［237］姚佼, 杨晓光. 车路协同环境下城市交通控制研究［J］. 上海理工大学学报, 2013, 35(04): 397-403.

[238] 吴伟, 马万经, 杨晓光. 车路协同环境下基于路径的信号协调优化模型[J]. 吉林大学学报(工学版), 2014, 44(02): 343-351.

[239] 蔡伯根, 王丛丛, 上官伟, 等. 车路协同系统信息交互仿真方法[J]. 交通运输工程学报, 2014, 14(03): 111-119.

[240] 李四辉, 上官伟, 蔡伯根, 等. 车路协同系统仿真实时性优化方法[J]. 中南大学学报(自然科学版), 2015, 46(10): 3944-3953.

[241] 张扶桑, 金蓓弘, 汪兆洋, 等. 基于轨迹挖掘的公交车自组织网络路由机制[J]. 计算机学报, 2015, 38(03): 648-662.

[242] 石纯一, 张伟. 基于 Agent 的计算[M]. 北京: 清华大学出版社, 2007.

[243] 王向华, 陈特放. 基于 MAS 的智能公交调度系统的建模与实现[J]. 计算机工程与科学, 2014, 36(05): 986-990.

[244] 王向华, 陈特放. 智能体技术在公交调度系统中的应用[J]. 中南大学学报(自然科学版), 2013, 44(08): 3539-3545.

[245] 张方方. 多智能体系统分布式优化控制[D]. 济南: 山东大学, 2015.

[246] Bellifemine Fabio, Caire Giovanni, Greenwood Dominic. 基于 JADE 的多 Agent 系统开发[M]. 北京: 国防工业出版社, 2013.

[247] Cao Y, Yu W, Ren W, et al. An Overview of Recent Progress in the Study of Distributed Multi-Agent Coordination[J]. Industrial Informatics, IEEE Transactions on, 2013, 9(1): 427-438.

[248] 王国锋, 宋鹏飞, 张蕴灵. 智能交通系统发展与展望[J]. 公路, 2012(05): 217-222.

[249] Zhu F, Aziz H M A, Qian X, et al. A junction-tree based learning algorithm to optimize network wide traffic control: A coordinated multi-agent framework[J]. Transportation Research Part C: Emerging Technologies, 2015, 58, Part C(0): 487-501.

[250] Zolfpour-Arokhlo M, Selamat A, Mohd Hashim S Z, et al. Modeling of route planning system based on Q value-based dynamic programming with multi-agent reinforcement learning algorithms[J]. Engineering Applications of Artificial Intelligence, 2014, 29: 163-177.

[251] Li F, Wu M, He Y, et al. Optimal control in microgrid using multi-agent reinforcement learning[J]. ISA transactions, 2012, 51(6): 743-751.

[252] Bellei G, Gkoumas K. Threshold- and information-based holding at multiple stops[J]. IET Intelligent Transport Systems, 2009, 3(3): 304-313.

[253] Cortés C E, Sáez D, Milla F, et al. Hybrid predictive control for real-time optimization of public transport systems'operations based on evolutionary multi-objective optimization[J]. Transportation Research Part C: Emerging Technologies, 2010, 18(5): 757-769.

[254] 吴锋. 基于决策理论的多智能体系统规划问题研究[D]. 合肥: 中国科学技术大学, 2011.

[255] Somani A, Ye N, Hsu D, et al. DESPOT: Online POMDP Planning with Regularization [M] //Burges C J C, Bottou L, Welling M, et al. Advances in Neural Information Processing Systems 26. Curran Associates, Inc., 2013: 1772-1780.

[256] 陈虹. 模型预测控制[M]. 科学出版社, 2013.

[257] Hickman M D. An Analytic Stochastic Model for the Transit Vehicle Holding Problem[J]. Transportation Science, 2001, 35(3): 215-237.

[258] Kurniawati H, And D H, Lee W S. SARSOP: Efficient Point-Based POMDP Planning by Approximating Optimally Reachable Belief Spaces: Robotics: Science and Systems [C], 2008.

[259] Ong S C W, Png S W, Hsu D, et al. POMDPs for robotic tasks with mixed observability: In Proc. Robotics: Science and Systems[C], 2009.

[260] Vukan R V. Urban Transist: Operation, Planning, and Economics[M]. 宋瑞, 何世伟, 译. 北京: 中国铁道出版社, 2012.

[261] Saberi M, Zockaie A K, Feng W, et al. Definition and Properties of Alternative Bus Service Reliability Measures at the Stop Level[J]. Journal of Public Transportation, 2013, 16(1): 97-122.

[262] Milla F, Saez D, Cortes C E, et al. Bus-Stop Control Strategies Based on Fuzzy Rules for the Operation of a Public Transport System [J]. IEEE Transactions on Intelligent Transportation Systems, 2012, 13(3): 1394-1403.

[263] Cortés C E, Jara-Díaz S, Tirachini A. Integrating short turning and deadheading in the optimization of transit services[J]. Transportation Research Part A: Policy and Practice, 2011, 45(5): 419-434.

[264] 任沙沙, 庞明宝, 王彦虎, 等. 基于减法聚类的高速公路主线可变速度 FNN 混沌控制 [J]. 公路交通科技, 2012, 29(07): 124-131.

[265] Naranjo J E, Gonzalez C, Reviejo J, et al. Adaptive fuzzy control for inter-vehicle gap keeping[J]. Intelligent Transportation Systems, IEEE Transactions on, 2003, 4(3): 132-

142.

[266] 杨兆升, 张茂雷. 基于模糊综合评判的道路交通状态分析模型[J]. 公路交通科技, 2010, 27(09): 121-126.

[267] 臧利林, 贾磊, 林忠琴. 基于模糊逻辑的交通信号控制与仿真研究[J]. 公路交通科技, 2006(04): 124-127.

[268] Gürocak H B. A genetic-algorithm-based method for tuning fuzzy logic controllers[J]. Fuzzy Sets and Systems, 1999, 108(1): 39-47.

[269] Dumitrache I, Buiu C. Genetic learning of fuzzy controllers [J]. Mathematics and Computers in Simulation, 1999, 49(1-2): 13-26.

[270] Wong S V, Hamouda A M S. Optimization of fuzzy rules design using genetic algorithm[J]. Advances in Engineering Software, 2000, 31(4): 251-262.

[271] 董晓日. 人的等候行为对公交系统设计的影响研究[D]. 郑州: 郑州轻工业学院, 2014.

[272] Márquez L, Alfonso A J V, Poveda J C. In-vehicle crowding: Integrating tangible attributes, attitudes, and perceptions in a choice context between BRT and metro [J]. Transportation Research Part A: Policy and Practice, 2019, 130: 452-465.

[273] Fan Y, Guthrie A, Levinson D. Waiting time perceptions at transit stops and stations: Effects of basic amenities, gender, and security [J]. Transportation Research Part A: Policy and Practice, 2016, 88: 251-264.

后记

　　2008 年研究生毕业之后，我来到学校从事职业教育工作，也许当时的这个选择来自小时候祖父（中学语文教育工作者）的言传身教、耳濡目染，今天看来是潜藏在心底对教育的热爱。3 年后，我怀揣着梦想来到中南大学交通运输工程学院攻读交通运输规划与管理的博士学位。一个偶然机会，我来到陈维亚老师办公室闲聊自己读博、学习以及科研的一些困惑，谈及自己研究方向的迷茫。简短的交流之后，陈老师没有说太多，随即就从一叠资料中顺手递给我一本薄薄的申报国家自然科学基金青年项目的标书（题目：面向服务可靠性的常规公交运营协同控制与智能化决策方法（61203162），并轻轻地嘱咐一句"回去可以看看我的申报书，找找感觉"。那种如获至宝的感觉今天仍然记忆犹新，历历在目，犹如大海中迷途的航船遇到了灯塔，温暖无比。那天一到家我就钻进书房认真打量着这本略带点"包浆"的标书，接下来几天我一下班就开启标书的研读，从标书中我获取到了三个关键词——"服务可靠性""常规公交""协同控制"。围绕以上三个关键词我认真检索查询 Web of Science（大型综合性、多学科、核心期刊引文索引数据库），并下载查阅了系列经典文献，经过大概半年的摸索，我大致明确了两个问题：一是什么是公交服务可靠性；二是改善服务可靠性有哪些控制理论和方法。带着这两个问题我踏上了攻读博士学位的荆棘之途。

　　5 年的博士学习是很艰苦的。刚参加工作，经济条件不好，株洲、长沙两地公交来回穿梭，老师、学生身份不断切换，家里的事情是完全管不上。有时候连自己都顾不上。记得有一次出门比较急，一摸口袋就只有 10 元钱(大巴回家需要 15 元)，无奈只得拖着疲惫的身体坐长株潭城际公交摇摇晃晃回到株洲。这段时间家里是最难的，祖母的过世让我缺失了一份人世间亲情；岳母突发脑血栓猝然离世让我与爱人倍增痛苦，正值上幼儿园的小孩全靠爱人拉扯长大。同时每年完成 1200 课时教学工作量，工作学习生活压力一起扑面而来，可以想象这五年的艰辛。

这 5 年也是我迅速提高的阶段。单位、家里、大学三点一线式生活，每个星期我务必腾出一定时间进行科研，读专业书籍，查阅前沿文献，建模，算法设计，编写程序，写论文……后来这些都成了美好的回忆。对于我来说，我只能做纵向比较，相比硕士刚参加工作时，我个人认为提高的地方有三个：一是通过精读系列经典文献，明确了智能公交调度控制研究方向，找到一个好的切入口；二是提高了交通运输工程学科方向科学问题认知水平；三是培养了刻苦钻研、勤于思考、爱好阅读的习惯。在读博期间我发表了一些学术论文，获得了省级资助课题，完成了我的博士论文《面向服务可靠性的城市常规公交实时控制理论与方法研究》。我想这些显性成果是 5 年坚持不懈努力的结果。

2019 年在博士论文的基础上我申请立项了湖南省自然科学基金项目"多源数据驱动的常规公交运行间隔自主控制方法研究"等课题，与此同时我定期查询国内外相关文献跟踪 bus holding(驻站)控制研究前沿，紧跟智慧公交研究发展趋势，一直没有放弃科学研究，这都为本书的形成奠定了良好的基础。

作为一名从事高职教育工作者，无论是学术氛围，还是资源条件，与本科院校相比较，差距甚大。本书以博士论文为基础，以湖南省自然科学基金项目和哲学社会科学基金项目等系列科学研究资助项目为驱动，历经 10 年才得以付梓。虽然取得一点点成果，但始终战战兢兢，如履薄冰，唯恐书中的一些理论与方法的严谨性、创新性、先进性方向存在巨大问题。尽管本书的学术水平整体有限，但我仍然希望能给智慧公交运营管理领域的学者和同行带来一些启示，也希望大家能伴随着大数据、云计算、自动驾驶、智能网联和新能源汽车等新兴技术和颠覆性技术在城市交通领域的集成应用，进一步加强学科交叉研究，涌现更多更好研究成果，为我国智慧公交高质量发展提供强有力的科学支撑。

在这里要特别感谢中南大学陈治亚和陈维亚教授，是他们的引路和悉心指导、帮助，才使得本书得以成稿并出版。感谢湖南铁道职业技术学院方小斌、张莹、唐伟奇、齐绍琼、李捷、陈承欢、侯德文等领导给予我极大的鼓舞和鞭策，感谢浙江大学张衡鹏博士、中南大学雷定猷教授给予写作的帮助和许多有价值的资料。最后要感谢朝夕相处的同事提供了宝贵的建议，在此一并致以衷心的感谢！

在本书写作过程中，还参考了许多相关文献，在此表示诚挚的感谢。

由于笔者水平有限，书中难免有些错误和缺点，敬请同行专家们批评指正。

陈春晓于湖南株洲

2024 年 3 月